高等教育教学改革行动计划系列教材 ● 经管类专业基础课

实用文书写作

第2版

主　编 | 陈苏彬　刘育红
副主编 | 杨建越　樊尚婧

電子工業出版社
Publishing House of Electronics Industry
北京 • BEIJING

图书在版编目（CIP）数据

实用文书写作 / 陈苏彬，刘育红主编. —2 版. —北京：电子工业出版社，2023.4
ISBN 978-7-121-45139-3

Ⅰ. ①实… Ⅱ. ①陈… ②刘… Ⅲ. ①公文—写作 Ⅳ. ①C931.46

中国国家版本馆 CIP 数据核字（2023）第 037942 号

责任编辑：刘淑丽
印　　刷：中煤（北京）印务有限公司
装　　订：中煤（北京）印务有限公司
出版发行：电子工业出版社
　　　　　北京市海淀区万寿路 173 信箱　邮编 100036
开　　本：787×1092　1/16　印张：19.75　字数：408 千字
版　　次：2017 年 9 月第 1 版
　　　　　2023 年 4 月第 2 版
印　　次：2023 年 4 月第 1 次印刷
定　　价：59.00 元

凡所购买电子工业出版社图书有缺损问题，请向购买书店调换。若书店售缺，请与本社发行部联系，联系及邮购电话：（010）88254888，88258888。
质量投诉请发邮件至 zlts@phei.com.cn，盗版侵权举报请发邮件至 dbqq@phei.com.cn。
本书咨询联系方式：（010）88254182，liusl@phei.com.cn。

前　言

实用文书写作是文章学中的一个写作分支，而实用文书是我国一个古老的写作文种。在漫长的历史发展过程中，伴随着社会的进步，实用文书写作也不断发展、不断完善，并以其独特的实用功能，对推动社会进步发挥了巨大的作用。然而，在几千年的漫长岁月中，它并没有得到社会应有的重视，也没有得到广泛而深入的研究和总结。这不仅影响其自身的发展，也妨碍了其功能和社会意义的充分发挥。

值得庆幸的是，改革开放以来，随着我国加入世界贸易组织和越来越多的多边国际组织，尤其是进入 21 世纪后，伴随着我国改革的深入，实用文书作为一个古老的文种，在改革开放的春风里又焕发出巨大的生命力。实用文书写作已经渗透到各行各业、各个层面，在社会生活中的巨大作用也日益凸显。同时，实用文书写作的研究也得到了社会各界的重视，在全国各高等院校和科研机关蓬勃开展，并且取得了一系列丰硕的研究成果。

然而，实用文书写作在理论研究和写作实践领域取得丰硕成果的同时，还存在一些不尽如人意的地方，主要表现在：一是实用文书写作的理论研究，在研究的深度、力度、创造性上还缺乏比较权威且影响力较大的成果；二是实用文书写作的写作实践，也缺少真正对社会发展与变革产生巨大影响的经典作品。所有这些，不仅影响了实用文书自身的进一步发展，也给实用文书写作研究的进一步深入带来了不利的影响，更制约了社会大众对实用文书的使用热情和实用文书社会影响力的充分发挥。

在本书编写的过程中，我们力求以马克思列宁主义辩证唯物主义为指导，坚持理论联系实际，坚持透过现象看本质，着力体现角度新颖合理、观点明确透彻、内容锐意拓新、体系有所改进和阐述详尽深刻等特点，并力求从新的角度对实用文书的现象和写作规律进行研究，为实用文书的理论研究做出贡献。

基于上述原则，本书在编写上着力体现以下特点。

第一，在体例编排上，注重理论与实训相结合。本书在编排内容时，既注重对写作知识与规律的介绍，又注重对学生写作水平的实际训练；既编选了文体特点鲜明的例文，又增加了相关链接、问题讨论及写作实践内容，体现了实践性和应用性。

第二，在内容编写上，坚持实用、够用与前瞻性相结合。在选择实用文书的文种时，以“必需、够用”为前提，以实用为标准，紧扣学生将来的就业需求与岗位应用主题，并兼顾未来岗位群的发展和学生可持续发展的要求，适当扩大编写范围。

第三，在例文选择上，注重与社会相结合。在选择例文时，既体现出鲜明的文体特点，又体现出一定的社会意义，使学生在学会实用文书写作的同时，在心灵上受到洗礼与教育，提高学生的综合素质。

第四，在写作实训上，注重学生能力的培养与拓展相结合。在写作实训环节，摒弃了传统的概念、选择、填空、判断等考核形式，增加了相关链接、问题讨论及写作实践，重点培养学生实用文书的写作能力，并致力于拓展学生的相关知识与实际应用能力。

本书由陈苏彬、刘育红担任主编，杨建越、樊尚婧担任副主编。具体编写分工如下：

陈苏彬（山西省财政税务专科学校）编写第一章、第三章第四节、第四章第一节、第五章、第八章第四节；

刘育红（山西省财政税务专科学校）编写第二章、第三章第一节与第二节、第六章；

杨建越（山西省财政税务专科学校）编写第七章；

范洁（山西省财政税务专科学校）编写第三章第五节与第六节、第四章第四节；

袁虹（山西省财政税务专科学校）编写第四章第二节与第三节、第八章第一节至第三节；

樊尚婧（山西省财政税务专科学校）编写第三章第三节；

朱晓美（山西省财政税务专科学校）编写第八章第五节；

崔晨丽（山西省财政税务专科学校）编写第八章第六节；

安彦姣（山西省财政税务专科学校）编写第四章第五节；

张志强（山西职业技术学院）编写第九章；

常靖（太原学院）编写第十章。

在长期的实用文书写作教学实践与理论研究的基础上，我们编写了这本《实用文书写作》，希望能对高等院校实用文书写作课程教学及社会大众的实用文书写作实践有所帮助。在本书的编写过程中，我们参考和引用了部分党政机关、报刊和互联网上的例文，也借鉴了其他同行的研究成果，未能一一注明出处，在此表示感谢。同时，也热诚希望广大读者以及同行和专家给予批评指导，以期得到更多的教益，在此一并表示诚挚的谢意。

编者

2023年2月

目 录

第一章

实用文书概述

学习目标

实用文书写作是文章学的一个写作分支，是在现实生活中被广大人民群众广泛使用的一种写作文体。它具有悠久的历史，并具有实用性和通俗性等鲜明的特点。本章主要介绍实用文书的基本要素、写作思路、写作步骤与基本要求。通过学习，使学生对实用文书有基本的了解，为学生全面地学习和掌握各种实用文体的写作打下良好的基础。

第一节 实用文书的基本概念

知识要点

- 实用文书在我国有着悠久的发展历史
- 实用文书是处理日常公私事务时所使用的各种文体的总称
- 实用文书具有实用性、真实性、广泛性和通俗性等特点

一、实用文书的起源与发展

实用文书在我国有着悠久的发展历史。据古籍所载，早在 5 000 多年前，仓颉造字之后，就出现了在礼仪活动中广为使用的祝词。例如，神农氏为了祝望秋收，在入秋之后便向“八神”作了一篇祝词。祝曰：“土反其宅，水归其壑，昆虫毋作，草木归其泽。”这是传说中最早的实用文书了。到殷商时期，出现了甲骨文之后，祝词的写作便有了明确的记

载，刘勰所著《文心雕龙》中提及：“至于商履，圣敬日跻，玄牡告天，以万方罪己，即郊禋之词也；素车祷旱，以六事责躬，则雩禜之文也。”到了周朝，祝词的内容有了大的发展，不仅被用于祝告神灵、祝告先祖，还被用于祝告行军作战等。春秋时期，卫太子蒯聩从赵鞅讨伐郑胜时，临战前就曾向祖先作了一篇祝词，希求战而“无绝筋、无伤骨、无面伤”。自此以后，随着社会的不断变革，祝词不仅经久不衰，使用更加普遍，而且在内容和具体分类上也有较大变化。发展到现在，根据内容划分，祝词可分为祝寿、祝事、祝酒三大类。

再看凭证类的契约。这种实用文书早在商周时期就已经形成。随着商业的出现和发展，人们的交换活动日趋频繁。为了保证交换效果，交换者就把洽定的事项刻于竹、木简上，作为凭证，称契券，亦即现在所称的契约。周朝的契券分为两种：一种叫证券，上刻较多文字，且竹、木简稍长，为买卖奴隶、牲畜所用；另一种叫剂券，上刻较少文字，竹、木简也相对短些，为买卖农具、兵器所用。春秋以后，随着人类社会生活的不断发展，交换活动日渐复杂，又相继出现了买契、卖契。这些契券，由官方经办的被称为官契，因为要加盖红色官印，又叫红契；由保人经办的被称为私契或白契。同时，根据买卖物的不同，又分为地契、物契、房契、奴契等。随着社会的发展与变革，由契约逐渐衍生出与其相近的、具有凭证和规定作用的许多实用文体，如条约、公约、协约、协定以及经济合同等。

所有这些表明，实用文书在我国有着悠久的历史，它伴随着社会的发展而发展，在长期的社会实践中造就了自己的历史：种类由少到多，形式日渐完善，内容日趋丰富，使用日益广泛，在人们日常工作和生活中的作用和地位也越来越显著。

二、实用文书的基本概念

实用文书，顾名思义，就是应对实际需要、用于务实和理事的各种文章，是人们处理日常公私事务时所使用的各种文体的总称。它是随着社会的发展而逐步发展并不断完善起来的，是适应社会需要而产生的具有特殊格式的文章的总称，是国家、社会团体进行经营管理的有效工具，是机关、团体、企事业单位和人民群众在处理各项公务或日常事务中所使用的特殊文体，也是个人从事社会活动不可缺少的书面语言形式。

三、实用文书的特点

实用文书作为在社会、政治、经济等方面发挥着重要作用的写作文体，有着自己独特而鲜明的特点，具体表现在以下四个方面。

（一）实用性

实用文书的实用性主要表现在：它不是供欣赏的文学艺术作品，而是一种书面工具，一种可以凭之务实理事的书面工具。即使某些写得极好的实用文书也可以用来品评赏鉴，但这不是其主要作用，也并非作者的本意。一句话，实用文书的“实用”是指能够直接作用于受文者的行为并产生具体使用价值。它与文学作品用以影响读者的精神和进行美学教育的作用是不同的。

（二）真实性

实用文书的真实性主要表现在：它所反映的内容都是实实在在的，或者说是“绝对”真实的。这种真实主要包括两个方面：一是写作实用文书的根据必须是真实的；二是文章所传达出的意见必须是真实的。总之，必须是有则有，无则无，实事求是。实用文书的这种真实根本不同于文学作品的“真实”。文学作品反映的内容虽然也来自实践，也是“真实”的，但那是由作者广泛选取之后又运用艺术手法“创造”出来的另一种“真实”，即“艺术真实”。这种“真实”和原原本本的事实相比，已经有所不同，或者相去甚远。

（三）广泛性

实用文书的广泛性主要表现在两个方面：一是实用文书的行文主体，即写作者是极广泛的，一般是没有限制的；二是实用文书所传递的内容是无所不包的，国家的、政治的、经济的、文化的、教育的、单位的、家庭的、个人的等，可以说极其广泛。

（四）通俗性

实用文书的通俗性主要表现在：它所反映的内容一般都是通俗易懂的，具有广泛的群众性，而且所使用的语言也比较平实、质朴，绝无艰涩之嫌。

四、实用文书的种类

一般来说，文章的分类是为准确认识、深入研究和具体把握文章的写作规律服务的。同样的道理，实用文书的分类当然也是为准确认识、深入研究和具体把握实用文书的写作规律服务的。

关于实用文书的分类，目前还没有社会公认的统一标准。其中，有按实用文书的写作主体分类的，有按实用文书的内容分类的，也有按实用文书的作用分类的。这些分类方法虽然都有一定的道理，但同时都有某些偏颇之处。由于篇幅所限，本书不对实用文书的分类这一理论问题做过多的探讨，只选取了公务文书、求职文书、职场文书、事务文书、会务文书、礼仪文书、专用文书等一些常用的实用文书进行论述，以期对高等院校的实用文书写作课程教学工作和社会大众的实用文书写作实践有所帮助。

第二节 实用文书的基本要素

知识要点

➤ 实用文书有主题、材料、结构、语言和表达方式五个基本要素

一、实用文书的主题

实用文书的主题，就是实用文书直接表明的基本观点，通常包括对于事务和问题的意见、主张、办法、措施等，既是文章所表达的中心思想，也是作者的思想、观点、情感、见解在文章中的体现。

实用文书的主题是实用文书的灵魂，是实用文书的全部价值所在。换句话说，一篇实用文书如果没有主题，那就从根本上失去了存在的意义。当然，如果有主题但是是错误的，也同样不会实现预想的实际效果，有时还会产生相反的效果。因此，评价一篇实用文书对社会的作用，首先要看它的主题正确与否。古人说写文章要“以立意为宗”（萧统《文选序》），“以意为主”（范晔《狱中与诸甥侄书》），都指的是这个意思。

二、实用文书的材料

实用文书的材料，就是形成和表达实用文书主题的事实根据，一般包括人、物、事件、数字以及情况、问题、意见、时间、地点、方法、措施等，这些构成了实用文书的具体内容。实用文书的材料是实用文书写作的基础，如果没有材料，实用文书也就不复存在了。实用文书的材料具有以下特点。

（一）真实性

实用文书说到底是务实理事之文。务实，指的就是要面对真实存在的实际事务、实际问题，当然需要真实。如若不然，由虚假的材料提出的观点并用以理事，根本解决不了问题，产生不了正面效果，甚至还会产生负面效果。

（二）典型性

所谓典型性，就是代表性。实用文书的材料，应该是最能反映事物本质的材料、最能够表明主题的材料，否则，实用文书就不会有实用效果，也就不会有力量。

（三）时空性

时空性主要是指实用文书的材料是具有时间和空间即场合地域的限制的。例如，要考察甲地当前的情况，那就必须以甲地当前的有关材料为依据，而不能以乙地的情况或甲地以往的情况为依据。

三、实用文书的结构

实用文书的结构就是实用文书内部的组织构造。没有组织构造，实用文书就无其形。此外，如果实用文书虽有结构，但混乱不堪，就起不到有效表达主题的作用。实用文书的结构包括以下三方面。

（一）行款格式

这是实用文书的外部格式。一般的实用文书，其行款格式大致包括标题、称谓、正文、落款。其中，公务文书还包括秘密等级、紧急程度、发文字号和抄送机关等要素。

（二）篇章结构

这是指实用文书的内部组织结构，一般包括开头、结尾、层次、段落、过渡、照应。

1. 开头

实用文书的开头方式有：说明式，即文章的开头先对关于主题或对象的有关情况作简要的说明，以便顺利地提起下文；引叙式，即为了表达主题的需要，开头先引用现成的相关资料，以此作为提起下文的根据；颂问式，即开头先写出表敬的问语或就主题的表达提出设问；概述式，即开头先对表达对象作简要的概述；结论式，即开头先写出情况的结论，然后做具体说明或论述；目的式，即开头直接写出写作目的；等等。

2. 结尾

实用文书的结尾方式有：说明式，即在结尾对有关情况或问题进行必要的交代，以引起读者的注意；颂祝式，即在结尾对对方表达敬颂或愿望；请求式，即在结尾写上请求对方满足某种愿望的话；总结式，即在结尾对所表达的主题进行简要的总结；呼应式，即在结尾写上与开头相照应的话语。

3. 层次

所谓层次，是指对文章内容按性质所进行的分类及次序安排。实用文书的层次形式可以分一层式或多层式。一层式，即文章中只有一种性质的内容；多层式，即文章中有两种或两种性质以上的内容。实用文书层次的安排，常用的有五种方法：总分式、分总式、总分总式、递进式、并列式。总分式，就是对各种性质的内容先进行总说，然后逐一分说；分总式，就是逐一分说各种性质的内容，最后再进行总说；总分总式，就是先对各种性质的内容进行总说，然后逐一分说，最后再进行一次总说；递进式，就是按一定的事理顺序即逻辑顺序安排各种性质内容；并列式，就是对性质上没有必然联系的各项内容顺序安排逐一述说。

4. 段落

所谓段落，是指表达一定内容的语言单位。其标志是首句从空两格写起。有时，一段的第一句话就是这一段内容的撮要。实用文书段落的特点是：有时一篇就是一段，但在多数情况下，一篇有若干段。有的段落只有简单的一句话，而且仅是一个单句；有的段落有若干句。实用文书段落的划分从属于内容层次的划分和安排。

5. 过渡

所谓过渡，是指从一个内容转换为另一个内容时，所采取的一种语言衔接手段。实用文书的过渡，通常是借助联结性词语。

6. 照应

所谓照应，是指行文过程中，后与前的呼应。实用文书的照应有两种情况：一种是正文开头与标题的照应，另一种是结尾与开头的照应。正确地运用照应的手段，有利于形式结构的严谨统一。

（三）逻辑结构

所谓文章的逻辑结构，主要是指论事说理的层次。实用文书的逻辑结构与一般文章的逻辑结构基本相同。归纳起来看，实用文书的逻辑结构有以下三种。

1. 演绎式逻辑结构

所谓演绎式逻辑结构，就是指从一般推及个别的思维形式。

2. 归纳式逻辑结构

所谓归纳式逻辑结构，就是指从个别推及一般的思维形式。

3. 演绎式逻辑结构与归纳式逻辑结构兼而使用的逻辑结构

这种兼用型的逻辑结构，常常用于以总分方式安排内容层次的实用文书。

四、实用文书的语言

语言是人类交际的工具。书面语言是构成文章的基本要素。由此可知，实用文书的语言就是构成实用文书的基本要素。换句话说，没有语言，就不会有实用文书的出现；而没有好的语言，当然也就不会有好的实用文书出现。

实用文书对语言的要求是准确、通俗、明白、生动、庄重。所谓准确，就是指一词一句、一个概念、一个推理、一个判断，都必须有具体事物，并且有确定的含义。因为，实用文书是务实理事之文，如果语言不准确，语出歧义、指事失实，推理判断有误，主题就得不到正确的表达，文章就达不到预想的效果。所谓通俗，就是指语言要大众化，容易明白，便于理解。从反面说，就是不使用生僻晦涩的字、词，不造绕口的句子，避免关系过于复杂的句子。因为实用文书的对象主要是社会大众，如果不能做到通俗易懂，就难以被人们接受。人们不接受，效果当然也就无从谈起。所谓明白，就是指语言要清晰，使读者能够明白其意，说什么、写什么，要清清楚楚，让人一看便知。从反面说，就是不绕弯子、不故弄玄虚、不模棱两可和不含糊其词。所谓生动，就是要精练、新鲜、活泼、形象。所谓庄重，就是指语气要郑重、严肃，要合乎规范。从反面说，就是不随便、不油滑。因为，实用文书具有管理作用，可以作为依凭，可以传信息，也可以定规约，所有这些，都是郑重而严肃的事情，因而作为其表达媒介的语言，当然就需要庄重、严肃，否则，就会影响文章发挥其应有的作用。当然，这是就实用文书语言的总体情况而言的，并不是无论哪一个具体文种，不管什么具体情况，一律都需如此。事实上，具体到每一个文种，都必然有其所侧重的方面。

五、实用文书的表达方式

所谓表达方式，是指与写作目的和文章主题相适应的语言表达方式。实用文书的表达方式，是指为实现写作目的和表现文章主题所采用的语言手段，是实用文书不可或缺的必要因素。实用文书的表达方式主要有以下四种。

（一）说明

所谓说明，就是解说或介绍事物性状、成因、功能、关系以及人物基本情况、行为特点的语言表达方式。在实用文书中，说明主要是事务性的，其次是知识性的。说明的主要对象是事，其次是物。说明这种表达方式在实用文书中的作用是解说写作目的及规范条款，介绍事物特征、基本情况以及发展变化等。

（二）叙述

所谓叙述，就是反映事物发展变化过程的表达方式。在实用文书中，叙述的作用主要是对事件的整体进行勾画，对事件的原委加以介绍，对事物的发展变化过程进行反映。

（三）议论

所谓议论，通常是指作者为表明自己的见解、主张、态度，通过事实材料和理论材料进行分析、评价和阐明时所使用的表达方式。议论的主要作用，集中到一点就是直接表达作者对事物的认识的一种证明。

（四）夹叙夹议

所谓夹叙夹议，就是以叙述为主，以议论为辅，将两者结合使用的一种方法。这种方法最大的特点和作用是可以把叙述和议论有机地结合起来。

第三节 实用文书写作的基本思路

知识要点

- 实用文书的写作有其独特的基本思路
- 实用文书的写作思路为：确定主题、选择文种、处理材料、研究结构、选择语言和表达方式

一、主题的确定与表达

实用文书写作的第一步是确定主题以及如何表达主题。

（一）主题的确定

主题的确定，来自写作者（也称作者）对各种各样问题感知后的研究判断。主题的正确与否，当然取决于这研究判断的正确或是错误。为通过正确研究判断达到确定正确的主题的目的，必须要解决以下三个问题。

1. 要在理智的务实过程中研究和确定主题

这里主要有三层意思：一是深刻地了解和把握客观实际；二是客观地反映实际或具体事实；三是在把握事实本质的基础上提出问题，进行判断，从而确定主题。

2. 要在马克思主义原理、党和国家的方针政策指导下确定主题

这里包括两层意思：一是研究问题的方法要符合马克思列宁主义的基本原理，如调查研究、具体问题具体分析、看问题要全面等；二是主题所包含的意见、方法、措施等，要符合党和国家的方针或与现行的规章制度相协调。

3. 要使所确定的主题具有可行性

实用文书是为解决问题的，但务实理事，提出意见、方法、措施是一回事，而有没有可能实现又是一回事。生活和工作中常有这样的情况：为解决某一问题，所提的方法是好的，但当前不具备落实的条件，因而也就解决不了问题。造成这种情况的一个重要的原因，就是确定主题时没有充分研究它的可行性。一般来说，具备可行性的主题，才是能够落实、能够直接产生实用价值的主题。

（二）主题的表达

1. 主题的表达要集中单一

主题的表达要集中单一是指：一篇实用文书只应该有一个主题，即围绕一件事并指出解决相应问题的意见、方法、措施。

2. 主题的表达要明确

所谓明确，就是要明白、确切，便于读者了解主题，而不能含糊其词、似是而非，让人无法捉摸。

3. 主题的表述要周严

所谓周严，就是指事理要合理。表达意见、方法、措施时不能有矛盾和漏洞。

4. 要在实用文书所有部分中表现主题

这是说，不仅在正文的主体中要充分表达主题，而且在标题、开头和结尾等部分，也都要表现主题。

二、文种的辨析与选择

确定了主题及表达原则之后，第二步就是要正确地选择和使用实用文书的具体文种。

实用文书在实践中逐渐形成了各个具体的文种，每一个文种都有自己的特性，都是各司其职的。在具体使用时，必须注意这一点。即写作实用文书，不仅要确定主题，还必须确定所使用的文种。一般从以下两个方面入手。

（一）正确地辨析具体文种的性质特点

在具体使用文种时，写作者不仅要具体了解准备选择的文种的特点及功用，还应该与相类似的文种加以比较，然后确定所使用的文种。

（二）根据行文主体的身份、级别或规格选择所适用的文种

从实用文书的起源来看，每一文种都是由作者根据自己的情况创作的。什么人写什么文，什么文适用什么人，早已相沿成习。并且，有的文种还特别规定了使用的对象。因此，必须根据行文主体的身份、级别或规格选择所适用的文种。

三、材料的研究和处理

实用文书的材料就是产生并形成实用文书的具体事实。但这绝不等于说，可以不必对材料进行认真的研究和处理。实践证明，没有对材料的研究和处理，要想实现好的效果是绝对不可能的。对材料的研究和处理，主要是要做好以下三个方面的工作。

（一）占有和鉴别材料

形成和表达实用文书主题的材料，通常有以下几种：一是直接从具体实践活动如生活、工作、交际中所亲身感知的；二是已经通过各种方式积累的；三是临时从书刊资料中查询的。不管哪种材料，实际上都是作者通过调查研究取得的。但要使用调查研究得来的有价值的材料来形成和表现主题，就必须注意对所获得的材料进行鉴别：其一，区别材料的真伪，即把虚假的材料排除出去，而只保留那些真实的材料，也即客观地反映事物本来面目的材料；其二，区别材料的全面性与片面性，即哪些是能够反映事物的全面性的材料，哪些是不完全的片面性的材料；其三，区别材料的具体与笼统，即哪些材料是具体的，哪些是笼统的。

（二）整理与选择材料

整理材料包括两个方面：一是对掌握的材料进行分类综合，使之系统化；二是对虽然片面、笼统但是是真实的和有用的材料，要通过相应的工作，如通过针对性的调查，使之完全和具体起来。并且，具体使用材料的时候，作者还要进行适当的判断与选择。选择材

料必须坚持正确的原则：其一，要根据表达主题的需要选择材料；其二，要选择典型的和鲜活的材料；其三，要选择具体的全面的材料。

（三）合理地安排材料

实用文书材料的安排，要遵循以下两个原则：一是要根据表达主题的需要决定材料的详略。一般来说，最能表达主题的材料安排得要详细些，其余则要简略些。二是要根据文种的具体性质特点来安排材料，因为不同文种在表达内容上有不同的要求。

四、结构的研究与选择

实用文书的内部结构包括篇章结构和逻辑结构两个内容。在具体安排实用文书的结构时，要遵循以下三个原则：一是要根据不同文种的特点和要求去安排结构；二是要根据主题的具体需要去安排结构；三是要根据作者自身的成功经验去安排结构。

五、语言的研究与选择

在实用文书写作过程中，研究语言的目的是正确地选择合适的语言，以充分地表达主题。语言研究主要应该解决以下四个问题。

（一）明确不同文种对于语言有不同的要求

实用文书的文种不同，对语言的要求不同。例如，询问事项的书信或公函需要的是平等、和蔼、善意的商洽性语言；祝词、欢迎词需要的是诚恳、热情的敬颂性语言；学术论文、毕业论文需要的是论证说明性语言。

（二）明确不同行文主体对于语言的使用有不同的要求

实用文书的行文对象不同，对语言的使用也有不同的要求。例如，同是书信，晚辈给长辈写信，所用的语言应该充分注意“尊敬”的特殊需要；而长辈给晚辈写信则不需如此，考虑“尊重”就可以了。

（三）明确不同主题对语言的要求会有所区别

实用文书的主题不同，对语言的要求也有不同。例如，主题是回答对方关于某一工作问题的询问的，可只使用说明性的语言；主题是表达对对方的爱慕之情的，则可以使用抒情性的语言；主题是向公众公布具体事项的，其语言就需要严肃、庄重。

（四）明确不同语言表达方式会产生不同的效果

实用文书的语言表达方式不同，就会产生不同的效果。例如，一句话、一段话，都有其重点内容。为了突出重点，既可以把表达重点的词语放在靠前的位置，即修辞上的“重点前提”，也可以把表达重点内容的词语放在靠后的位置，即“重点后置”。把表达重点内容的词语放在不前不后的位置是欠妥的。

在对语言进行了如上的分析之后，就可以对语言进行选择了，即只要把自己的需要和上述分析结合起来，加以考虑，适合的具体语言就可以具体地确定了。

六、表达方式的研究与选择

所谓表达方式，是指与表达写作目的、主题需要及反映对象相适应的使用语言的具体手段。这些手段有叙述、说明、议论、抒情和描写五种。要选择恰当的语言表达方式为主题服务，应该注意以下三个问题。

（一）要了解每一种表达方式的具体含义及其要求

以叙述为例，它是对事情过程、人物行为具体情况的客观表述。叙述又细分为顺叙、倒叙、插叙、详叙和略叙等。叙述的要求是人称得当、线索清晰、交代分明、过渡自然和连贯紧密。

（二）要研究不同表达方式所产生的具体表达效果

例如，叙述能够把事件的时间、地点、背景及经过交代清楚，把人物的经历及事迹介绍出来，为议论提供证明的材料；说明能够把事物的形状、性质、特征和关系等解说清楚，把人物的特点和成绩表述明白。

（三）不同的写作目的和主题需要不同的表达方式

例如，写作合同或说明书，需要使用说明的表达方式；写作学术论文，需要使用议论的表达方式；写作某些书信，需要综合使用叙述、说明、抒情和议论等多种表达方式。

有了以上的具体研究，为一篇实用文书选择具体的表达方式的问题就容易解决了。这是因为，从总的方面来说，表达方式还是服从于写作目的和表现主题的需要的。一篇实用文书选用什么样的表达方式，只要依照写作目的、主题内容和上述几种情况加以综合考虑，问题就迎刃而解了。

第四节 实用文书的写作步骤

知识要点

➤ 实用文书的写作分四个步骤：酝酿构思、起草文稿、修改文稿、审定文稿

一、酝酿构思

实用文书是因事而生、因用而行。当人们由事情的启迪或由需要的促使产生了写作实用文书的意向的时候，远不能马上提笔就写，要先进行一番考虑、研究和设计，最后为提笔拟稿拿出一个具体方案。这些工作，就是酝酿构思或准备工作。

酝酿构思是写作实用文书的第一个步骤。实用文书的写作实践证明：酝酿构思的工作是起草文稿的基础。有无这个基础以及这个基础的情况如何，直接关系到能否顺利起草文稿，能否起草出高质量的文稿。

酝酿构思阶段，作者要做好以下几方面工作：一是要明确写作目的及文章主题；二是要选好文种及语言表达方式；三是要做好材料的准备工作；四是要确定行文的具体思路；五是要拟定具体的写作提纲。

二、起草文稿

酝酿构思完成后，就要起草文稿。这里所说的文稿或草稿，是相对于正式使用的实用文书（正式文稿）来说的。一般来说，草稿是正式文稿的基础，如果草稿质量比较高，修改起来就会比较容易，写出正式的实用文书也就快得多，反之，问题就比较麻烦。为了写好草稿，应该注意以下几个问题：一是严格按照既定的提纲写作，一般情况下不宜脱纲行文；二是在内容上力求做到具体充实，为修改打下较好的基础；三是尽可能做到一气呵成，使文章在内容衔接上能够自然连贯；四是尽量提高草稿的质量，以给修改工作带来方便，并尽量节省修改的时间。

三、修改文稿

文稿之所以要修改，就是因为它通常会存在某些不足。或者说，一稿定型的文章，是

不多见的。这主要因为，其一，实用文书常常是因事因用而作，特别是有时是按指令而作，一般都是“急茬活”，拟稿者不会有过多时间精雕细刻，因而往往容易写得粗糙或出现漏洞。其二，由于起草者的知识面有限或一时的疏忽，文稿可能存在知识性差错或问题。其三，特殊地说，用以处理公事的实用文书都是反映单位的集体意志的，一个人拟写的草稿很有必要进行集体的修改。

实用文书草稿的修改，要从以下几个方面入手：一是看主题是否明确与正确；二是看文种是否恰当与合适；三是看材料是否真实、典型与具体；四是看结构是否合理；五是看语言是否符合实用文书与文种的要求；六是看表达方式是否适合写作目的与文章主题。

四、审定文稿

审定文稿，是决定文稿能否以正式文章付诸正式使用的关键一步。也正因为如此，审定文稿时必须要慎之又慎、严之又严，力图做到准确无误。审稿人在审定文稿时应从以下几个方面入手：一是严把政治关，看文稿在政治上、政策上是否符合要求；二是严把事实关，看文稿在材料选择上是否真实、典型和具体；三是严把文面关，看文稿在用字、书写、卷面等方面是否合乎规范。

第五节 实用文书写作的基本要求

知识要点

- 实用文书写作的基本要求包括：提高实用文书写作者的写作素养
- 坚持实用文书写作的基本标准
- 坚持系统而科学的实用文书写作训练；把握实用文书写作的发展趋势

一、提高实用文书写作者的写作素养

（一）认真学习理论，掌握方针政策

实用文书写作主体要认识并把握客体、载体和受体，离不开马克思主义理论的指引。因为，马克思辩证唯物主义和历史唯物主义揭示了宇宙间万事万物的发展规律，阐释了客观世界的基本原理。因此，实用文书写作，一方面，必须认真学习马克思列宁主义、毛泽东思想、邓小平理论、“三个代表”重要思想、科学发展观、习近平新时代中国特色社会

主义思想，掌握实用文书写作的指导思想。另一方面，必须认真学习并掌握党和国家的路线、方针、政策和有关法令、法规、规章、制度，运用马克思主义的立场、观点和方法，不断提高政策水平。

（二）加强语文基础，提高写作水平

首先，要学习综合运用语法、逻辑和修辞知识，培养叙述、说明和议论的能力，不断提高运用语言的水平。其次，必须掌握写作基础理论知识。写作基础理论知识是古今中外文章写作大师实践经验的结晶，是经过反复实践、反复总结提炼和反复验证的理论，对于指导写作活动具有重要作用。掌握基础理论知识，其目的是指导写作实践，把理论知识转化为写作能力。没有正确理论指导的实践是盲目的、不科学的，写作能力也难以提高。

二、坚持实用文书写作的基本标准

总结国内外研究实用文书写作的成果和写作经验，以及写好实用文书的基本标准，可以概括为“实”“准”“简”三个字。

“实”，就是内容实事求是、文风朴实。实用文书是用来办事的、据以解决问题的文章，因而，它最讲究实实在在，即内容要符合党和国家的路线、方针、政策、法律、法令和上级有关规定，事实要可靠，要准确无误，判断要符合实际，办法要切实可行。总之，实用文书一定要反映客观实际，做到文如其事，来不得半点虚假。

“准”，就是语言表达要准确。语言准确有两方面的内容：一是要正确反映客观事物，用词恰如其分，语序有逻辑性；二是文面上要正确无误，合乎规范。

“简”，就是简短、简明和简练。简短是指禁绝一切套话、空话、废话，使实用文书内容简短；简明是要求简要明了，要尽可能分条分项写作，使实用文书条理清楚、层次分明；简练是要求遣词造句精练，竭力将可有可无的字、句、段删去，做到“文约而事丰”。

写作实用文书要达到“基本标准”，必须着重培养写作人的三种基本能力，即调查研究能力、分析综合能力和平实、准确、简练的语言表达能力。因为只有善于调查研究，搜集大量的信息，掌握第一手材料，才能为内容的“实”、表达的“准”提供物质基础；只有善于分析综合，抓住事物的本质，认识事物的内在联系，才能做到“准”和“简”；而要把调查研究和分析综合的结果实事求是地表达出来，没有准确、简练的语言表达能力是不可能的。

三、坚持系统而科学的实用文书写作训练

实用文书写作课程是一门具有综合训练性质的智能课程。知识要转化为能力，必须经过严格的、系统的、反复的训练才能实现。因此，学生在学习过程中，要坚持系统而科学的实用文书写作训练，要根据实用文书的写作规律，联系自身的知识、生活和工作实际，由浅入深、循序渐进，做到思维和语言、说与写相结合；训练题目要体现针对性、实用性和阶梯性；训练步骤要先单项，后综合，分合相济，反复实践。只有这样，才能真正提高实用文书的写作水平。

四、把握实用文书写作的发展趋势

当今世界各国文化、政治制度、经济体制不同，实用文书的发展趋势大不一样，但也有共同之处。只有把握和了解实用文书写作的发展趋势，才能更好地学习和写作实用文书。概括起来，实用文书的发展趋势体现在以下四个方面：一是文种的发展和社会发展联系越来越紧密，趋于多样化与丰富化；二是体式规范和国际越来越接轨，趋于国际化；三是写作手段越来越现代化，趋于电脑化；四是传输阅读越来越便捷，趋于网络化。

相关链接

链接 1

古代应用文佳作

秦汉时期：李斯《谏逐客书》、晁错《论贵粟疏》、司马迁《报任安书》、诸葛亮《出师表》、曹操《让县自明本志令》。

唐宋时期：魏征《谏太宗十思疏》、王安石《答司马谏议书》、文天祥《指南录后序》。

明清时期：海瑞《治安疏》、袁枚《祭妹文》、林觉民《与妻书》。

链接 2

实用文书写作时常用的习惯用语

用语名称	作　用	常用特定用语
开端用语	用于文章开头，表示发语、引据	为、为了、查、兹、兹因、兹有、兹定于、接、顷接、根据、据、遵照、依照、按照、鉴于、关于、随着

续表

用语名称	作　用	常用特定用语
称谓用语	用于表示人称或对单位的称谓	第一人称：我、我单位、本人、本公司； 第二人称：你、你局、贵公司、贵方； 第三人称：他、该公司、该项目
引叙用语	用于复文引据	悉、近悉、收悉、接、顷接、据
拟办用语	用于审批、拟办	责成、交办、试办、办理、执行
经办用语	用于表明进程	经、业经、已经、兹经、即经
过渡用语	用于承上启下	鉴于、为此、对此、为使、对于、关于、如下
期请用语	用于表示期望、请求	请、恳请、拟请、特请、报请、如蒙、希、望、尚望、切望、希予
征询用语	用于征请、询问	当否、妥否、可否、如无不当、如无不妥、是否可行
结尾用语	用于结尾，表示收束	上行：当否，请批复；可否，请指示；特此报告；以上报告，请审核； 平行：为盼、为荷、特此函达；尚望函复； 下行：为要；为宜；希遵照执行；特此通知；此复

问题讨论

1. 实用文书写作常用的表达方式与一般文章写作有什么不同？
2. 学习实用文书写作的现实意义是什么？

写作实践

1. 请举例分析实用文书语言与文学语言的区别。
2. 请结合自己的学习和工作实际，谈谈学习实用文书写作的重要性。

第二章

法定公务文书

学习目标

法定公务文书是党政机关、社会团体和企事业单位等在公务活动中，按照特定的规范体式和处理程序，形成和使用的具有法定效力的文书，是依法行政和进行公务活动的重要工具。本章重点介绍党政机关公文的概念、特点、行文规则与格式要求，以及常用公文的写作。通过学习，使学生明确党政机关公文的规范格式，熟练掌握常用公文的写作方法与技巧，提高处理日常公务的能力。

第一节　公务文书概述

知识要点

- 公务文书，简称公文，狭义的公文专指党政机关公文
- 公文具有作者的法定性、内容的政治性、效力的权威性、体式的规范性和效用的时间性等特点
- 公文的行文规则是各级党政机关在公文处理过程中需要共同遵守的制度和准则
- 党政机关公文格式要素的编排规则，可以使公文处理工作实现科学化、规范化

一、公文的概念

公务文书，简称公文，其概念有广义和狭义之分。广义的公文是指党政机关、社会团体和企事业单位等在公务活动中，按照特定的规范体式和处理程序，形成和使用的具有法

定效力的文书，是依法行政和进行公务活动的重要工具；狭义的公文则专指党政机关公文，属于法定文书。

中共中央办公厅、国务院办公厅于 2012 年 7 月 1 日发布施行的《党政机关公文处理工作条例》规定，党政机关公文是党政机关实施领导、履行职能、处理公务的具有特定效力和规范体式的文书，是传达贯彻党和国家的方针政策，公布法规和规章，指导、布置和商洽工作，请示和答复问题，报告、通报和交流情况等的重要工具。

二、公文的特点

（一）作者的法定性

公文有法定的作者，即依法成立并能以自己的名义行使权利和承担义务的组织机构及其法定代表人。公文代表的是法定机关，体现法定机关的职权和意图。有的公文以国家领导人或机关首长的名义发布，仅仅是制发机关领导行使自己职权的一种表现。

（二）内容的政治性和政策性

公文往往反映了党和国家的政治意向、指挥意志、行动要求和人民群众的根本利益，所以具有鲜明的政治性与政策性。各级党政机关、社会团体、企事业单位都负有传达、贯彻、执行党和国家方针政策的责任，并且行文必须与党和国家的方针政策相一致。

（三）效力的权威性

公文作为党政机关实施领导、履行职能、处理公务的重要工具，具有法定的权威性。国家政权赋予发文机关以法定的地位和职权，因此，公文一经签发公布，就在特定的时间和空间范围内产生了法定的效力和权威，必须遵照执行。

（四）体式的规范性

规范性是公文权威性的具体体现，也是公文处理的客观需要。公文体式的规范包括公文种类、行文规则、公文格式、公文处理程序等，撰制者在撰写、处理公文时必须严格遵守这些规定，不能随心所欲、各行其是。这样，不仅有利于维护公文的权威性，也有利于公文处理工作的科学化、规范化、制度化，提高办事效率。

（五）效用的时间性

公文的效用具有一定的时间性。公文是为解决现实问题、完成实际任务而制发的，一般要求限期传达执行。因此，撰制者和执行者一定要有强烈的时效观念，要快写、快发、快处理，以提高办事效率。

三、公文的种类

按照《党政机关公文处理工作条例》规定，我国党政机关公文主要有以下 15 种。

（1）决议。适用于会议讨论通过的重大决策事项。

（2）决定。适用于对重要事项做出决策和部署、奖惩有关单位和人员、变更或者撤销下级机关不适当的决定事项。

（3）命令（令）。适用于公布行政法规和规章、宣布施行重大强制性措施、批准授予和晋升衔级、嘉奖有关单位和人员。

（4）公报。适用于公布重要决定或者重大事项。

（5）公告。适用于向国内外宣布重要事项或者法定事项。

（6）通告。适用于在一定范围内公布应当遵守或者周知的事项。

（7）意见。适用于对重要问题提出见解和处理办法。

（8）通知。适用于发布、传达要求下级机关执行和有关单位周知或者执行的事项，批转、转发公文。

（9）通报。适用于表彰先进、批评错误、传达重要精神和告知重要情况。

（10）报告。适用于向上级机关汇报工作、反映情况，回复上级机关的询问。

（11）请示。适用于向上级机关请求指示、批准。

（12）批复。适用于答复下级机关请示事项。

（13）议案。适用于各级人民政府按照法律程序向同级人民代表大会或者人民代表大会常务委员会提请审议事项。

（14）函。适用于不相隶属机关之间商洽工作、询问和答复问题、请求批准和答复审批事项。

（15）纪要。适用于记载会议主要情况和议定事项。

四、公文的行文规则

行文规则是各级党政机关在公文处理过程中需要共同遵守的制度和准则，用以保证机关工作正常秩序，促使公文迅速、准确传递和尽快发挥效力。《党政机关公文处理工作条例》中明确做出以下规定。

第一，行文应当确有必要，讲求实效，注重针对性和可操作性。

第二，行文关系根据隶属关系和职权范围确定。一般不得越级行文，特殊情况需要越级行文的，应当同时抄送被越过的机关。

第三，向上级机关行文，应当遵循以下规则。

（1）原则上主送一个上级机关，根据需要同时抄送相关上级机关和同级机关，不抄送下级机关。

（2）党委、政府的部门向上级主管部门请示、报告重大事项，应当经本级党委、政府同意或者授权；属于部门职权范围内的事项应当直接报送上级主管部门。

（3）下级机关的请示事项，如需以本机关名义向上级机关请示，应当提出倾向性意见后上报，不得原文转报上级机关。

（4）请示应当一文一事。不得在报告等非请示性公文中夹带请示事项。

（5）除上级机关负责人直接交办事项外，不得以本机关名义向上级机关负责人报送公文，不得以本机关负责人名义向上级机关报送公文。

（6）受双重领导的机关向一个上级机关行文，必要时抄送另一个上级机关。

第四，向下级机关行文，应当遵循以下规则。

（1）主送受理机关，根据需要抄送相关机关。重要行文应当同时抄送发文机关的直接上级机关。

（2）党委、政府的办公厅（室）根据本级党委、政府授权，可以向下级党委、政府行文，其他部门和单位不得向下级党委、政府发布指令性公文或者在公文中向下级党委、政府提出指令性要求。需经政府审批的具体事项，经政府同意后可以由政府职能部门行文，文中须注明已经政府同意。

（3）党委、政府的部门在各自职权范围内可以向下级党委、政府的相关部门行文。

（4）涉及多个部门职权范围内的事务，部门之间未协商一致的，不得向下行文；擅自行文的，上级机关应当责令其纠正或者撤销。

（5）上级机关向受双重领导的下级机关行文，必要时抄送该下级机关的另一个上级机关。

第五，同级党政机关、党政机关与其他同级机关必要时可以联合行文。属于党委、政府各自职权范围内的工作，不得联合行文。

党委、政府的部门依据职权可以相互行文。

部门内设机构除办公厅（室）外不得对外正式行文。

五、公文的格式

公文格式，即公文规格样式，指公文中各个组成部分的构成方式。按照《党政机关公文处理工作条例》有关规定，国家质量监督检验检疫总局、国家标准化管理委员会发布了《党政机关公文格式》国家标准（GB/T 9704—2012），对公文用纸、印刷装订、格式要素、式样等做出了具体规定，特别是首次统一了党政机关公文格式要素的编排规则，使党政机关公文的表现形式更加规范，有利于进一步提高各级党政机关公文的制作水平和质量，推动党政机关公文处理工作实现科学化、规范化。

（一）公文用纸、版面与印制装订要求

公文用纸采用国标 A4 型纸，其成品幅面尺寸为：210mm × 297mm。其版面要求为：公文用纸天头（上白边）为 37mm ± 1mm，公文用纸订口（左白边）为 28mm ± 1mm，版心尺寸为 156mm × 225mm。如无特殊说明，公文格式各要素一般用 3 号仿宋体字。一般每面排 22 行，每行排 28 个字，并撑满版心，公文中文字的颜色均为黑色。特定情况可以做适当调整。

公文版面要干净无底灰，字迹清楚，尺寸标准，双面印刷，页码套正。公文应当左侧装订，不掉页。无坏钉、漏钉、重钉，钉脚平伏牢固。

（二）公文格式各要素编排规则

党政机关公文版心内的公文格式各要素划分为版头、主体、版记、页码四部分。公文首页红色分隔线以上的部分被称为版头；公文首页红色分隔线（不含）以下、公文末页首条分隔线（不含）以上的部分被称为主体；公文末页首条分隔线以下、末条分隔线以上的部分被称为版记；页码位于版心外。

1. 版头

（1）份号。份号指公文印制份数的顺序号。涉密公文应当标注份号。

如需标注份号，一般用 6 位 3 号阿拉伯数字，顶格编排在版心左上角第一行。

（2）密级和保密期限。密级和保密期限指公文的秘密等级和保密的期限。涉密公文应当根据涉密程度分别标注“绝密”“机密”“秘密”和保密期限。

如需标注密级和保密期限，一般用 3 号黑体字，顶格编排在版心左上角第二行；保密期限中的数字用阿拉伯数字标注。

（3）紧急程度。紧急程度指公文送达和办理的时限要求。根据紧急程度，紧急公文应当分别标注“特急”“加急”，电报应当分别标注“特提”“特急”“加急”“平急”。

如需标注紧急程度，一般用 3 号黑体字，顶格编排在版心左上角；如需同时标注份号、

密级和保密期限、紧急程度，按照份号、密级和保密期限、紧急程度的顺序自上而下分行排列。

（4）发文机关标志。发文机关标志由发文机关全称或者规范化简称加“文件”二字组成，也可以只使用发文机关全称或规范化简称。联合行文时，发文机关标志可以并用联合发文机关名称，也可以单独用主办机关名称。

发文机关标志居中排布，上边缘至版心上边缘为 35mm，推荐使用小标宋体字，颜色为红色，以醒目、美观、庄重为原则。联合行文时，如需同时标注联署发文机关名称，一般应当将主办机关名称排列在前；如有“文件”二字，应当置于发文机关名称右侧，以联署发文机关名称为准上下居中排布。

（5）发文字号。发文字号由发文机关代字、年份、发文顺序号组成。联合行文时，使用主办机关的发文字号。

编排在发文机关标志下空二行位置，居中排布。年份、发文顺序号用阿拉伯数字标注；年份应标全称，用六角括号“〔 〕”括入；发文顺序号不加“第”字，不编虚位（1 不编为 01），在阿拉伯数字后加“号”字。上行文的发文字号居左空一字编排，与最后一个签发人姓名处在同一行。

（6）签发人。上行文应当标注签发人姓名。

由“签发人”三字加全角冒号和签发人姓名组成，居右空一字，编排在发文机关标志下空二行位置。“签发人”三字用 3 号仿宋体字，签发人姓名用 3 号楷体字。如有多个签发人，签发人姓名按照发文机关的排列顺序从左到右、自上而下依次均匀编排，一般每行排两个姓名，回行时与上一行第一个签发人姓名对齐。

（7）版头中的分隔线。发文字号之下 4mm 处居中印一条与版心等宽的红色分隔线。

2. 主体

（1）标题。标题由发文机关名称、事由和文种组成。

一般用 2 号小标宋体字，编排于红色分隔线下空二行位置，分一行或多行居中排布；回行时，要做到词意完整，排列对称，长短适宜，间距恰当，标题排列应当使用梯形或菱形。

（2）主送机关。主送机关指公文的主要受理机关，应当使用机关全称、规范化简称或者同类型机关统称。

编排于标题下空一行位置，居左顶格，回行时仍顶格，最后一个机关名称后标全角冒号。如主送机关名称过多导致公文首页不能显示正文时，应当将主送机关名称移至版记。

（3）正文。正文是公文的主体，用来表述公文的内容。

公文首页必须显示正文。一般用 3 号仿宋体字，编排于主送机关名称下一行，每个自然段左空二字，回行顶格。文中结构层次序数依次可以用“一、”“（一）”“1.”“（1）”标注；一般第一层用黑体字，第二层用楷体字，第三层和第四层用仿宋体字标注。

（4）附件说明。附件说明指公文附件的顺序号和名称。

如有附件，在正文下空一行左空二字编排“附件”二字，后标全角冒号和附件名称。如有多个附件，使用阿拉伯数字标注附件顺序号（如“附件：1.××××××”）；附件名称后不加标点符号。附件名称较长需回行时，应当与上一行附件名称的首字对齐。

（5）发文机关署名、成文日期和印章。发文机关署名，署发文机关全称或者规范化简称。成文日期，署会议通过或者发文机关负责人签发的日期。联合行文时，署最后签发机关负责人签发的日期。印章，公文中有发文机关署名的，应当加盖发文机关印章，并与署名机关相符。有特定发文机关标志的普发性公文和电报可以不加盖印章。

① 加盖印章的公文。成文日期一般右空四字编排，印章用红色，不得出现空白印章。

单一机关行文时，一般在成文日期之上、以成文日期为准居中编排发文机关署名，印章端正、居中下压发文机关署名和成文日期，使发文机关署名和成文日期居印章中心偏下位置，印章顶端应当上距正文（或附件说明）一行之内。

联合行文时，一般将各发文机关署名按照发文机关顺序整齐排列在相应位置，并将印章一一对应、端正、居中下压发文机关署名，最后一个印章端正、居中下压发文机关署名和成文日期，印章之间排列整齐、互不相交或相切，每排印章两端不得超出版心，首排印章顶端应当上距正文（或附件说明）一行之内。

② 不加盖印章的公文。单一机关行文时，在正文（或附件说明）下空一行右空二字编排发文机关署名，在发文机关署名下一行编排成文日期，首字比发文机关署名首字右移二字，如成文日期长于发文机关署名，应当使成文日期右空二字编排，并相应增加发文机关署名右空字数。

联合行文时，应当先编排主办机关署名，其余发文机关署名依次向下编排。

③ 加盖签发人签名章的公文。单一机关制发的公文加盖签发人签名章时，在正文（或附件说明）下空二行右空四字加盖签发人签名章，签名章左空二字标注签发人职务，以签名章为准上下居中排布。在签发人签名章下空一行右空四字编排成文日期。

联合行文时，应当先编排主办机关签发人职务、签名章，其余机关签发人职务、签名章依次向下编排，与主办机关签发人职务、签名章上下对齐；每行只编排一个机关的签发人职务、签名章；签发人职务应当标注全称。

签名章一般用红色。

④ 成文日期中的数字。用阿拉伯数字将年、月、日标全，年份应标全称，月、日不

编虚位（1 不编为 01）。

⑤ 特殊情况说明。当公文排版后所剩空白处不能容下印章或签发人签名章、成文日期时，可以采取调整行距、字距的措施解决。

（6）附注。附注指公文印发传达范围等需要说明的事项。

如有附注，居左空二字加圆括号编排在成文日期下一行。

（7）附件。附件指公文正文的说明、补充或者参考资料。

附件应当另面编排，并在版记之前，与公文正文一起装订。“附件”二字及附件顺序号用 3 号黑体字顶格编排在版心左上角第一行。附件标题居中编排在版心第三行。附件顺序号和附件标题应当与附件说明的表述一致。附件格式要求同正文。

如附件与正文不能一起装订，应当在附件左上角第一行顶格编排公文的发文字号并在其后标注“附件”二字及附件顺序号。

3. 版记

（1）版记中的分隔线。版记中的分隔线与版心等宽，首条分隔线和末条分隔线用粗线（推荐高度为 0.35mm），中间的分隔线用细线（推荐高度为 0.25mm）。首条分隔线位于版记中第一个要素之上，末条分隔线与公文最后一面的版心下边缘重合。

（2）抄送机关。抄送机关指除主送机关外需要执行或者知晓公文内容的其他机关，应当使用机关全称、规范化简称或者同类型机关统称。

如有抄送机关，一般用 4 号仿宋体字，在印发机关和印发日期之上一行、左右各空一字编排。“抄送”二字后加全角冒号和抄送机关名称，回行时与冒号后的首字对齐，最后一个抄送机关名称后标句号。

如需把主送机关移至版记，除将“抄送”二字改为“主送”外，编排方法同抄送机关。既有主送机关又有抄送机关时，应当将主送机关置于抄送机关之上一行，之间不加分隔线。

（3）印发机关和印发日期。印发机关和印发日期指公文的送印机关和送印日期。

印发机关和印发日期一般用 4 号仿宋体字，编排在末条分隔线之上，印发机关左空一字，印发日期右空一字，用阿拉伯数字将年、月、日标全，年份应标全称，月、日不编虚位（1 不编为 01），后加“印发”二字。

版记中如有其他要素，应当将其与印发机关和印发日期用一条细分隔线隔开。

4. 页码

页码，指公文页数顺序号。一般用 4 号半角宋体阿拉伯数字，编排在公文版心下边缘之下，数字左右各放一条一字线；一字线上距版心下边缘 7mm。单页码居右空一字，双页码居左空一字。公文的版记页前有空白页的，空白页和版记页均不编排页码。公文的附件与正文一起装订时，页码应当连续编排。

（三）公文的特定格式

1. 信函格式

发文机关标志使用发文机关全称或者规范化简称，居中排布，上边缘至上页边为 30mm，推荐使用红色小标宋体字。联合行文时，使用主办机关标志。发文机关标志下 4mm 处印一条红色双线（上粗下细），距下页边 20mm 处印一条红色双线（上细下粗），线长均为 170mm，居中排布。如需标注份号、密级和保密期限、紧急程度，应当顶格居版心左边缘编排在第一条红色双线下，按照份号、密级和保密期限、紧急程度的顺序自上而下分行排列，第一个要素与该线的距离为 3 号汉字高度的 7/8。发文字号顶格居版心右边缘编排在第一条红色双线下，与该线的距离为 3 号汉字高度的 7/8。标题居中编排，与其上最后一个要素相距二行。第二条红色双线上一行如有文字，与该线的距离为 3 号汉字高度的 7/8。首页不显示页码。版记不加印发机关和印发日期、分隔线，位于公文最后一面版心内最下方。

2. 命令（令）格式

发文机关标志由发文机关全称加“命令”或“令”字组成，居中排布，上边缘至版心上边缘为 20mm，推荐使用红色小标宋体字。发文机关标志下空二行居中编排令号，令号下空二行编排正文。签发人职务、签名章和成文日期的编排见以上相关要素说明。

3. 纪要格式

纪要标志由“×××××纪要”组成，居中排布，上边缘至版心上边缘为 35mm，推荐使用红色小标宋体字。标注出席人员名单，一般用 3 号黑体字，在正文或附件说明下空一行左空二字编排“出席”二字，后标全角冒号，冒号后用 3 号仿宋体字标注出席人单位、姓名，回行时与冒号后的首字对齐。标注请假和列席人员名单，除依次另起一行并将“出席”二字改为“请假”或“列席”外，编排方法同出席人员名单。纪要格式可以根据实际制定。

第二节 通知

知识要点

➤ 通知适用于发布、传达要求下级机关执行和有关单位周知或者执行的事项，批转、

转发公文
- 通知具有广泛性、执行性和时效性等特点
- 通知的正文一般包括通知缘由、通知事项和结尾三部分
- 写作通知时，要求行文符合规范，内容符合实际，主旨明确，结构条理，语言准确

一、通知的概念

通知适用于发布、传达要求下级机关执行和有关单位周知或者执行的事项，批转、转发公文。通知属于下行文，是要求下级机关办理、执行或周知有关事项的公文。通知的适用范围广，使用频率高，是党政机关处理公务时常用的文种。

二、通知的特点

（一）广泛性

通知的广泛性体现在使用主体的广泛性和通知内容的广泛性。首先，通知不受发文机关级别高低的限制，所有党政机关、企事业单位和社会团体都可以发布通知。其次，无论是党政领导机关的重大决策，还是日常行政事务，都可以用通知来部署或知照。

（二）执行性

通知往往由上级机关用来发布规章、部署工作、传达指示等，要求下级机关遵照执行或参考执行，对收文机关有明显的约束力，体现出较强的权威性和指挥、指导作用。

（三）时效性

通知是一种制发快捷、运用灵活方便的公文文种，具有较强的时效性。通知事项大多具有较明确的时间限制，通常要求收文机关在规定的时间内办理、执行或知晓，不容拖延。

三、通知的种类

根据内容与性质的不同，通知可分为颁转性通知、事务性通知和知照性通知三类。

（一）颁转性通知

颁转性通知指用于颁布法规、规章性文书和转发、批转其他机关公文的通知，包括发布性通知、批转性通知和转发性通知。颁转性通知由通知文本和被颁转的文书两部分组成，

属于复合型公文，被颁转文书不可视为附件。

（1）发布性通知。发布性通知也称印发性通知，指发布法规、规章或印发本系统、本机关制定的非规章类文书时所使用的通知。

（2）批转性通知。批转性通知指上级机关批转下级机关公文时所使用的通知。

（3）转发性通知。转发性通知指转发上级机关或不相隶属机关公文时所使用的通知。

（二）事务性通知

事务性通知指用于上级机关向下级机关传达指示、部署有关工作或规定某些事项，要求下级机关办理或执行的通知，包括指示性通知、部署性通知、会议通知等。

（1）指示性通知。指示性通知指上级机关向下级机关传达有关指示或精神，要求下级机关执行时所使用的通知。

（2）部署性通知。部署性通知指上级机关部署有关工作或者规定某些事项时所使用的通知。

（3）会议通知。会议通知指上级机关召开较重要的会议，并提出相关与会要求时所使用的通知。

（三）知照性通知

知照性通知指上级机关向下级机关宣布或告知有关事项，一般不要求办理或执行的通知。这类通知的作用主要是知照意图或情况，如设置或撤并机构、启用或作废印章、任免干部、变更机关名称、迁移办公地点等。

四、通知的结构与写法

通知通常由标题、主送机关、正文和落款组成。

（一）标题

通知的标题一般由发文机关名称、事由和文种构成，如《国务院关于全面建立临时救助制度的通知》。有时根据实际情况，可在文种前加“联合”“紧急”“补充”等词语，如《广东省财政厅关于省直党政机关和事业单位差旅费管理问题的补充通知》等。

批转、转发性通知的标题，通常表述为：“×××批转（转发）×××关于××××××的通知”，如《国务院批转发展改革委关于 2015 年深化经济体制改革重点工作意见的通知》《广东省人民政府转发国务院关于改革和完善国有资产管理体制若干意见的通知》。批转、转发性通知的标题，在引用被批转、被转发文件时，应压缩相同或重复的词语或文种，以免整个标题繁杂冗长。

（二）主送机关

主送机关即通知要送达的部分或全部下级机关，顶格书写其全称、规范化简称或统称。

（三）正文

通知的正文一般包括通知缘由、通知事项和结尾三部分。

1. 通知缘由

通知的开头一般应简明扼要地交代通知的目的、原因、依据等。如果通知所涉内容较少，可以采取篇段合一的形式，直接承接通知事项；如果所涉内容较多，可以用“现将有关事项通知如下”等惯用语引出下文。

2. 通知事项

这是通知的核心内容，要明确交代上级机关传达要求下级机关遵守或周知的具体事项。作为通知的主体，其通常采用分条列项的方式行文，简明扼要、一目了然，便于遵照执行。

3. 结尾

结尾包括执行要求和惯用的结束语。通知的结尾通常要对受文单位提出贯彻执行通知的希望或要求，这部分内容可以单独成段，突出强调，也可以根据通知内容，调整到通知事项中。通知常用的结束语有“请认真贯彻执行，并将情况及时上报”“特此通知”等，也可省略不写。

通知的种类较多，正文的内容与写法不尽相同，以下就常见的几类通知类型进行具体介绍。

（1）发布、印发性通知。发布、印发性通知的正文通常比较简短明确，主要写明被发布或被印发的法规、规章、非规章类文书等的名称，并提出下级机关执行的要求即可。常见的特定表述为：“现将《××××××》（法规、规章等）印发给你们，请认真贯彻执行。”有时，也可以简要交代发文的目的、依据及其重要性。

（2）批转、转发性通知。批转、转发性通知的正文通常比较简短明确，主要写明被批转或被转发文件的名称，要求下级机关执行即可，批转性文件要表明“同意”等意见。常见的特定表述为：“×××（上级机关名称）同意×××（下级机关名称）的《××××××》（××〔××××〕×号），现转发给你们，请遵照执行”，或“现将×××（上级机关或不相隶属机关名称）的《××××××》（××〔××××〕×号）转发给你们，请认真贯彻执行”。如果确有必要，可以针对性地阐释批转或转发该文件的目的与意义，并做出明确指示或要求。

（3）指示、部署性通知。开头通常交代指示或部署有关工作的目的、依据、缘由等，然后以承启句“现将有关事项通知如下”领起下文。主体部分就指示或部署内容做出具体阐述，可以提出开展工作的指导原则、指示性意见或部署有关任务、相应措施，然后针对性地提出具体执行要求或号召、希望。

（4）会议通知。会议通知的开头一般交代召开会议的目的、缘由以及名称等，然后以承启句“现将有关事项通知如下”领出下文。通知事项通常包括以下内容：①会议的主要内容或议程；②会议的时间、地点（包括报到的时间、地点）；③参会单位或人员的条件、名额；④出席会议的准备工作，如提交资料、发言材料等；⑤其他有关事项，如会务费、食宿安排、交通安排等；⑥会议承办单位的联系人与联系方式等。以上内容可根据会议的规模、性质等情况进行调整增删。

（四）落款

在正文后的落款处，应签署发文机关名称和成文日期，并加盖印章。

五、通知的写作要求

（一）行文要讲求实效，符合规范

制发通知应当确有必要，讲求实效；严禁随意滥发，要严格控制发文数量；符合发文规范，注重针对性和可操作性。

（二）内容要符合实际

通知的内容必须符合国家法律法规，符合党和国家的方针政策以及上级机关的文件指示精神，还要合乎本地区、本单位的实际情况。

（三）主旨明确，结构条理，语言准确

通知是需要下级机关贯彻执行有关事项的公文。因此，写作通知时，主旨要明确，内容要具体，结构要条理清晰，逻辑性强，语言要准确精练、明确肯定。只有这样，才便于收文机关在执行、办理中不出现偏差或错误。

例文

文化和旅游部办公厅
关于做好文化艺术类校外培训管理相关工作的通知

各省、自治区、直辖市文化和旅游厅（局），新疆生产建设兵团文化体育广电和旅游局：

为深入贯彻中共中央办公厅、国务院办公厅《关于进一步减轻义务教育阶段学生作业负担和校外培训负担的意见》，提升义务教育阶段文化艺术类校外培训质量，提高中小学生艺术素养和综合素质，现就做好文化艺术类校外培训管理相关工作通知如下。

一、提高思想认识

从政治高度深刻认识减轻义务教育阶段学生作业负担和校外培训负担（以下简称“双减”）工作的重大意义，深入分析“双减”背景下促进学生全面发展和健康成长对各级各类文化艺术机构提出的新使命、新任务和新要求，以社会主义核心价值观为引领，把规范文化艺术类校外培训管理与弘扬传承中华优秀传统文化、促进非物质文化遗产传承保护、提升群众文化艺术素质、丰富基层群众文化生活等工作统筹考虑，更有效释放文化和旅游系统专业人才、设施场所、标准规范等文化艺术资源的社会效益，更好满足人民群众对优质文化艺术类校外培训资源和高质量文化服务的需求。

二、落实部门分工

认真贯彻落实本地区关于“双减”工作的总体部署和决策安排，积极开展工作，充分体现文化和旅游部门在落实“双减”部门任务分工中的责任担当，做到能担尽担，落实“立德树人”根本任务，把社会效益放在首位，严格落实意识形态工作责任制，全力配合牵头部门做好文化艺术类校外培训领域的监督管理工作。严格规范文化艺术类校外培训招生宣传，不得以承诺通过任何形式的文化艺术水平测试、考试等作为招生诱导。

已明确由文化和旅游部门作为本地区文化艺术类校外培训主管部门的，各级文化和旅游部门应尽快完成与教育部门相关工作交接，强化工作组织保障和机制建设，加紧研究制定本地区文化艺术类校外培训机构设置标准、审批条件和管理办法，并报省级文化和旅游部门备案。已明确由教育部门作为本地区文化艺术类校外培训主管部门的，各级文化和旅游部门应积极配合做好相关工作。

三、加强基础调研

积极开展本地区文化艺术类校外培训基本情况调研摸查，深入了解培训机构数量、分布、性质、规模、硬件条件、师资、教材、培训内容、收费、评价、存在问题等情况，广泛听取基层文化和旅游部门及相关文化艺术企事业单位等对规范管理文化艺术类校外培训机构、促进文化艺术类校外培训健康发展的意见建议，为本部门或配合教育部门加强文化艺术类校外培训管理工作奠定坚实基础。

四、提供专业支撑

着力发挥在文化艺术类校外培训机构设置标准和设立审批中的专业支撑和保障作用，配合教育部门加强青少年艺术成长规律研究，对不同文化艺术门类所涉及的培训场所基本硬件条件、培训师资条件、安全保障措施、课程内容设置等方面做好专家论证和专业把关。

五、坚持依法行政

在配合做好文化艺术类校外培训管理相关工作中坚持做到依法行政、依规依纪办事。积极配合本地区明确非学科类校外培训机构审批和监督管理的法律法规依据和部门权责清单，制定事中事后监管要求和相应处置措施。加紧推动本地区进一步明确非学科类校外培训管理工作的生产安全责任，铸牢文化艺术类校外培训工作安全底线。

各级文化和旅游部门要切实提高认识，把落实"双减"职责分工作为一项长期、重要工作抓实抓细。我部将全力配合教育部门落实好部门职责，强化对各地落实情况的工作指导和监督检查，对工作中形成的先进经验和典型做法予以及时总结推广。

特此通知。

文化和旅游部办公厅

2022年2月11日

资料来源：中华人民共和国文化和旅游部网站，有删减。

第三节 通报

知识要点

- 通报适用于表彰先进、批评错误、传达重要精神和告知重要情况
- 通报具有真实性、典型性、及时性等特点
- 通报的正文一般包括通报缘由、分析评价、处理决定、希望要求和结尾五部分
- 写作通报时，要求观点鲜明、结构清晰、叙议结合、详略得当、分析准确、评价中肯

一、通报的概念

通报适用于表彰先进、批评错误、传达重要精神和告知重要情况。通报属于下行文，

是公务活动中适用范围比较广、使用频率比较高、运用比较灵活的一个文种。通报的目的是通过表扬好人好事，批评错误和歪风邪气，传达重要情况与事项，起到激励先进、吸取教训、交流信息、提高认识的作用，以推动工作的进一步开展。

二、通报的特点

（一）真实性

真实是通报的生命。通报的任何情况、事实都必须是真实的，要言之有据，实事求是地反映，不能夸张或虚构。因此，写通报时，必须经过调查研究，对所涉事实进行反复认真核实，确定准确可靠之后，方可行文。

（二）典型性

通报的内容往往是结合工作实际，选取具有典型意义的事件和人物，或具有普遍意义的重要情况，有针对性地进行宣传、介绍，这样才具有典型性和说服力。事例越典型，其警示和借鉴意义越大。

（三）及时性

通报的内容往往与当时的工作背景或普遍存在的问题与现象有密切联系，对工作具有积极的指导意义和促进作用，因此，必须抓住时机适时通报，以免时过境迁，失去其沟通情况、宣传教育的作用。

三、通报的种类

根据内容与性质的不同，通报可分为表彰性通报、批评性通报和情况通报。

（一）表彰性通报

表彰性通报用于表彰先进单位或个人、介绍先进事迹、推广典型经验的通报。

（二）批评性通报

批评性通报用于批评有关单位或个人的错误事实或工作事故的通报。

（三）情况通报

情况通报用于传达重要精神或沟通重要情况的通报。

四、通报的结构与写法

通报通常由标题、主送机关、正文和落款组成。

（一）标题

通报的标题一般由发文机关、事由和文种三要素构成，如《广东省人民政府关于表彰2014年广东省专利奖单位和个人的通报》。

（二）主送机关

主送机关即通报要送达的部分或全部下级机关，顶格书写其全称、规范化简称或统称。

（三）正文

通报的正文一般包括通报缘由、分析评价、处理决定、希望要求和结尾五部分。

（1）通报缘由。通报的开头一般简要交代通报的缘由，或采用叙述的表达方式，如实客观地概述基本情况或事实。

（2）分析评价。这是通报的重点，是之后处理决定的重要依据，可以采用议论的表达方式，针对有关事实的意义或性质进行客观准确的分析评价。

（3）处理决定。这部分是在分析评价的基础上，交代表彰决定、处理意见或说明存在的问题。

（4）希望要求。这部分可以提出希望要求或发出号召。这是发文的最终目的，也是全文主旨的归结点，应该写得有针对性。

（5）结尾。通报的结尾通常以“特此通报”等惯用语作结，也可省略不写。

以下针对不同种类的通报进行具体介绍。

（1）表彰性通报。表彰性通报的开头通常是简明扼要地介绍被表彰单位或个人的先进事迹或经验，要写明时间、地点、单位名称或人物姓名、基本事实或过程。接着，在介绍先进人物或典型事迹的基础上，有针对性地进行分析评价，揭示先进事迹的性质和积极意义，点明表彰理由。评价要准确到位，并突出强调与通报目的相一致的性质或意义。然后，写明由何机关给予被表彰对象以何种表彰或奖励决定。最后，表明对被表彰者的勉励与期望和对广大干部与群众的号召与希望。

（2）批评性通报。首先，批评性通报的开头要介绍错误事实或事故的基本情况。如果是对单位或个人的错误或事故进行处理，要写明有关单位与人员的基本情况，然后对错误事实的时间、地点、过程、结果等进行叙述。如果是针对某一普遍存在的问题进行通报，要选择有代表性的事实进行综合叙述。其次，针对错误事实或事故进行分析评价，侧重于分析错误的原因、性质、严重程度以及造成的后果与影响，揭示其根源和危害。再次，写明由何机关给予被批评对象以何种处分决定或处理意见。最后，写明从错误事实中吸取的教训，并提出告诫或重申纪律，以便受文单位能够高度重视，认清性质，并采取防范措施。

（3）情况通报。首先，情况通报的开头要交代通报有关工作情况的目的、原因和背景等，并概述基本情况或有关事实。其次，针对有关工作情况，阐释具体做法，总结成绩经验。再次，承接上文，顺势指出工作中存在的问题。最后，指出解决问题的方法措施或提出今后工作的意见要求。

（四）落款

在正文后的落款处，应签署发文机关名称和成文日期，并加盖印章。

五、通报的写作要求

（一）观点鲜明，结构清晰

通报的观点一定要鲜明，提倡什么，反对什么，要是非分明，忌含糊其词。无论何种通报，都要遵循基本的写作思路，以体现各层次之间的逻辑联系，使结构条理清晰、逻辑严密。

（二）叙议结合，详略得当

写通报需叙议结合，以叙事为主，辅之以分析议论。在行文时，要注意详略得当，既突出重点，又使篇章结构平衡合理，其中，对基本情况进行简明扼要的概述即可，不必长篇大论，展开叙述。

（三）分析准确，评价中肯

写通报时，对事实的分析要客观准确，评价要中肯到位，有说服力。语言要简洁庄重，措辞要慎重严谨、恰如其分，不能出现过誉或贬低的现象。

例文

中共中央宣传部 文化和旅游部
关于第二届全国红色故事讲解员大赛优秀单位和个人的通报

各省、自治区、直辖市党委宣传部，文化和旅游厅（局），新疆生产建设兵团党委宣传部、文化体育广电和旅游局，中央军委政治工作部宣传局：

为贯彻落实习近平总书记“把红色资源利用好，把红色传统发扬好、把红色基因传承好”的指示精神，中共中央宣传部、文化和旅游部 2019 年联合举办了第二届全国红色故事讲解员大赛。大赛启动以来，各单位踊跃参与，精心组织，积极培训选拔，推荐优秀讲解员参赛，活跃了大赛氛围，扩大了影响，有效促进了讲解员能力素质整体提升和红色基因的传承。经过初赛、决赛和复核评定，大赛遴选出优秀组织单位 29 个、优秀活动单位 34 个，决出专业组金牌讲解员、志愿组金牌讲解员各 10 名，专业组优秀讲解员 31 名、志愿组优秀讲解员 30 名。现对获得荣誉的单位和个人予以通报表彰。

一、优秀组织单位（29 个）

中共北京市委宣传部、北京市文化和旅游局

中共吉林省委宣传部、吉林省文化和旅游厅
中共黑龙江省委宣传部、黑龙江省文化和旅游厅
中共上海市委宣传部、上海市文化和旅游局
中共江苏省委宣传部、江苏省文化和旅游厅
中共浙江省委宣传部、浙江省文化和旅游厅
中共福建省委宣传部、福建省文化和旅游厅
中共江西省委宣传部、江西省文化和旅游厅
中共山东省委宣传部、山东省文化和旅游厅
中共河南省委宣传部、河南省文化和旅游厅
中共湖北省委宣传部、湖北省文化和旅游厅
中共广西壮族自治区党委宣传部、广西壮族自治区文化和旅游厅
中共四川省委宣传部、四川省文化和旅游厅
中共新疆维吾尔自治区党委宣传部、新疆维吾尔自治区文化和旅游厅
中央军委政治工作部宣传局

二、优秀活动单位（34 个）

中国人民抗日战争纪念馆（北京）
周恩来邓颖超纪念馆（天津）
西柏坡中共中央旧址（河北）
八路军太行纪念馆（山西）
兴安盟内蒙古自治政府纪念地（内蒙古）
抗美援朝纪念馆（辽宁）
东北沦陷史陈列馆（吉林）
东北烈士纪念馆（黑龙江）
中国共产党第一次全国代表大会会址纪念馆（上海）
淮海战役纪念馆（江苏）
（以下略）

三、先进个人（81 名）

（以下略）

望获得荣誉的单位和个人珍惜荣誉、再接再厉、发扬作风、再创佳绩。全国爱国主义教育示范基地和全国红色旅游经典景区系统，要积极学习先进、争当先进，进一步增强“四个意识”、坚定“四个自信”、做到“两个维护”，充分发挥爱国主义教育和革命传统教育的重要阵地作用，切实履职尽责，担当作为，为更好发扬革命传统，传承红色基因，培育时代新人做出新的更大贡献。

特此通报。

中共中央宣传部　文化和旅游部
2020 年 9 月 8 日

资料来源：中华人民共和国文化和旅游部网站，有删减。

第四节 报告

知识要点

- 报告适用于向上级机关汇报工作、反映情况，回复上级机关的询问
- 报告具有陈述性、单向性和事后性等特点
- 报告的正文一般包括报告缘由、报告事项和结尾三部分
- 写作报告时，要求情况真实、陈述客观，重点突出、结构条理，报告及时、主送明确

一、报告的概念

报告适用于向上级机关汇报工作、反映情况，答复上级机关的询问。报告是党政机关普遍使用的一种重要的上行文，是建立上下级之间正常工作关系的重要工具。报告既是上级机关了解下情、制定方针政策、做出决策或协调工作的重要依据，也是下级机关及时取得上级机关对工作的支持与指导的重要途径。

二、报告的特点

报告具有以下三个方面特点。

（一）陈述性

报告用于向上级机关汇报工作、反映情况，要以具体的事实、情况和准确的数据作为汇报的主要内容，因此，可以采用叙述的表达方式，具体陈述本单位贯彻执行各项方针政策的情况，反映工作中遇到的实际问题以及解决办法。

（二）单向性

报告是下级机关向上级机关汇报工作、反映情况，答复上级机关询问时使用的单向行文，目的是为上级机关提供有关工作情况信息，让上级机关及时了解下情。报告一般不需要上级机关给予批复和反馈。

（三）事后性

报告是下级机关就本单位某一阶段的工作情况、工作进展或工作中出现的新情况、新问题及时向上级呈报的行文，主要在工作完成或事情发生后，向上级机关汇报，属于事中或事后行文。

三、报告的种类

（一）根据内容所涉范围的不同划分

根据内容所涉范围的不同，报告可分为综合性报告和专题性报告。

（1）综合性报告。综合性报告是向上级机关汇报本地区、本单位全面工作或情况的报告。

（2）专题性报告。专题性报告是向上级机关汇报某项工作、某方面情况或某个活动的报告。

（二）根据内容与性质的不同划分

根据内容与性质的不同，报告可分为工作报告、情况报告、答复报告和报送报告。

（1）工作报告。工作报告是指下级机关向上级机关汇报一定时期工作情况的报告。

（2）情况报告。情况报告是指下级机关向上级机关汇报工作中出现的重大情况、特殊情况或突发事件的报告。

（3）答复报告。答复报告是指下级机关针对上级机关提出的问题或询问的事项而给予答复的报告。

（4）报送报告。报送报告是指下级机关向上级机关报送文件、物件时所使用的报告。

四、报告的结构与写法

报告通常由标题、主送机关、正文和落款组成。

（一）标题

报告的标题一般由发文机关、事由和文种三要素构成，如《江苏省国土资源厅关于支持四川灾区抗震救灾工作情况的报告》。

（二）主送机关

顶格书写报告主送的上级机关的全称或规范化简称。

（三）正文

报告的正文一般包括报告缘由、报告事项和结尾三部分。

1. 报告缘由

报告的开头一般应简明扼要地交代报告的目的、依据、缘由等，也可以概括说明报告的背景、意义、基本内容等。如果是答复性报告，则要在开头引述来文，表明答复缘由。然后使用表过渡的惯用语，如“现将有关情况报告如下”引出下文。

2. 报告事项

这是报告的核心内容，要详细具体地叙述报告事项。它一般包括两方面内容：一是工作情况及问题；二是进一步开展工作的意见。

不同类型报告的正文，其报告事项的内容可以有所侧重。工作报告主要从工作的基本情况、主要做法、成绩经验、存在问题等方面进行具体陈述，在此基础上，重点提出下一步工作安排意见。情况报告应首先介绍情况，包括所反映的事件或问题的时间、地点、经过与结果等，然后分析情况，指出所反映问题的性质以及产生的原因、造成的影响等；如果反映的情况是某个事故，还要分清责任。最后提出处理意见与防范措施。答复报告应针对上级机关的询问和要求，进行明确具体的答复。报送报告则说明报送的文件或物件的名称、数量即可。

3. 结尾

报告的结尾通常以惯用的结束语如“特此报告”“以上报告，请审阅”等作结。

（四）落款

在正文后的落款处，应签署发文机关名称和成文日期，并加盖印章。

五、报告的写作要求

（一）情况真实，陈述客观

报告要客观全面地汇报工作情况或问题，实事求是，用事实说话，以实现报告下情上达和提供决策依据的作用；分析要得当有据，避免脱离实际、大发议论或空洞说理。

（二）重点突出，结构条理

报告要以叙述事实为主，针对性要强，要抓住主要问题，重点突出，详略得当，不必事无巨细，面面俱到；陈述时，要有条不紊，结构清晰，体现内在的逻辑性。

（三）报告及时，主送明确

报告需根据报告制度、上级要求或实际情况及时呈报，不要拖延。报告原则上只报一个直接上级机关或主管部门，必要时可抄报有关的上级机关。报告中可以提设想或建议，但不得夹带请示事项。

例文

山西省人民政府办公厅
关于山西省人民政府2021年履行教育职责自评情况的报告

国务院教育督导委员会办公室：

根据《2021年对省级人民政府履行教育职责的评价方案》（国教督办〔2021〕2号）要求，我省认真组织了自查自评工作。经省人民政府同意，现将有关情况报告如下。

一、自查情况

山西省政府高度重视，及时部署，由省政府教育督导委员会办公室牵头，会同39个省直单位对省政府2021年履行教育职责情况进行了认真自查自评。对9个方面评价重点43项具体内容进行责任分解，压实相关省直单位责任，相关省直单位围绕本单位负责的工作内容完成情况、主要成效及经验做法、存在问题、改进措施进行自查自评。在自查自评的基础上，梳理汇总、全面核实、网上公示，形成了自评报告。

二、主要成效及经验做法

（一）扎实开展党史学习教育，全面加强党对教育事业的领导。按照省委党史学习教育的部署，省委教育工委、省教育厅党组坚决扛起主体责任，第一时间组建工作专班，制订实施方案，严格对标对表，推动学习教育走深走实。将习近平总书记致厦门大学建校100周年贺信、在清华大学考察时重要讲话精神纳入党史学习教育。党史教育“开学第一课”实现全省大中小学生全覆盖。在全省高校开展山西省英烈英模家属宣讲团“坚定不移跟党走，革命精神永相传”主题宣讲。各高校依托“三团巡讲”扎实开展党史学习教育专题宣讲，截至9月9日，已开展专题宣讲16 403场，受众103万余人次，有效引导青年学生进一步学习党史，坚定理想信念。全面贯彻党的教育方针，持续推进习近平新时代中国特色社会主义思想进教材、进课堂、进头脑，让党旗始终高高飘扬在育人一线。成立山西省民办高校党委，向7所民办高校选派党委书记、督导专员，引领和推动民办教育健康发展。大力实施党建示范创建和质量创优计划，全省高校共有2个院系、33个支部和2个支部书记工作室入选全国高校党建工作标杆院系、样板支部和“双带头人”教师党支部书记工作室，培育创建132个省级高校党建工作示范党组织和40个中小学校党建工作示范校，党建品牌的辐射带动作用不断增强。指导高校党委制定落实全面从严治党和政治建设的主体责任清单，主动牵头做好省委巡视高校反馈问题整改“后半篇文章”。全省教育系统各级党组织在疫情面前经受住了考验，为我省打赢疫情防控阻击战提供了保障。

（二）落实立德树人根本任务，一体化思政育人格局持续加强。持续加强和改进学校思想政治工作，进一步擦亮中国特色社会主义教育体系的“鲜亮底色”。持续把习近平总书记关于教育的重要论述和视察山西重要讲话重要指示纳入“三团巡讲”。落实立德树人根本任务，把社会主义核心价值观教育融入教育教学全过程。选派优秀高校思政课教师和思政工作骨干参加中央宣传部、教育部高校思政课骨干教师研修班和全国高校思想政治工作骨干示范培训班。组织开展思政课教师党史教育专题集体备课及优秀教案征集评选。遴选优秀教师参加教育部第二届全国高校思想政治理论课教学展示暨优秀课程观摩活动。持续加强“三支队伍”建设，纳入高校领导班子年度考核，全省高校院系普遍配备1~2名专职组织员，专职辅导员总体师生比达到1：199.8；专职思政课教师总体师生比达到1：360.2，高校党务思政队伍得到强化。

（三）全面压实主体责任，坚决守住校园安全稳定大局。坚决贯彻落实党中央、省委关于高校安全稳定工作的决策部署，认真落实全省高校负责人座谈会精神，旗帜鲜明加强党对高校的领导，推动高校党委切实落实维护高校安全稳定的主体责任，坚决打通责任落实的“最后一公里”。始终把意识形态工作摆在极端重要位置，建立本科高校网络舆情工作直联机制，进一步压实意识形态工作责任。加强对课堂、讲坛、网络等意识形态载体监管，坚决抵御和防范各类渗透破坏活动。持续深化平安校园建设，共创建省、市、县三级平安校园13 353所，占到全省学校的87.2%。全面梳理教育系统8大类、5个方面、56个具体风险点，主动部署安排，确保各类风险早发现、早研判、早处置。统筹疫情防控和考试安全工作，坚决贯彻落实国家、省普通高校招生考试安全及高考组考工作会议精神，全力以赴确保高考等各类考试安全，确保实现“平安高考”目标。坚决落实每周舆情分析、每季度研判形势、每半年召开高校党委书记专题研判会议、每年党内通报工作机制，精准分析研判，完善应急预案，果断高效应对，坚决守住校园一方净土。

（四）着力规范民办义务教育发展，持续扩大基础教育优质资源。坚决贯彻落实习近平总书记关于义务教育发展的重要指示精神和中央、省委部署，按照“关停一批、减招一批、转公一批、转设一批”的原则，通过约谈、督办等方式，加强市级统筹，一县一策、一校一案，明确时间表、路线图、任务书，限期解决民办教育体量过大问题。到2023年年底前，实现省域民办义务教育在校生占比降至5%的目标。坚持就近就便服从就优，推进小学向乡镇以上集中，中学向县城集聚，2021年计划撤并973所，截至8月底已撤并647所。同时坚持撤建同步推进，在建设改造1 054所寄宿制学校的基础上，今年继续建设改造500所，截至8月底已完成253所建设改造任务。持续扩大普惠学前教育资源，2021年再认定建设400所，截至8月底已完成295所。大力度整治群众关心的教育热点问题，在全省城区小学启动“放心午餐”工程。积极推进中小学校建立课后服务制度，已覆盖3 316所学校，参与学生近152.3万人。围绕中小学生作业、睡眠、手机、读物、体质等“五项管理”，出台《促进中小学生身心健康成长十项举措》，广大群众的教育获得感显著增强。全省学前教育普及率、普惠率、公办园占比如期完成规划指标，义务教育学校办学条件全面改善。所有县（市、区）全部消除大班额；所有贫困县农村义务教育学校营养改善计划实现全覆盖；所有适龄残疾儿童全部安置；控辍保学工作实现静态清零、动态保障，圆满完成“义务教育有保障”历史性任务。深入实施高中阶段教育普及提升计划，大力推进新课程改革和高考综合改革各项准备工作。2020年，教育部在我省长治召开改革开放以来首次全国基础教育综合改革暨教学工作会议，对山西基础教育经验做法进行全面推广。

（五）大力度推进职业教育改革，推动职业教育高质量发展。深入贯彻落实习近平总书记关于职业教育工作的重要指示和全国职业教育大会精神，抓紧筹备全省职业教育大会，将结合我省实际制定“1+*N*”政策体系，大力调整和优化全省职业院校布局结构，形成布局合理、结构优化、特色鲜明、品牌纷呈的山西职业院校布局。启动实施我省高水平中等职业学校建设、高水平高等职业学校和专业群建设、职业教育品牌专业和高水平实训基地建设等“三大计划”。设立运城职业技术大学和山西工程科技职业大学，打破了我省职业教育止步于专科层次的局限。服务和推动全省教育系统落实“人人持证、技能社会”提质增效工作，确保年内本科院校、职业院校毕业生获取高级工、中级工证书数量均达到10万张。目前，全省110个县级职教中心通过省级验收，山西财政税务专科学校等4所高职院校成功入列中国特色高水平高职院校和专业建设计划项目。

（六）深入推进“1331工程”提质增效，助推高校加速崛起。全省高校共有141个学科申报参加第五轮学科评估，其中博士学位授权一级学科63个、硕士学位授权一级学科78个。“十三五”期间，我省高校在省部共建国家协同创新中心、教育部野外科学观测研究站、学科创新引智基地、高等学校科技成果转化和技术转移基地等国家和教育部创新平台上均实现“零”的突破；20项国家级重大科研项目获批，3项科技成果通过国家科学技术奖初评，其中牵头完成国家自然科学二等奖、国家科技进步二等奖各1项，结束了2014年以来全省高校无国家科学技术奖的历史。11项成果入选高等学校科学研究优秀成果奖，获奖数量为我省历年之最，其中人文社会科学类一等奖为时隔14年我省在该奖项上的再次突破，为全省高校再上新台阶打下了坚实基础。积极指导太原理工大学完成首轮“双一流”建设成效自评工作，自评报告已经教育部审核通过。

（七）坚持非均衡发展战略，加速推进高校布局调整优化。在全国率先启动高校扩招以来第一次大规模本科专业优化调整工作，分阶段分类优化调整高校本科专业，促进人才培养质量和服务经济社会发展能力“双提升”。共撤销停招本科专业 277 个，占原有专业总数的 23%；撤销陈旧专业方向 100 个，占原备案专业方向的 71.4%。经过调整优化，全省新兴应用专业占比 61.8%，比调整优化前提升 10.2 个百分点。引导省属高校围绕“一校一面”“立地发展”“彰显特色”，走应用型发展的路子。启动原校址在临汾市的山西师范大学迁址太原办学工作，以区位的“物理变化”催生内涵建设的“化学反应”。将 4 所独立学院转设为省属公办理工类本科高校，历史性地实现全省 11 个设区市本科高校全覆盖。打破科技与教育优质资源壁垒，实施山西农业大学、山西省农业科学院合署改革，组建高等农业教育“航空母舰”，构建现代大学治理体系，将原 46 个校（院）级管理机构整合组建为 12 个大部，将 10 个整合学院和 18 个研究机构作为改革试点，构建二级机构法人治理模式，赋予学院更多自主权，真正实现“学院办大学”。

（八）全面聚焦山西转型发展战略，大力优化学科学院建设。聚焦新基建、新技术、新材料、新装备、新产品、新业态“六新”突破，坚持以学科为统领，建立随学科专业调整联动设置调整二级学院机制。设立半导体学院（研究院）、信创产业学院（研究院）、大数据学院（研究院）等 115 个产业创新研究院和 84 个现代产业学院，加快推动人才链与产业链、创新链多链耦合，高校服务转型发展能力持续提升。聚焦培育“世界一流学科”，在人才引进、职称评聘、待遇报酬等方面实行“一事一议”“特事特办”，支持学校打造“学科特区”。以中北大学为试点，制订我省高校创新体制机制、促进成果转化、服务转型发展改革方案。与太原市政府、中北大学召开科技成果转化座谈会，达成了首批落地意向项目 33 项。组织全省高校赴北京大学、清华大学、北京航空航天大学、北京理工大学、西安交通大学等高水平大学学习观摩，对标一流、冲刺一流。同时，对全省高校正在研究开发、具有转化价值和应用前景的重点科技成果进行系统梳理、汇编成册，拟向全社会发布，供企业根据需求进行选择，相互对接、开展合作。

三、存在问题

2021 年，我省教育系统各项工作取得显著成效，但也存在不少差距，推进教育事业发展还面临不少困难和问题。主要表现在：受历史欠账影响，我省教育优质资源短缺，总体发展不充分的问题明显，与先进省份相比有较大差距；深化教育评价改革任务还很艰巨，教育事业发展还不能很好满足人民群众对更加优质、更加公平教育的需求；人才培养与社会需求错位的现象依然存在，教育服务经济社会发展的能力还需进一步增强，需要在以后的工作中加以解决。

四、改进措施

下一步，我省将坚持以习近平新时代中国特色社会主义思想为指导，深入贯彻落实习近平总书记“七一”重要讲话精神和视察山西重要讲话重要指示精神，以及第二十七次全国高校党的建设工作会议精神，坚持以人民为中心的发展思想，用心用情用力做好教育、高校毕业生就业等民生工作，推动巩固拓展教育脱贫攻坚成果同乡村振兴有效衔接，深入开展“我为群众办实事”实践活动，全力增进人民群众福祉，不断推进教育高质量发展新局面。深入实施建党“百年行动”、加快构建“五育并举”育人体系、高质量推进基础教育发展、大力度优化调整职业教育、推动高等教育加速崛起、扎实推进新时代教育评价改革、强力推动中央“双减”意见落实等，充分发挥教育督导“利剑”作用，依法加强对本级政府相关部门、市县政府履行教育职责的评价，确保党中央、国务院关于教育工作重大决策部署落到实处，以优异的成绩迎接省第十二次党代会胜利召开。

山西省人民政府办公厅

2021年9月14日

资料来源：山西省人民政府网站，有删减。

第五节 请示

知识要点

- 请示适用于向上级机关请求指示、批准
- 请示具有针对性、单一性和期复性等特点
- 请示的正文一般包括请示缘由、请示事项和结尾三部分
- 写作请示时，要求请示理由充分全面，请求具体合理，结构条理清晰，用语明确得体

一、请示的概念

请示适用于向上级机关请求指示、批准。请示是上行文，凡是下级机关在工作中遇到新情况、新问题却无章可循、有待上级机关指示的，对有关方针、政策、法规的认识不明确需请上级机关解释或重新审定的，遇到本机关职权范围内很难克服或无力克服的困难需请上级机关支持、帮助的，超出本机关的工作职权范围须经上级机关批准才能办理的，均需以请示行文。

二、请示的特点

请示具有以下三个方面特点。

（一）针对性

请示所涉内容往往是本机关无权、无力或无法解决的事项，以请示行文，目的是请求上级机关给予指示或批准，因此，请示具有很强的针对性。

（二）单一性

请示必须严格遵循“一文一事”的原则，即一份请示只能请求指示、批准一件事或解决一个问题。

（三）期复性

请示须在工作开始前行文，在上级机关给予答复后才付诸实施，因此，请示的行文目的非常明确，即请求上级机关对请示事项做出明确批复。

三、请示的种类

根据内容与性质的不同，请示可分为请指示的请示和请批准的请示。

（1）请指示的请示。请指示的请示指下级机关针对有关方针、政策的理解和执行，工作中出现的新情况、新问题等向上级机关请求指示的请示。

（2）请批准的请示。请批准的请示指下级机关针对自己无权、无力解决或决定的事项向上级机关请求审核批准的请示。

四、请示的结构与写法

请示通常由标题、主送机关、正文和落款组成。

（一）标题

请示的标题一般由发文机关、事由和文种三要素构成，如《××省电力勘测设计院关于××项目立项的请示》。请示本身含有请求之意，为避免语义重复，标题中尽量不要使用“请求”等词语。

（二）主送机关

请示原则上只写一个主送机关，即有直接隶属关系的上级机关。顶格书写请示主送的上级机关的全称或规范化简称。

（三）正文

请示的正文一般包括请示缘由、请示事项和结尾三部分。

1. 请示缘由

请示的开头要充分、全面地交代清楚请示的原因和依据，具体说明请示事项的重要性、必要性和可行性，必要时，可提供与请示事项相关的事实和数据。请示缘由是下文提出具体请示事项的基础和前提条件，是上级机关给予批复的重要依据。

2. 请示事项

这是请示的关键与目的所在，要明确具体地表达出请求上级机关给予指示或批准的具体事项或问题。请指示的请示要具体写明存在哪些问题，还可以提出解决问题的建议和意见，供上级参考。请批准的请示则需针对请批事项，从数量、方式、用途等方面进行具体说明。

3. 结尾

请示的结尾通常以惯用的结束语如“以上请示妥否，请指示”“妥否，请批复”等作结。

（四）落款

在正文后的落款处，应签署发文机关名称和成文日期，并加盖印章。

五、请示的写作要求

（一）请示要符合行文规则

请示应遵循的规则包括：必须一文一事；请示一般只写一个主送机关，不多头主送，不直接送领导个人；一般不得越级请示；请示上报的同时不抄送下级机关；“报告”中不得夹带请示事项等。

（二）理由充分全面，请求具体合理

请示内容一般包括请示缘由和请示事项两部分。阐述缘由时要实事求是，说理充分全面，有理有据，既符合有关方针政策，又符合客观实际。请示事项要明确具体，合理可行，不能提根本办不到或有悖情理的要求。

（三）结构条理清晰，用语明确得体

写作请示时，应该先写理由，再写事项，先列依据，再提要求，二者具有因果联系，这种结构次序会使文章呈现其内在的逻辑性。表述时，用语要明确了然，不能含糊其词，语气要谦恭得体，多使用祈请句式。

六、请示与报告的区别

请示和报告都属于上行文，但是在实际工作中容易混淆使用，二者的区别主要体现在以下四个方面。

（一）发文目的不同

请示是向上级机关请求指示或批准，以解决实际工作中遇到的问题；报告主要是向上级机关汇报工作、反映情况，使上级了解情况，为上级提供指导或决策依据。

（二）写作内容不同

请示所涉多是本单位无权或无力解决的事项，一般事项单一，行文较短；报告则反映本单位职权范围内的工作进展等情况，内容广泛，行文较长。

（三）行文要求不同

请示属于呈请性公文，必须在事前行文，上级机关收到后应及时批复；报告属于呈报性公文，一般在事后行文，不需要上级答复。

（四）结尾用语不同

请示常用的结束语为“以上请示妥否，请指示”“妥否，请批复”等；报告的结束语为“特此报告”“以上报告，请审阅”等。

例文

东丰县人民政府关于申报国家园林县城的请示

省住建厅：

东丰县位于吉林省中南部，是“五山一水四分田”的半山区，面积为 2 522 平方千米，总人口为 40 万，是著名的“中国梅花鹿之乡”和“中国农民画之乡”，先后荣获国家卫生县城、国家生态示范县、省级园林县城、省级文明县城、中国最美生态宜居旅游名县等荣誉称号。

在 2014 年获得省级园林县城称号后，我县坚持“创建不停步、工作不松劲、投入不

减少”原则，立足“特、绿、亮、净、畅”的要求，积极开展“生态复绿、建园填景、完善市政、造福民生”的创园实践。

近年来，我县自我加压，以党的十九大精神为指导，以习近平新时代中国特色社会主义思想为指引，以实现人民群众对美好生活的向往作为奋斗目标，发起国家园林县城创建攻坚战，并于2018年制定出台《东丰县创建国家园林县城实施方案》。两年来，全县上下坚持高位组织、全民参与、科学规划、生态自然的原则，相继实施南照山公园、绕盈河景观带、街头游园等绿化工程，使城区绿地面积快速增加。城市绿化坚持高起点规划实施、高标准建设、精细化管理，园林绿化水平和城市功能进一步提升，生态环境和人居环境明显改善。

截至2019年年底，东丰县建成区面积15.89平方千米，人口10.98万人，建成区绿地率、绿化覆盖率、人均公园绿地面积分别达到33.69%、37.17%、11.81平方米，生态环境、市政设施、节能减排等其他指标也达到国家园林县城标准要求。

对照《国家园林城市系列申报评审管理办法》文件要求，东丰县各项指标均达到或超过国家园林县城标准，现申报国家园林县城。恳请贵厅对东丰县创园工作进行考核验收并予以推荐。

妥否，请批示。

东丰县人民政府

2020年5月11日

资料来源：东丰县人民政府网站。

第六节 函

知识要点

- 函适用于不相隶属机关之间商洽工作、询问和答复问题、请求批准和答复审批事项
- 函具有行文的宽泛性、内容的广泛性、写作的灵活性等特点
- 函的正文一般包括发函缘由、发函事项和结尾三部分
- 写作函时，要求行文简洁明确，措辞礼貌得体，文种使用正确

一、函的概念

函适用于不相隶属机关之间商洽工作、询问和答复问题、请求批准和答复审批事项。函属于平行文，是不相隶属机关之间处理日常事务时常用的交往性公文。

二、函的特点

（一）行文的宽泛性

函对发文机关的使用权限没有限制，党政机关、社会团体、企事业单位，无论高层机关还是基层单位，均可使用函来发文。

（二）内容的广泛性

函广泛适用于平行机关和不相隶属机关之间的各类公务活动，可以告知有关事项，相互商洽工作、询问和答复问题、请求批准和答复审批事项，起着重要的沟通与协调作用。

（三）写作的灵活性

函的内容集中、单一而明确，篇幅随意，形式多样，语言平实，表达灵活自然，措辞可庄重严肃，可谦恭得体，也可亲切平和。

三、函的种类

（一）根据来往途径的不同划分

根据来往途径的不同，函可分为去函和复函。

（1）去函。去函是向无隶属关系的有关单位就有关事项主动发出的函。

（2）复函。复函是针对对方发函事项给予答复的函。

（二）根据内容与性质的不同划分

根据内容与性质的不同，函可分为告知函、商洽函、询问函、请批函和答复函。

（1）告知函。告知函是向无隶属关系的有关单位告知有关事项，使对方知晓的函。

（2）商洽函。商洽函是不相隶属机关之间商洽工作、联系有关事项的函。

（3）询问函。询问函是不相隶属机关之间询问有关问题，希望对方给予答复的函。

（4）请批函。请批函是向无隶属关系的有关业务主管部门请求批准有关事项的函。

（5）答复函。答复函是不相隶属机关之间用来答复询问事项或请批事项的函。

四、函的结构与写法

函通常由标题、主送机关、正文和落款组成。

（一）标题

函的标题一般由发文机关名称、事由和文种构成，如《××县人民政府关于解决天然气用气指标的函》。另外，可以在标题的文种中直接使用“复函”，如《国家发展改革委办公厅关于对价格欺诈行为定性有关问题的复函》。

（二）主送机关

主送机关即函的主要受理机关，要顶格书写主送机关的全称或者规范化简称。

（三）正文

函的正文一般包括发函缘由、发函事项和结尾三部分。

1. 发函缘由

函的写作要开门见山，直接说明发函的缘由。首先，去函通常要概括交代发函的目的、根据、原因等；复函要先引述来函标题和发文字号，再交代根据，作为复函的缘由。其次，用“现将有关问题商洽如下”或“现就有关事项函复如下”等过渡语引入下文。

2. 发函事项

这是函的核心内容，主要说明具体的发函事项。无论是商洽工作、询问和答复问题，还是向有关主管部门请求批准事项等，都要用简洁得体的语言具体明确地表述发函事项。如果是复函，则针对询问事项或请批事项表明答复意见，态度要明确。如果内容单一简单，可采用篇段合一的形式；如果内容复杂，涉及事项较多，可采用分条列项式。

3. 结尾

通常以礼貌用语向对方提出希望、请求，或希望对方给予支持和帮助，或请对方予以批准等。可根据函的内容与行文对象，选择运用不同的结束语，如“特此函告”“特此函商”“请予复函”“特此函复”等。

（四）落款

在正文后的落款处，应签署发文机关名称和成文日期，并加盖印章。

五、函的写作要求

（一）行文要简洁明确

无论是去函还是复函，都应开门见山，直入主题，不必寒暄、客套。发函目的要明确，发函事项要具体，一函一事，行文简洁明了，针对性强。

（二）措辞要礼貌得体

函是不相隶属机关之间的行文，因此，行文态度要诚恳友好，措辞要简洁明快、礼貌得体，语气要谦和委婉，多用敬语，如“恳请”“承蒙”“为盼”，忌用“必须”“应该”“注意”等生硬、命令性的语言。

（三）文种正确使用

要注意请示与请批函的区别。请示与请批函都有“请求批准”的意愿，但二者的适用对象不同。请示的对象是有隶属关系的直接上级，属上行文；请批函的对象是无隶属关系的业务主管部门，即对请批事项有决定权和批准权的部门，属平行文。

例文

北京市文物局关于征求北京市地方标准
《古建筑维护加固技术规范 石结构》意见的函

全国文物保护标准化技术委员会、市园林绿化局、市交通委：

根据北京市市场监督管理局《2020 年北京市地方标准制修订项目计划》，由北京市古代建筑研究所等单位起草的北京市地方标准《古建筑维护加固技术规范 石结构》征求意见稿已完成。依照《北京市地方标准管理办法》的规定，现在公开征求意见。

敬请将意见填入“意见反馈表”中，于 2021 年 10 月 13 日前反馈给我局，如无修改意见亦请复函说明无意见，并请同时将电子版发送至我局邮箱。涉及修改重要技术指标时，请附上必要技术数据。

《古建筑维护加固技术规范 石结构》（征求意见稿）、编制说明和“意见反馈表”可在北京市文物局官网政务互动“调查征集”栏目查阅下载。

特此致函。

附件：1.《古建筑维护加固技术规范 石结构》（征求意见稿）
2.《古建筑维护加固技术规范 石结构》（征求意见稿）编制说明
3. 意见反馈表

北京市文物局
2021 年 9 月 13 日

资料来源：北京市文物局网站。

相关链接

链接 1

党政机关公文格式

为提高党政机关公文的规范化、标准化水平，2012 年 6 月 29 日，国家质量监督检验检疫总局、国家标准化管理委员会发布了《党政机关公文格式》国家标准（GB/T 9704—2012）。该标准于 2012 年 7 月 1 日起正式实施。此标准是对国标《国家行政机关公文格式》（GB/T 9704—1999）的修订。

《党政机关公文格式》国家标准按照《党政机关公文处理工作条例》的有关规定，对公文用纸、印刷装订、格式要素、式样等做出了具体规定，特别是首次统一了党政机关公文格式要素的编排规则，使党政机关公文的表现形式更加规范。该标准的实施，有利于进一步提高各级党政机关公文制作水平和质量，有力推动党政机关公文处理工作实现科学化、规范化。

链接 2

公文办理

公文办理包括收文办理、发文办理和整理归档。

一、收文办理的主要程序

（1）签收。对收到的公文应当逐件清点，核对无误后签字或者盖章，并注明签收时间。

（2）登记。对公文的主要信息和办理情况应当详细记载。

（3）初审。对收到的公文应当进行初审。经初审不符合规定的公文，应当及时退回来文单位并说明理由。

（4）承办。阅知性公文应当根据公文内容、要求和工作需要确定范围后分送。

（5）传阅。根据领导批示和工作需要将公文及时送达传阅对象阅知或者批示。

（6）催办。及时了解掌握公文的办理进展情况，督促承办部门按期办结。

（7）答复。公文的办理结果应当及时答复来文单位，并根据需要告知相关单位。

二、发文办理的主要程序

（1）复核。已经发文机关负责人签批的公文，印发前应当对公文的审批手续、内容、文种、格式等进行复核；需作实质性修改的，应当报原签批人复审。

（2）登记。对复核后的公文，应当确定发文字号、分送范围和印制份数并详细记载。

（3）印制。公文印制必须确保质量和时效。涉密公文应当在符合保密要求的场所印制。

（4）核发。公文印制完毕，应当对公文的文字、格式和印刷质量进行检查后分发。

三、整理归档

需要归档的公文及有关材料，应当根据有关档案法律法规以及机关档案管理规定，及时收集齐全、整理归档。两个以上机关联合办理的公文，原件由主办机关归档，相关机关保存复制件。机关负责人兼任其他机关职务的，在履行所兼职务过程中形成的公文，由其兼职机关归档。

问题讨论

1. 请根据公文格式各要素的编排规则制作公文格式图。
2. 请结合实例讨论会议通知正文应涵盖哪些内容并如何安排结构。
3. 请分析讨论通报与通知正文内容的不同之处。
4. 请结合实例分析请示与请批函的异同。

写作实践

1. 请根据以下材料拟写一份公文。

共青团××省直属机关工作委员会决定组织召开2020年省直机关共青团、青年工作会议。会议时间：2020年4月11日（星期一）下午2:30。会议地点：省委综合办公业务大楼一楼一号会议室。参会人员：省直各团（工）委、团总支、团支部、青年工作委员会等团青组织班子成员。会议议程：①省直团工委副书记作2020年省直机关共青团青年工作会议报告；②指定相关单位做交流发言；③省直工委副书记讲话。请省直各单位团青组织严格按照要求组织人员参会，并协助参会人员提前安排好业务工作，确保准时参会。参会人员确定后，一律不得请假。请于2020年4月7日（星期四）前将本单位参会人数上报省直团工委。参会人员需填写并携带《2020年省直机关共青团、青年工作会议参会回执》（加盖机关党团组织公章）入场。联系人：××。联系电话：×××××××××。电子邮箱：

××××××××××××。

2. 请代××市人民政府拟写一份通知，将《××市城中村改造实施计划》印发给各城区人民政府，经济区管委会，市直各委、局、办，各有关单位。

3. 请根据以下材料拟写一份表彰性通报。

曹××，男，汉族，1997年生，××省××市人，共青团员，××大学管理学院信息管理与信息系统2014级1班学生。2015年2月2日，××省××市清淤工人梁某在该市××小区进行井下作业时，不慎沼气中毒，小区物业许某发现后下井救人，由于作业井内空间狭窄，有毒气体浓度过大，许某未能将梁某救出，自己也因沼气中毒基本失去意识。危急关头，听到呼救声的曹××光脚冲出房间直奔楼下救人，在查看险情之后，理智的他从家中取出家传红旗旗杆深入井内，让梁某、许某二人抓住不被污水冲走，同时利用麻绳将被困二人陆续救到井外，并在救护车赶到事发地点前，对已经停止呼吸的梁某采取人工呼吸和心脏复苏等急救措施，经过十几分钟努力，使梁某成功恢复呼吸，脱离生命危险。为表彰曹××同学的先进事迹，中共××省委高教工委决定授予曹××同学“××省见义勇为优秀大学生”荣誉称号。

4. ××市商务局拟向市政府就王俊等6人赴新加坡访问进行请示，请结合以下材料，代拟一份请示。

“××新加坡创意生态工业园”是××市2019年引进的重点招商引资项目，该项目由新加坡××集团投资兴建，已于2019年12月6日举行动工典礼。为进一步宣传××市的投资环境，加速推动该项目的顺利实施，在新加坡××集团的提议下，经市领导批示，由市商务局牵头与对方对接交流，已初步定于2020年6月赴新加坡开展宣传活动和海外招商推广活动。此次活动的任务包括：一是举办宣传活动开幕式，通过文字、图片和实物展示，向公众宣传介绍××市的自然、历史、旅游、文化和物产等环境；二是拜访新加坡企业发展局，洽谈进一步合作事宜；三是实地考察走访××集团等企业，进一步进行招商对接。该团一行6人，拟在新加坡停留8天，王俊的出访费用由2020年度出访专项经费承担。戴文、王仲、武军、李晓萍、王东伟的出访费用由派员单位承担。

5. 请根据以下材料拟写一份公文。

根据《2020年××市本级权责发生制政府综合财务报告试编工作方案》要求，××市财政局致函××市城建集团有限公司，希望对方协助提供政府综合财务报告试编工作所需的公共基础设施资产数据，并于2020年8月16日前报送××市财政局基建处，联系人：××。随函附件为《公共基础设施资产明细表》。

第三章

事务策划文书

学习目标

事务策划文书是党政机关、企事业单位、社会团体以及个人在进行日常事务管理时所使用的文书。本章主要介绍计划、总结、策划书、申请书、推荐信的写作知识。通过学习，使学生掌握事务策划文书的写作方法与技巧，并能准确、熟练地运用，处理日常事务，为将来走上工作岗位打下良好的基础。

第一节 计划

知识要点

- 计划是党政机关、企事业单位、社会团体以及个人对未来一定时期内的工作做出安排和打算的事务文书
- 计划具有预见性、指导性和可行性等特点
- 计划通常由标题、正文和落款组成
- 写作计划时，要进行全局把握与兼顾，内容要明确具体，层次要条理清晰，语言要准确简洁

一、计划的概念

计划是党政机关、企事业单位、社会团体以及个人在工作、学习或日常生活中，对未来一定时期内的工作做出安排和打算的事务文书。具体而言，就是机关单位或个人为做好

某阶段工作，完成某项任务，从单位和个人的实际情况出发，根据党和国家的方针、政策以及上级指示精神，事先提出工作目标和具体要求，制定相应的措施、方法和步骤，限定完成期限，以此作为未来工作或目标的实施依据与指导。制订计划，可以有效地指导和监督工作的开展，是推动工作稳步有序进行、避免盲目性的可靠保证，以期达到预期效果。

二、计划的特点

计划具有以下三个方面特点。

（一）预见性

计划是为做好未来工作、完成相关任务而制订的，因此，科学的预见性是制订计划的前提和特征。它要计划制订者立足现在，凭借超前意识，对未来工作估计、分析，预见其发展趋势，以便做出正确决策。

（二）指导性

计划一经制订，就成为工作的方向和依据，对完成任务的实际活动起到指导、规范和约束的作用。

（三）可行性

计划是决策的载体之一，它要指挥或指导具体的行动，因此制定目标任务时要符合实际，办法措施要具体明确，切实可行，不能好高骛远，以确保目标实现。

三、计划的种类

计划是计划类文书的统称。根据不同的标准，计划有不同的种类和名称。

（1）根据内容的不同，计划可分为生产计划、工作计划、科研计划、营销计划等各种专项计划。

（2）根据性质的不同，计划可分为综合性计划、专题性计划。

（3）根据形式的不同，计划可分为文字式计划、表格式计划。

（4）根据用途的不同，计划可分为规划、纲要、方案、要点和安排等。这几种计划所涉及的范围大小、内容详略、时间长短是有区别的。

规划是指就全局性工作从宏观上做出的比较全面长远的发展计划，是具有战略指导意义的总体设计或部署，具有整体性、长期性、基本性的特点。规划的规模宏大，涉及面广，概括性强。

纲要是指对一个较大范围内的某一项工作做出的总体计划，内容比较概括。

方案是指对未来某一时期内重要的专项工作做出全面部署与安排的计划。方案的内容更全面具体，而且具有较强的操作性或实施性。

要点是指对一定时期内的全局工作或专项工作做提纲式的简要安排。要点的内容简要明确，指导性强，便于执行，有利于事后检查。

安排是指对短期内工作进行具体布置实施的计划，涉及时间较短，范围较小，内容更加具体明确，便于执行。

四、计划的结构与写法

计划通常由标题、正文和落款组成。

（一）标题

计划的标题通常由单位名称、时限、内容和文种组成，如《中国人民银行××支行 2015 年工作计划》。专题计划的标题可以采用新闻式标题，如《加强就业指导，提升就业能力——××大学 2015 年毕业生就业工作计划》。

（二）正文

计划的正文一般包括开头、主体和结尾三部分。

1. 开头

开头，即前言，是计划的灵魂和总纲，主要解决“为什么做”的问题。开头内容一般先概述制订计划的目的、依据、背景、意义，交代制订计划的指导思想、总目标或总任务，介绍本单位的基本情况等，然后以“特制订计划如下”等作为过渡语，引出主体内容。

2. 主体

主体部分是计划的核心，是正文的主要组成部分，主要解决“做什么”和“怎么做”的问题。计划主体一般要具体明确地体现计划的内容，主要包括：①目标任务——“做什么”，即某一时段内要完成的工作任务；②方法措施——“怎么做”，要写清楚采取何种办法，利用什么条件，由何单位何人具体负责，如何协调配合完成任务；③实施步骤——“何时完成”，即写明实施计划的时间安排和工作进度，可分阶段或按步骤具体说明目标实施情况。目标任务是计划的中心和目的，而方法措施和实施步骤是实现目标任务的保证和关键。安排写作内容时，可以将目标任务、方法措施、实施步骤分开来写，也可以将措施和步骤放在一起写。

3. 结尾

结尾部分可以说明计划的执行要求，也可以提出号召和希望，展望计划实施的前景，还可以在主体内容之后就结束全文，不写专门的结尾部分。

（三）落款

在正文右下方写明单位名称和日期。如果计划作为文件发送，还要加盖公章。

五、计划的写作要求

（一）要从实际出发，进行全局把握与兼顾

制订计划，要树立全局观念，将现实与未来相结合，既要实事求是地分析现实条件，也要科学客观地估计未来的情况。另外，计划制订者要深入调查研究，集思广益，兼顾计划的可行性和预见性，以保证计划的认同度和可实施性。

（二）内容要明确具体，忌空洞含糊

计划的目标任务、措施、步骤等要写得明确具体，切忌笼统含糊、模棱两可，以免造成理解不一，贻误工作。目标任务要清楚明确，确定重点，分清主次；方法措施要具体、全面、得力，便于落实；实施步骤要进程明确，稳妥有序。

（三）层次要条理清晰，语言要准确简洁

计划的内容层次要条理清晰，重点突出，主次分明；可使用分条列项的形式，使文章结构提纲挈领，一目了然；语言要准确、简洁、平实，尽量不用修辞手法。

（四）留有余地，忌满打满算

计划是预先制订的行动方案，目的在于使行动更具有目标性和参照性。但有时制订计划的主客观条件可能发生变化，因此，制订计划时，不要太满、太紧，要务实、谨慎，留有余地，使计划有一定的机动性，以便在执行中及时做出调整与补充。

例文

利川市经济和信息化局2015年政务信息公开政务服务工作计划

按照《市政府办公室关于印发2015年全市政务公开政务服务工作计划的通知》（利政办发〔2015〕10号）要求，结合我局实际，制订本工作计划。

一、总体要求

深入贯彻党的十八大和十八届三中、四中全会精神，按照党中央、国务院和省、州、市有关工作部署和要求，坚持“以公开为常态、不公开为例外”原则，围绕服务中心、服务大局、服务发展、服务群众，进一步强化改革创新精神，落实全面深化改革任务，深入推进依法行政，强化制度机制建设，夯实各项基础工作，分类深化各领域尤其是重点领域的政府信息公开工作，加强和规范政务服务体系建设，不断提升政务公开的质量和时效，提供让人民群众满意的政务服务。

二、主要任务

（一）全面推进政务公开，提升职能部门公信力

1. 深入推进主动信息公开工作。局机关各股室队要认真落实《中华人民共和国政府信息公开条例》，着力加强单位信息公开保障制度和长效机制建设，围绕决策、执行、管理、服务、结果等重点环节，将需要公开的政务信息及时报局办公室，由信息公开工作人员依法、主动、全面、及时地做好信息公开。

2. 深化重点领域信息公开工作。深入推进行政权力运行、财政资金使用、公共资源配置、重大项目建设、公共服务提供、公共监管处置和行政执法公示等重点领域的公开工作，进一步细化、深化公开内容，做到简洁明了、通俗易懂、查询便捷，以重点领域的突破带动全面公开工作，实现行政权力的动态清单管理和网上公开透明运行，大力推进与人民群众生产生活密切相关的信息公开工作，提升便民服务公开的信息化水平。

3. 大力推进信息公开平台建设和资源整合。进一步加大信息公开平台建设和各类信息资源整合工作力度，深入贯彻落实《国务院办公厅关于加强政府网站信息内容建设的意见》，充分发挥利川经信网“公开第一平台”的作用，推进信息公开目录系统建设，健全信息内容建设协调机制，规范信息公开栏目设置，增强与社会公众的互动交流，推进信息公开平台与政务服务平台间信息资源互通整合，实现政务平台的集群建设和联动效应。切实做好国务院、省、州、市重要政策信息及时转载，并组织开展政策解读等工作。

4. 不断规范依申请信息公开工作。针对依申请信息公开工作面临的新形势、新情况和新特点，不断完善信息公开申请办理程序，制定受理、办理、审核、答复以及归档等各个环节的工作规范，明确各环节责任主体和办理时限，依法依规满足群众的各类信息需求。积极拓展依申请信息公开的受理方式，畅通信函、传真、电子邮件、网上平台、政务服务窗口等受理渠道，方便群众提出申请。同时，按程序主动公开相关政务信息。

5. 着力加强信息公开制度机制建设。局办公室协调行政审批股认真组织落实政务信息公开和政务服务相关制度，推进健全完善信息公开属性源头认定、保密审查、发布协调、解读回应、数据统计、行政监督、投诉处理等制度机制，加强信息公开工作的监督检查和

考核评价，做好与依法行政、绩效管理等工作的衔接，为全面深化政务信息公开提供有力有效的制度保障。

（二）加强政务服务建设，改革创新提效能

1. 坚持依法审批，确保程序合法。依照“依法整合、审管分离、精简效能、积极稳妥”的原则，做到“公开、规范、高效、廉洁”。

2. 大力推进政务服务标准化建设。按照服务质量目标化、服务方法规范化和服务过程程序化的要求，深入推进办理环节精简合并和流程再造，强化服务标准的培训和执行管理。按照上级统一安排部署，推进政务服务标准化建设。

3. 加强政务服务，促进效能建设。推进政务服务体系的一体化建设和协同运行，加强政务服务建设，打通服务群众的“最后一公里”，提升综合办事服务水平和能力。加强政务服务管理制度建设，推行“首问负责”“一次性告知”“限时办理”等工作机制，建立完善内部监督和社会监督机制，积极创建政务服务特色品牌。

三、工作保障

（一）加强组织领导

进一步增强使命感、责任感和紧迫感，做好新形势下的政务信息公开和政务服务工作。成立以党组书记、局长为组长，分管领导为副组长，各股室队负责人为成员的领导小组，严格落实主要领导作为第一责任人，分管领导亲自抓督促、抓协调、抓落实，建立领导机制，健全工作机制，定期听取工作情况汇报，及时研究和解决存在的问题。

（二）加强协调配合

加强对推进政务信息公开和政务服务工作的统筹协调，各股室队要主动开展工作、细化落实具体措施，相互支持、密切协作，确保工作落实和有序推进。

（三）加强队伍建设

各股室队要坚持把事业心强、业务素质高的人员充实到政务信息公开和政务服务队伍里来，采取多种方式加大对有关负责人和具体工作人员的理论及业务培训，提升思想认识水平、政策把握能力和具体实施技能，同时要加大政务信息公开和政务服务工作的宣传力度，及时总结推广在实践中形成的新做法、新经验，树立先进典型、提升整体形象，锻造一支符合新形势要求的政务公开和政务服务工作专业队伍。

利川市经济和信息化局

资料来源：利川市经济和信息化局网站，有删减。

第二节 总结

知识要点

- 总结是单位、部门或个人对过去一段时间的实践活动进行回顾反思、分析和评价，从中找出经验教训和规律性认识的事务性文书
- 总结具有客观性和理论性等特点
- 总结通常由标题、正文和落款组成
- 写作总结时，要深入调研，实事求是；发掘特点，探究规律；叙议结合，详略得当；明了关系，区分本质

一、总结的概念

总结是单位、部门或个人（以下称总结人）对过去一段时间的实践活动进行回顾反思、分析和评价，从中找出经验教训和规律性认识的事务性文书。总结的目的是肯定成绩、发现问题，从中吸取经验教训，掌握事物的发展规律，以指导今后的实践活动。

二、总结的特点

（一）客观性

总结是总结人对前一段工作或实践活动进行的全面回顾、检查，因此，总结的观点和结论必须从客观实践中归纳和提炼而来，必须以客观事实为依据，所列举的事例和数据必须完全可靠，不允许虚构和编造，否则便失去了指导今后实践工作的意义。

（二）理论性

总结是总结人对自身实践活动的概括和理性认识，是将实践中获得的感性认识上升为理性认识，因此，通过总结，发扬成绩，吸取教训，找出带有规律性的认识，这样才能提高认识，更好地指导今后的实践活动。

三、总结的种类

根据性质和内容的不同，总结可分为综合性总结和专题性总结。

（1）综合性总结。综合性总结又叫全面性总结，指针对本单位或部门在一定时期内的所有工作进行全面的回顾与总结。一般而言，综合性总结时间跨度长，涉及范围广，包含内容多。

（2）专题性总结。专题性总结指单位或部门针对某一单项工作或特定任务进行专门性的回顾与总结，特点是突出“专”字，其主题与内容的针对性要强。

四、总结的结构与写法

总结通常由标题、正文和落款组成。

（一）标题

总结的标题通常由单位名称、时限和文种组成，多用于综合性总结，如《××省教育厅 2015 年度工作总结》。其也可以使用新闻式标题，多用于专题性总结，有单标题和双标题两种形式，主标题概括文章的内容或基本观点，如《股份制使企业走上成功之路》《多种渠道集资，积极改造旧城——××市道路建设经验点滴》。

（二）正文

总结的正文一般包括开头、主体和结尾三部分。

1. 开头

开头，也叫前言，通常要指出“做了什么”，即简明扼要地概述基本情况，交代背景，点明主旨或说明成绩，为主体内容的展开做必要的铺垫。

2. 主体

这是总结的核心内容，通常要指出“怎么做的”“做得怎样”，其内容包括基本做法、成绩经验和存在问题等。这一部分要求总结人在全面回顾工作情况的基础上，深入具体地分析做了哪些工作，采取了哪些措施，取得了哪些成绩，主客观原因是什么，有哪些体会，存在哪些问题与不足，从而揭示工作发展中的客观规律。

不同类型的总结，内容可以有所侧重，灵活安排。综合性总结，主体部分的三个方面都要体现，可以侧重前两方面；介绍经验的总结，要侧重“谈做法”“讲收获”，由此，自然地得出经验与体会。反映问题的总结，要重点分析存在的问题、主客观原因，以及由此得出的教训。

3. 结尾

这部分要简洁明了地说明总结人今后的工作打算和努力的方向。

总结的正文，主要采用以下两种逻辑结构形式：一是将总结的基本情况概述、基本做法、成绩经验、存在问题和努力方向等内容依次进行具体介绍与分析；二是概述基本情况后，把工作内容分成若干方面，每方面同时融进相应的做法成绩、经验体会等，这样分条列项，依次进行分析总结。

（三）落款

在正文右下方写明单位名称和日期。如果总结作为文件发送，还要加盖公章。

五、总结的写作要求

（一）深入调研，实事求是

在写作总结之前，总结人要实事求是地全面考察工作情况，广泛占有事实材料。在此基础上，总结人严肃认真地进行研究和分析，如实总结工作中的成绩、经验和不足，从而得出客观、正确的结论。

（二）发掘特点，探究规律

总结是在对广泛占有的事实材料分类归纳的基础上，进一步辨析事物发展的客观规律，筛选主题，从中悟出经验性、理论性的认识和体会。因此，总结人要从客观实际问题和事实研究入手，通过分析找出取得成绩的原因和存在问题的根源，从而总结出事物的本质规律，以指导今后的工作。

（三）叙议结合，详略得当

总结要做到观点鲜明，论据典型，叙议结合。通常，介绍工作情况与基本做法、列举典型事例时，以叙述为主；分析经验教训、指明努力方向时，则多发议论。因此，总结应当做到由观点统率论据，由论据说明观点，二者和谐统一。

（四）明了关系，区分本质

总结和计划有着辩证又统一的关系，既有联系又有区别。计划和总结往往相互依存、互为参照。计划是总结的前提和依据，也是总结进行分析评价的对象。总结是对计划执行情况的回顾、分析和检验，也是制订下一步计划的依据。然而，二者并不是简单的循环往复，而是在认识与实践的基础上不断地升华。二者的区别体现在：计划是事前制订的，重点在工作安排，要说明“为什么做”“做什么”“怎么做”等，其内容是工作的目标任务以及为完成任务而采取的方法措施；而总结写在工作之后，重点在工作回顾，要说明“做了什么”“怎么做的”“做得怎样”等，其内容是对工作完成情况进行分析评价。

例文

广东省审计厅 2015 年政府信息公开工作总结

2015 年，根据《中华人民共和国政府信息公开条例》和审计署《审计机关政府信息公开规定（试行）》的规定，省审计厅按照《广东省贯彻落实国务院办公厅 2015 年政府信息公开工作要点分工方案》（粤办函〔2015〕248 号）提出的工作要求和任务，加强领导，健全制度，明确分工，提升效率，较好地完成了今年的政府信息公开工作。

一、进一步拓展审计信息公开的广度和深度

按照党中央、国务院提出的要求，以及对公共资金、国有资产和国有资源以及领导干部履行经济责任情况实行审计全覆盖的指示精神，省审计厅加大审计资源整合创新力度，注重运用审计信息化技术方法，不断扩大审计覆盖面，有效提升审计监督效能，拓展审计信息公开的范围和深度。

2015 年 7 月，省审计厅受省政府委托，向省人大常委会作 2014 年度省级预算执行和其他财政收支审计工作报告，并同步在政府网站上公布审计报告，内容包括政府全口径预算管理审计、税收征管审计、省直部门预算执行审计、稳增长促改革调结构惠民生防风险政策措施落实跟踪审计、重点投资项目审计、重点民生项目审计等相关审计结果情况，有力地促使被审计单位做好审计整改措施落实工作，增强了审计工作的整体效能和威慑力。同时还在政府网站上发布了预算执行和其他财政收支审计工作报告解读，确保审计信息得到全面、准确的理解和传递，回应社会和人民群众对审计工作的关切。

2015 年 11 月，受省政府的委托，省审计厅向省人大常委会作《广东省人民政府关于 2014 年度审计发现问题的整改情况报告》，进一步推进审计整改工作制度化、规范化、长效化，增强审计监督的针对性和实效性。我厅在政府网站上同步公布了整改情况报告的重点内容，根据目前对整改情况的初步统计，各被审计单位已经按要求上缴财政资金 0.69 亿元、归还原渠道资金 10.26 亿元、规范财务资金 55.57 亿元、下达和拨付项目资金 8.97 亿元，按照审计意见完善内部管理制度 148 项、处理相关责任人 80 人次。

在向省人大常委会作 2014 年度省级预算执行和其他财政收支审计工作报告、审计发现问题整改情况报告的同时，向社会同步公开两份报告的重点内容。此外，还公告了广东省对口支援新疆喀什地区发展资金和项目跟踪审计、世界银行贷款项目审计、全球环境基金赠款项目审计、亚洲开发银行赠款项目审计等共 13 份审计结果报告，不断提高审计信息公开的范围和质量，更好地发挥审计监督的社会影响力。

二、继续努力做好审计信息公开的日常管理工作，提供良好服务

省审计厅坚持依法办事，认真受理审计信息依申请公开、网上办事服务、审计信息咨询、信访举报等信息公开事项，今年以来共受理政府信息依申请公开 8 例、网上信息咨询 37 例、信访举报 122 件、发布审计信息 77 条，加大对宏观政策、审计业务的宣传力度，在政府网站上推送党委、政府和上级审计机关等相关资讯近 500 条。

在做好政府信息公开工作的过程中，我厅坚持做到：一是对属于省审计厅职责和政府信息公开范围内的依申请公开事项，按照政府信息公开条例和省政府制定的操作规程要求，认真办理申请回复；二是对不属于省审计厅职责范围内的依申请公开、信息咨询、信访举报等事项，以及不符合政府信息公开程序要求的申请，耐心细致地向申请人作解释说明工作，或者要求补充提供相关资料，最大限度满足申请人的需求；三是坚持依法、文明办理政府信息依申请公开、信访举报、信息咨询等业务，所有申请事项均在法律法规规定的期限内及时回复，未向申请人收取任何费用。

三、下一步工作计划

2016 年，省审计厅将按照政府信息公开条例的要求和省政府的工作部署，加强组织领导，进一步完善工作机制，增强信息公开力度，进一步拓展审计信息公开范围，提升信息公开质量，依法依规受理政府信息依申请公开事项，认真办理审计信访举报、审计信息咨询等信息公开工作，积极回应人民群众对审计工作的关切和要求，更好地发挥审计监督服务社会经济发展的作用。

资料来源：广东省审计厅网站。

第三节 调研报告

知识要点

- 调研报告是党政机关、社会团体或企事业单位以及个人根据调研目的，对某一工作、某一问题或某一事件进行调查研究后写成的事务文书
- 调研报告具有明确的目的性、材料的真实性、叙述的说理性等特点
- 调研报告的正文一般包括前言、主体和结尾三部分

➤ 写作调研报告时，要深入调查，材料详尽；细致分析，提炼主旨；逻辑严密，条理清晰

一、调研报告的概念

调研报告是党政机关、社会团体或企事业单位以及个人根据调研目的，对某一工作、某一问题或某一事件进行调查研究后写成的事务文书。调研报告的写作者通过周密细致的调查和实事求是的研究，正确全面地认识客观事实，总结经验，制定对策，推动各项工作顺利开展。作为一种重要的事务文书，调研报告的运用范围广、使用频率高，在社会政治、经济生活中发挥着越来越重要的作用。

二、调研报告的特点

调研报告具有以下三个方面特点。

（一）明确的目的性

调研报告是以研究为目的，根据实际工作需要而撰写的。撰写调研报告的出发点就是全面深入地掌握情况，分析研究问题，总结经验，提出具有指导性的意见和建议。如果在调研报告的写作过程中缺乏明确的目的性，调研就会因陷入盲目而无法开展，严重影响工作的完成。

（二）材料的真实性

调研报告是根据真实客观的材料或反映客观事实的数据进行调查研究的。只有使用准确无误的材料，才能反映客观事实的真实面貌，进行科学的分析和研究，进而得出具有普遍意义和科学价值的结论。因此，选取反映客观事实的真实材料是最重要的。

（三）叙述的说理性

调研报告在表现手法上主要采用叙述的方式，先概述调研问题产生的原因、经过和影响等，再以说理的方式分析研究问题，总结经验教训，得出正确的结论。因此，调研报告要将客观叙述和主观说理紧密结合，在叙述的基础上说理，在说理的前提下叙述，做到夹叙夹议、叙议结合，这是写作调研报告的主要特点。

三、调研报告的种类

调研报告根据不同的划分标准，可分为不同种类。

（1）按照调研性质的不同，调研报告可分为综合性调研报告、专题性调研报告。

（2）按照调研内容的不同，调研报告可分为典型经验调研报告、重大问题调研报告、基本情况调研报告等。

（3）按照调研范围的不同，调研报告可分为国际性调研报告、全国性调研报告、区域性调研报告等。

（4）按照调研对象的不同，调研报告可分为商品市场调研报告、房地产市场调研报告、金融市场调研报告等。

四、调研报告的结构与写法

调研报告通常由标题、正文和落款组成。

（一）标题

调研报告的标题有两种形式：一是公文式标题，如《关于玉林市矿产资源管理的调研报告》；二是文章式标题，如《大学生就业有哪些新动向？》。现行的调研报告多采用双标题形式，即将公文式标题和文章式标题结合使用，以文章式标题作为正题，表明调研报告的主旨，以公文式标题作为副标题，说明调研的对象和文种，如《抓好经费收缴 做实扩容增量——关于江西省工会经费收缴情况的调研报告》。

（二）正文

调研报告的正文一般包括前言、主体和结尾三部分。

1. 前言

调研报告的前言主要是写明调研的目的、对象、方式以及被调研事件的基本情况，如时间、地点和过程等。前言的写法灵活多样，或简要介绍调研的基本情况，或以议论开头，点明调研报告的基本观点和主要内容。前言内容要求紧扣主旨，文字简练，概括性强，为主体部分的写作做好铺垫。

2. 主体

调研报告的主体是调研报告的核心内容。这部分要叙述调查研究的基本情况、做法和经验等，以及经过分析研究后得出的具体认识、观点和基本结论。在写作调研报告时，写作人必须以认真严谨的态度分析问题，揭示事物的矛盾，抓住问题的关键，得出正确的结论，找到解决问题的方法和途径。

由于调研目的、方法、内容的不同，调研报告主体部分的结构也各有不同。一般而言，调研报告主体的结构大致有以下三种形式。一是横式结构，即将调研的内容，按照不同的类别归纳成几个方面，如工作成果、工作方法、工作经验等。这种形式观点鲜明、中心突出，使人一目了然，典型经验调研报告一般采用这样的结构。二是纵式结构，即按照调研事件发生的先后顺序进行叙述和议论，如事件发生过程、事件善后工作、处理意见或建议等。按照层层递进的方式安排内容，便于读者对事件的发展有深入全面的了解，重大问题调研报告和基本情况调研报告多采用这种结构。三是综合式结构，兼有横式结构和纵式结构两种结构，在叙述和议论事件发展过程时用纵式结构，在总结认识、经验、教训时采用横式结构，两种形式相互配合。调研报告的主体部分无论采取何种结构，都应做到先后有序、主次分明，观点与材料相统一，更好地为主题服务。

3. 结尾

调研报告的结尾是经过分析研究后得出的结论。不同的调研报告，结尾的写法各不相同。一般而言，调研报告结尾有以下五种形式：一是归纳全篇，深化主题，提高人们对调研结果的认识；二是提出新问题，指明努力方向，启发人们进一步的探索；三是提出建议和希望，供人们参考；四是指出存在的问题和不足，有待今后的研究解决；五是附带说明，补充正文没有涉及而又值得重视的情况或问题。

五、调研报告的写作要求

（一）深入调查，材料详尽

在写作调研报告时，写作人要在广泛深入的调查中，掌握丰富确凿的材料，以客观事实说明问题，得出准确的结论。因此，写作人只有脚踏实地，在实践中认真开展深入的调查，才能获得丰富的材料，才能从中发现问题的实质，进而提炼出具有普遍意义的观点和结论，这是写好调研报告的首要前提。

（二）细致分析，提炼主旨

对于调研过程中获得的直接或间接的材料，写作人必须经过深入细致的研究，筛选出最典型、最能说明问题的材料，从中揭示事物发展的本质和规律，找到解决问题的方法和途径。通过对材料去粗取精、去伪存真、由此及彼、由表及里，提炼出科学、正确的主旨，这是写好调研报告的必要环节。

（三）逻辑严密，条理清晰

调研报告要做到观点鲜明，立论有据，主旨和材料之间要有严密的逻辑关系，条理清晰。在写作调研报告时，材料并非简单的罗列，还要经过逻辑的验证、条理的结构安排。用材料说明主旨，用主旨统领材料，材料与主旨之间构成有机的整体，这是写好调研报告的必备条件。

例文

关于玉林市矿产资源管理的调研报告

玉林市地处钦杭成矿带南带，成矿地质条件良好，矿产资源种类丰富。截至 2020 年底，玉林市保有资源储量的矿产地共 229 处，其中大中型 39 处，小型及以下 190 处。根据工作安排，2021 年玉林市自然资源局对全市矿产资源管理工作进行了调研。

一、全市矿产资源开发现状

当前我市共有采矿权 187 个，大中型矿山 82 座，占全市矿山数的 44%，矿山“三率”的平达标率达到 92.92%，2020 年度矿石开采总量为 4 952.753 万吨，矿业产值达到 23.85 亿元。开采的主要矿种有 4 种，分别为砖瓦用页岩、建筑用花岗岩、建筑石料用灰岩、水泥用灰岩。

二、当前矿产管理取得的成效

（一）严格执行矿产规划，未突破规划指标数

根据《玉林市矿产资源总体规划（2016—2020 年）》，我市规划采矿权指标 390 个，其中砂石采矿权指标 92 个。自第三轮矿产资源规划实施以来，我市严格按照矿产资源规划和产业发展规划以及生态环境保护和国家产业政策要求，设定矿山最低开采规模标准，鼓励新设大中型生产规模矿山，严格执行矿山开采规模必须与矿产资源储量、矿山服务年限相适应的标准，逐渐提高矿产资源开采的规模化、集约化程度。

（二）做好采矿权的批后监管专项管理

实地开展专项核查工作。各地认真开展年度采矿权信息公示填报和年度矿产督察等专项工作，对不履行义务的矿业权人，依法列入异常名录和严重违法名单。

组织委托第三方机构巡查全市重点矿山。

开展露天矿山综合整治。有 45 家矿山因履行义务不到位被责令停产整改。

积极开展打击非法勘查、开采行动。2021 年自然资源系统共开展打击非法勘查、非法开采矿产资源行动 116 次，共立案查处 6 宗，取得了职责范围内没有发生安全生产责任事故的成效。

加快矿业转型升级与绿色发展。在保证开采过程中能有效控制对环境影响的前提下，加大高岭土、石灰岩、花岗岩、钨钼、稀土的开发力度，扩大在自治区矿业市场份额，形成自治区重要的矿产品供应基地，加快实现转型升级。

截至 2020 年年底，建成自治区级绿色矿山 3 座、市级绿色矿山 39 座，逐步构建起绿色矿业发展新格局。

（三）严格审批监管，开展生态资源专项治理

2021 年 7 月至 9 月，生态环境部门组织开展全市公路铁路可视范围内山体采石采矿项目排查整治，共排查相关企业 20 家。2020 年来，玉林市共审批生态资源开发类项目 17 个，凡是未取得生态环境部门的环评批复的，一律不予办理采矿权登记。

（四）强化论证管理，严格矿产开发项目水土保持方案审查审批

各级水利部门积极参与矿产资源规划编制和采矿权出让计划设置，对没有编报水土保持方案审批的矿产开发项目，不得开工建设。对未取得生产建设项目水土保持方案审批合法手续自行开工建设生产的，依法责令停止违法行为，限期整改并依法予以处罚。

三、当前矿产管理存在的问题

（一）监督管理不到位

各县（市、区）缺乏政治敏锐性，对习近平生态文明思想学习、领悟、践行不够到位，对矿山未按照开发利用方案开采行为监督管理不到位，对矿山企业履行法定义务督促力度不够。

（二）部门协调配合不够

矿山监管部门之间缺少有效的沟通协调。

（三）矿政管理力量不足

目前各县（市、区）矿政管理部门均缺乏专业人员，矿产资源监督管理技术水平不高，未能对矿区进行及时有效的技术测量、掌握矿区开采情况、及时督促矿山按照经批准开发利用方案开采及实施“边开采边治理”的环境治理模式。

四、下一步工作建议

（一）提高政治站位，端正态度

提高政治站位，深入贯彻落实习近平生态文明思想，有效推进第二轮中央环保督察突出问题整改文件精神，聚焦矿产资源发展的突出问题，对标对表，举一反三，对存在问题进行全面核查，明确责任，限期落实整改工作，切实做好矿产资源管理工作。

（二）加强政策法规宣传

广泛宣传矿产资源法律法规和政策，坚持节约资源和保护环境的基本国策。

（三）建立完善联合监督管理制度，加强监督管理

在政府的主导下，由自然资源、生态环境、应急管理等部门组建联合监管领导小组，统筹矿产资源开发监管工作。一是实行督察检查；二是加强工作会商；三是强化信息共享；四是实行联合惩戒；五是畅通行刑衔接。

（四）严把关口，强化矿产项目审批

一是强化规划管控。二是在充分征求各级各部门意见前提下，科学划定砂石土规划开采区，合理确定各县（市、区）砂石土采矿权控制数量并严格实施。研究修订全市各类矿山最低开采规模，引导建设大中型矿山。三是按照规模化生产等资源利用要求以及技术水平和环境保护要求，明确拟关闭、退出矿山清单，不断减少小型矿山数量。四是进一步优化石灰岩等优势矿产资源开发布局，着力推进优势矿产资源规模化、产业化开发；同时合理布局若干大型砂石集中开采区，确保砂石资源稳定供应。五是县级在制订采矿权出让计划时，要充分征求各级各部门和乡镇人民政府意见，认真反馈出让计划设置建议。六是贯彻落实自治区推进绿色矿山建设的支持和约束政策，明确奖惩措施。七是优化审批流程。

（五）严格执法，严厉打击违法违规行为

加大执法监管工作力度，实行自然资源卫片执法“红黑榜”，推动地方落实“严起来”的执法工作总要求。

（六）强化考核问责

一是质询监督，确保政策法规落到实处。二是职能部门加强职能规范化建设，加强对下级部门的指导、培训、检查、考核，助推经济高质量发展。三是建立完善考核评价制度。四是严格落实责任追究制度，对不认真履行职责、失职渎职、违规审批、监管不力等造成矿产资源管理混乱、生态环境破坏、违法违规行为情节严重的，严肃追究有关单位和人员责任；涉嫌犯罪的，移送司法机关依法处理。

中共玉林市自然资源局党组理论学习中心组

2021 年 12 月 22 日

资料来源：《玉林日报》，有删减。

第四节 策划书

知识要点

➤ 策划书是指为了达到一定目标而进行的创造性设想与构思，并形成系统而完整的方案的书面材料

- 策划书具有创新性、谋划性、可行性和整合性等特点
- 策划书通常由标题、正文和落款组成
- 写作策划书时，主题要鲜明，方案要具体、周全

一、策划书的概念

策划就是策略、谋划，是指为了达到一定目标，在调查、分析有关材料的基础上，遵循一定的程序，对未来某项工作或事件事先进行系统的、全面的构思、谋划，制订和选择合理可行的执行方案，从而实现预期的利益目标。这种为达到一定的目标而进行的创造性设想与构思，并形成系统而完整的方案的过程，就是策划。它的书面表达，就是策划书。随着社会经济的发展，策划活动有了更广泛的内涵，被赋予了更为深远的新的意义。现在一般意义上的策划，是指人类为达到某种目的，利用自己的智慧，采取的一种策略或谋划手段的过程。

二、策划书的特点

策划书具有以下四个方面的特点。

（一）创新性

概念创新和理念创新是策划的本质特征。只有具有一定的理念创新，才会提出独树一帜的构思与设计理念，所提出的策划方案才会具有一定的创造性和独创性，才会用最小的成本实现利益目标的最大化，实现显著的社会效益或经济效益。策划的“点子”（创意）新、内容新、表现手法新，才能给人以全新的感受。因此，创新性是策划的本质特征，新颖的创意是策划书的核心内容。

（二）谋划性

行动方案的形成离不开完美的设计与构思，而构思的过程，则是充分地运用人类的智慧、知识、经验进行运筹帷幄、综合谋划的过程。所谓策划，也就是人类的智慧与谋略在行动方案中的体现。因此，离开了人类的智慧与谋略，策划活动便失去了智力支持，便也不会有所谓的策划。

（三）可行性

策划方案中目标的提出，既要符合一定的客观实际，又要符合自身的主观能力；行动

方案的提出，也要对各种主客观因素、有利和不利条件进行充分的考虑；同时要对行动过程中的一些发展趋势进行客观、准确的预测与判断，并提出相应的预案。只有这样，策划方案才具有一定的可行性，也才有存在的意义。不可行的方案，创意再好也无任何价值。

（四）整合性

策划，就是运用一定的谋略，把各种因素、资源进行有效的整合，并进而优化组合。只有把各种资源进行有效的整合，才能聚集最大的能量，也才能让各种资源发挥最大的效益。各种资源是策划的物质基础，没有资源策划就失去了物质基础。但没有资源的整合，行动就会失去合力，策划目标的达成就失去了依托。

三、策划书的种类

策划书按不同的标准，可以分为不同的种类。按策划书的内容分，有政治策划书、军事策划书、文化策划书和企业策划书等。根据各类策划书具体的活动内容和策划项目，又可以将各类策划书再分为若干小项的策划项目，如文化策划书可分为影视策划书、图书出版策划书、文艺演出策划书、节日庆典策划书和旅游活动策划书等；企业策划书可分为产品策划书、广告策划书、项目策划书、营销策划书、企业公关策划书和企业形象策划书等。

四、策划书的结构与写法

策划书通常由标题、正文和落款组成。

（一）标题

策划书的标题有两种形式：一是单标题形式，如《××大学××活动策划书》；二是双标题形式，正标题提示策划名称，副标题提示策划的主题或内容。不论采用哪种形式的标题，都要求尽可能具体地写出策划名称。

（二）正文

策划书没有固定的写作模式，一般情况下，一个策划书的内容要和所要策划项目的构成要素（内容）保持一致，通常包括以下内容。

1. 活动背景

策划书中要概括描述举办活动的背景，包括政治、经济、社会、环境、历史、现状等背景，背景的描述不需要面面俱到，但要根据活动的内容进行有针对性的描述。活动背景是举办活动的外在条件，也是举办活动的前提和最基本条件。

2. 活动的原因、目的和意义

策划书中要概括描述举办活动的原因、目的和意义。原因和目的是举办活动的内在推动力，意义是举办活动的外在推动力，包括举办活动所产生的社会利益、经济效益和媒体效应等。原因、目的和意义的描述不需要面面俱到，而是根据活动的内容选择性地描述。

3. 活动负责人及主要参与者

策划书中要注明组织者、参与者及嘉宾的姓名、单位、职务和联系方式等。

4. 策划目标及预期效果描述

不论什么内容的策划，一定要有目标，没有目标，策划就失去了方向。策划目标要具体化，并需要满足重要性、可行性、时效性；预期效果描述也必须具体化。只有这样，策划方案才有通过的可能性，也才有实施的必要性。

5. 资源需要明细

策划书中要详细地列出所需人力资源和物力资源，包括已有资源和需要有关部门协调支持的资源两部分，同时要列出整合资源的具体办法。资源是完成策划目标的物质基础，整合资源才能使资源的作用最大化，也才能为完成策划目标起到物质保障作用。

6. 策划的具体内容

这是策划的核心部分，表现方式要简洁明了，使人容易理解，但表述方面要力求详尽，写出每一点能设想到的东西，没有遗漏。在此部分中，不仅仅局限于用文字表述，也可适当加入统计图表等；对策划的各工作项目，应按照时间的先后顺序排列，绘制实施时间表有助于方案核查。人员的组织配置、活动对象、相应权责及时间地点、执行的应变程序也应该在这部分加以考虑。

7. 经费预算

对开展活动所需的各项费用，要根据实际情况进行准确的预测和周密的计算，并用清晰明了的形式列出。

8. 活动中应注意的问题及细节

内外环境的变化，不可避免地会给方案的执行带来一些不确定性因素，因此，当环境变化时，是否有应变措施、损失的概率是多少、造成的损失有多大等，也应在策划中加以说明。

9. 可行性分析

策划书中要对影响方案结果的各种因素进行综合考虑，从而对策划方案的可行性做出准确的预测和客观的描述。可行性是策划书得以通过有关部门评审和实施的基本前提，因此，要客观地分析，准确地描述，以供有关部门参考。

（三）落款

策划书的落款包括以下两部分内容。

1. 策划人

要注明策划人的姓名、单位、职务和联系方式等，如果是小组策划，则应注明小组名称、负责人姓名和职务、联系方式等。

2. 策划日期

策划书中注明策划书编制完成的日期即可。有时候策划书除注明完成的日期外，还要注明修订的日期。

五、策划书的写作要求

（一）主题要鲜明

进行策划活动的时候，首先要确定策划的主题。主题是策划活动的灵魂和统帅，是策划活动的方向和指南。只有确定主题，使主题鲜明、明确，才会给策划活动以生命。主题不明确、不单一，就会使策划活动的构思与设计变得杂乱而无序，传达给公众的信息也是零乱的、不明确的，策划活动就失去了意义。

（二）方案要具体

策划活动的根本目的是围绕目标，运用一定的智慧与谋略，提出一整套的行动方案，从而达到预期目标。策划方案是要实施的，因此，一定要具体，要容易操作与执行。方案越具体，越明晰，执行起来越容易，越会有助于目标的完成与实现。因此，策划书要切忌空洞化、抽象化、理论化。

（三）方案要周全

一个完美的策划书，除了要主题鲜明、方案具体外，还要求方案周全。策划活动内容时，要考虑周全，要把活动的时间、方式、地点、人员、场地、环境等情况进行仔细的分析，要充分地考虑各种主客观条件、各种有利因素和不利因素，对活动中的一些突发事件要有前瞻性的预判，要有应急性的预案。总之，只有方案周全，才能保证活动的顺利实施，也才能保证目标的实现。

例文

社会实践策划书

——××大学“西部之旅”赴××实践团

暑期社会实践活动策划书（摘选）

一、前言

西部大开发战略开始以来，中国的西部成了祖国经济发展和社会进步的主战场，也是有理想、有抱负的青年去施展才华的地方。许多大学生利用暑假时间，去西部地区进行考察调研、志愿服务等社会实践活动。他们不畏艰苦，积极了解和研究西部，对当代大学生新世纪人才培养及开发大西部具有重大意义。

在团中央关于大学生社会实践的号召下，在××大学“学风严谨，崇尚实践”优良传统的感召下，作为务实创新的一代学子，继承和发扬××大学传统，把握时代精神和当代使命，决定于2019年暑期组团到西部大开发背景下的××省××市进行社会实践。考察团将考察××的城市规划情况、经济文化发展前景、教育状况、体制建设状况等，了解实际情况；发挥专业特长，进行力所能及的科技、文化、卫生“三下乡”活动，真正做到“实践长才干，实践出真知”，服务社会，服务人民。

二、考察主题

1. ××城市规划（包括交通、环境污染、道路规划等）；
2. ××的饮食文化（××小吃等）；
3. ××的人才战略（包括高等教育、人才市场、投资及创业环境、政策激励等）；

（以下略）。

三、考察方法

1. 访谈、阅读文献与观察相结合；
2. 抽样调查与个案调查相结合；
3. 点面结合、高层访谈与基层座谈、城市考察与景点考察、典型性与普遍性相结合；

（以下略）。

四、团队构成

实践团队由一名指导老师、一名团队负责人、六名队员构成。

指导老师：×××教授　环保学院××主任

团队负责人：××　环保学院2018级本科生

队员：××× 环保学院2018级本科生

（以下略）。

五、日程安排

第一阶段：7月20—25日

地点：××

准备实践所需要的物品（日常用品、宣传单、调查问卷等）。

利用××雄厚的资源背景，走访有关专家学者、研究机构、政府机关、社团团体和××驻北京办事处，了解有关知识，拟定考察方法，修整和细化考察计划，初步收集资料，联系实践单位。

第二阶段：7月26—31日

地点：××

对××的资源、经济、教育、文化等各方面进行全面考察，走访有关专家学者、研究机构、政府机关、社会团体和高校。

第三阶段：8月1—5日

地点：××

对有代表性的单位进行重点个案考察，对××工人文化宫等进行参观调研。

第四阶段：8月6—10日左右

基本完成实践任务，团队成员总结整个实践工作，交流心得体会，完成实践报告，形成暑期社会实践成果。

第五阶段：8月11—16日

将实践相关总结资料（实践报告、采访录音、DV拍摄的视频、新闻稿等）通过电子邮箱传回校团委实践部。并同时将新闻稿发往大学生社会实践网。

注：实践每一阶段结束后，团队会开阶段总结会，进行总结交流，并规划后一阶段的实践任务。

六、经费预算

（以下略）

七、可行性分析

根据实践活动所需，已做好以下准备：

1. 已对实践地点做了充分的了解；
2. 已联系好需要走访的部分单位；
3. 已设计好所需的调查问卷和宣传单；

（以下略）。

综上，团队已对实践需要面对的问题做了充分的准备，认为此实践项目具有可行性。

八、活动要求

1. 在实践过程中，严格按照《安全预案》中一致通过的要求进行社会实践；

2. 本次实践活动以自愿参加为原则，队内的任何决议均由团队内部民主确定；

3. 本次实践活动中，队员要对自己的职责尽心负责，及时完成分配的任务，队员之间要相互协作；

（以下略）。

九、联系方式

指导老师：××× 139××××××××

团队负责人：××× 138××××××××

十、策划者姓名

××× ××大学环保学院2018级本科生

××× ××大学管理学院2018级本科生

十一、策划日期

2019年6月。

第五节 申请书

知识要点

- 申请书是个人或集体向组织、机关、企事业单位或社会团体表述愿望、提出请求时使用的一种文书
- 申请书具有请求性和广泛性等特点
- 申请书通常由标题、称谓、正文和落款组成
- 写作申请书时，内容要真实，表达要诚恳，格式要规范

一、申请书的概念

申请书是个人或集体向组织、机关、企事业单位或社会团体表述愿望、提出请求时使用的一种文书。申请书是一种专用书信，它同一般书信一样，也是表情达意的工具。

二、申请书的特点

申请书具有以下两个方面特点。

（一）请求性

“申请”，顾名思义，是申述自己的理由、有所请求的意思。无论是个人在政治生活上入团入党的申请，或者是个人、单位在其他方面的申请，均是一种请求满足个人要求的公用文书，所以请求性是申请书的基本特点。

（二）广泛性

申请书的使用非常广泛，几乎有关工作、生活的方方面面，都会使用到申请书，如加入党、团等组织需要写申请书；结婚、离婚要写申请书；调动工作要写申请书等。

三、申请书的种类

（1）根据申请者的不同，申请书可分为个人申请书和单位、集体公务申请书。

（2）根据解决事项内容不同，申请书可分为入团申请书、入党申请书、困难补助申请书、调换工作申请书、建房申请书、领证申请书、承包申请书、贷款申请书等。

四、申请书的结构与写法

申请书通常由标题、称谓、正文和落款组成。

（一）标题

申请书的标题通常有两种写法：一是直接写“申请书”；二是在“申请书”前加上具体的申请内容，如“入党申请书”等。

（二）称谓

称谓应顶格书写，写明接受申请书的单位、组织或有关领导。

（三）正文

申请书的正文一般包括开头、主体和结尾三部分。

1. 开头

申请书的开头，申请人首先提出要求，同时说明写此申请书的意图。

2. 主体

这一部分是申请书的展开部分，要针对具体情况需要，说明理由；理由要写得客观、充分，事项要写得清楚、简洁。

3. 结尾

申请书一般用“特此申请”“恳请领导帮助解决”“希望领导研究批准”等惯用语作结，也可用“此致”“敬礼”等礼貌用语作结。

（四）落款

个人申请要写清申请者姓名，单位申请要写明单位名称并加盖公章，然后注明日期。

五、申请书的写作要求

（一）内容要真实

写申请书时，申请人要本着实事求是的原则，严肃认真地对待。申请书所写的内容要真实，不应为了达到某种目的而歪曲或者捏造事实，甚至提出一些非分的要求。内容真实是申请人应该具备的基本素质之一。

（二）表达要诚恳

表达诚恳是一份好的申请书的基本条件。申请人只有做到表达真诚、恳切，恰到好处，才能打动人心，并最终达到申请的目的。但这种诚恳是有原则、有分寸的，绝不是低三下四的乞怜，也不能语气生硬，强加于人，因为这样做非但于事无补，反而还会适得其反。

（三）格式要规范

申请书有固定的格式，书写时应遵循格式，不宜自己随意创造，否则，容易使所要表达的内容混乱，影响申请的效果。特别是在现代社会中，各种各样的申请书举不胜举，只有遵循一定的规则、格式，才能使申请书在表现形式上尽量达到完美。

例文

大学生入党转正申请书

敬爱的党组织：

2020年×月×日，经党组织批准，我成为一名光荣的中国共产党预备党员。一年来，在组织的培养教育下，我认真按照党员的标准严格要求自己，在思想政治、工作和学习上都取得了进步。预备期已满，我郑重向党组织提出转正申请。在一年的预备期中，我在党组织的严格要求下，在支部党员的帮助教育下，不管政治上、思想上都取得了较大进步。特别是通过参加党内一系列活动，不但加深了我对党的性质、宗旨的熟悉，更增强了本身的党性修养。在党组织的培养教育下，我一直都按照一名正式的党员来严格要求自己，在努力学好专业知识的同时，还加强政治理论的学习。回顾这一年来的学习情况，我的收获是很大的。为了便于党组织对我的考核审查，我将自己一年来的情况向组织汇报如下。

一、在思想政治方面

我明确了作为一名中国共产党党员，必须把实现共产主义的远大理想与学习、工作的实际紧密结合起来。成为一名中国共产党预备党员之前，我觉得作为一名中国共产党党员，要有远大的理想，要有为共产主义奋斗毕生的信念，但如何把远大的共产主义理想体现在现实生活中，并不是十分清楚。成为一名中国共产党预备党员以后，经过党组织一年来的教育帮助，我逐渐认识到对学生党员来讲，端正态度、刻苦学习，更多地掌握科学本领，就是把远大的共产主义理想与现实生活结合的最好方式。因此，我除努力学好学校规定的各门学科知识外，还紧密结合所学专业，选修有关课程，拓展知识领域，为将来步入社会打下坚实的基础。

二、在学习方面

作为学生，我们必须牢记自己的使命，好好学习。在这一年中，我努力适应新的学习环境，并尝试浏览专业之外的书籍，以扩大自己的视野，提高自己的学习能力。

三、在生活实践方面

在生活上，我牢记中华民族艰苦朴素、勤俭节约的良好传统，不盲目攀比，努力培养良好的生活习惯。作为一名学生干部，我严格以中国共产党党员的标准要求自己，牢记入党誓词，克服并纠正自身存在的毛病，踏实工作。作为院学生会团委第二副书记，我积极做好学院社会实践工作，特别是通过分管的青年志愿者服务中心，多次做义工。

通过工作和学习的锻炼，我进一步明确了，作为一名合格的中国共产党党员，必须坚持立党为公，执政为民，不断提高为人民服务的本领。这一年来，我认真学习科学文化知识，接受系统的党内思想教育，个人的综合素质有了较大的发展，但我依然存在缺点和不足：一方面，理论学习还不够深入。由于平时作业较紧，我只重视文化知识的学习，忽视了政治理论的学习。另一方面，在处理解决问题时，还不能做到全面周到。对自己的缺点与不足，我将在今后努力加以改正。

我热切地期盼着早日成为一名正式的中国共产党党员，请党组织批准我的请求。我会继续努力学习，全面进步，全心全意为人民服务，使自己真正成为一名能承受任何考验的中国共产党党员。

此致

敬礼

申请人：×××

2021年×月×日

第六节 推荐信

知识要点

- 推荐信是一个人为推荐另一个人去接受某个职位或参与某项工作而写的信件
- 推荐信具有举荐贤能性和公私兼顾性等特点
- 推荐信通常由标题、称谓、正文和落款组成
- 写作推荐信时，要尽快起草，要给推荐人提供充分的信息，内容要简短有力

一、推荐信的概念

推荐信是一个人为推荐另一个人去接受某个职位或参与某项工作而写的信件。特定含义下是指本科生或硕士研究生到其他（一般是国外）大学研究生院攻读硕士或博士学位时，请老师所写的信件。一般来说，美国的研究生院要求提供三封推荐信，推荐人应该熟悉学生，并且有一定知名度。

二、推荐信的特点

推荐信具有以下两方面特点。

（一）举荐贤能性

推荐信是推荐人向用人单位介绍、荐举自己或自己了解的优秀人才，使有才能的人能够为用人单位所用，为社会造福的信件。一个没有才能的人既不可能有自荐的信心，同时也不会得到别人的信任而受到举荐。

（二）公私兼顾性

推荐信无论是以单位名义发文，向有关单位推荐人才，或是以个人名义向组织推荐或向个人推荐人才，这其中均有举荐人才、公私兼顾的特点。从某个角度来说，推荐信可以

被认为是一种私人之间的通信。凡是推荐人均希望自己的推荐可以成功，得到承认。

三、推荐信的结构与写法

推荐信通常由标题、称谓、正文和落款组成。

（一）标题

推荐信的标题一般直接标明文种，在首页上方居中写明“推荐信”即可。

（二）称谓

推荐信要在标题下左侧顶格书写收信方的姓名和称呼或只写对方的职务，如“尊敬的××校长”。

（三）正文

推荐信的正文一般包括开头、主体和结尾三部分。

1. 开头

推荐信的开头，推荐人要介绍推荐人的身份，以及推荐人与被推荐人之间的关系，同时说明写此信的意图。开头，推荐人还可以先问候一下对方，略叙思念之情，也可以开门见山直说其事，这要视推荐人和对方的关系而定。

2. 主体

这一部分是推荐信的展开部分，推荐人要针对用人单位的情况需要，介绍被推荐人的一些情况，如学历学位、专业特长、外语水平、业务能力以及其他能力，以使对方能通过推荐信对被推荐人产生好感，从而达到推荐人才的目的。

3. 结尾

推荐人再次表达自己希望能办成此事的愿望，恳请领导给予被推荐人工作或晋升机会，并向对方致以感激祝福之情。结尾处也可附上一些被推荐人业绩的有关材料。

（四）落款

推荐人要在推荐信正文右下方署明推荐人姓名与成文日期。有些推荐信还可以注明自己的详细通信地址，以备必要时联系之用。

四、推荐信的写作要求

（一）要尽快起草

写推荐信需要时间，因此，被推荐人应该提供推荐申请截止日期给推荐人，以免耽误申请。

（二）要给推荐人提供充分的信息

为使推荐信更有针对性，被推荐人要给推荐人提供充分的信息。信息要尽量具体，避免空洞的陈述。提供的信息主要包括被推荐人的天赋，学习成绩、研究能力、工作经验、学习精神、组织能力、品行及个性等。信息应与申请材料如成绩单、获奖证书等一致，以免出现矛盾而使人误会。

（三）内容要简短有力

对被推荐人的优点进行介绍及评价是推荐信的核心，因此，推荐信的内容不要虚无空洞的形容词，尤其不要抄袭市面的书信范例，以免流于陈腔滥调，落入俗套。

例文

推荐信

尊敬的×××先生：

您好！我是×××公司的总经理×××。得知我公司优秀员工×××想要出国深造，我感到非常高兴和无比欣慰。这样一个上进的年轻人应该接受良好的教育，拥有更辉煌的未来。因此我很荣幸地向贵校强烈推荐这位优秀青年。

×××曾在大四的时候来我公司实习。他利用闲暇时间大量阅读了有关业务的书籍，虚心向其他员工请教。他渐渐地精通各项业务并取得一定成绩。对此他并没有满足，更没有骄傲自大。相反，遇到难题，他仍然虚心与同事交流、讨论，直到找出解决方案。鉴于他在实习期的出色表现，我公司招收他为正式员工（通常我公司不予考虑应届毕业生）。

现在，作为我公司的一名业务精英，×××工作更加认真、负责、努力，为所有同事树立了榜样。付出就有收获，他因此被评为本公司优秀员工并享有高额奖金。

虽然从某种程度上来说，如此优秀的员工即将踏上留学之途是我公司的损失，但是考虑他的前途，我依然毫不犹豫地支持他远赴贵校深造。真诚期望贵校能同样支持他，给他一个提升自己、实现梦想的机会。

谢谢！

总经理：×××
2020 年 4 月 11 日

相关链接

链接 1

个人总结和述职报告的异同

个人总结和述职报告有相同之处。它们都是个人对已完成的工作进行回顾、整理而形成的材料，说的是自己做过的事，用的是第一人称。二者的区别如下。

第一，从陈述的范围看，个人总结陈述的范围很宽泛，思想修养、业务进修、工作进展、为人处世等，只要是自己的经历都可以写成总结，都可以独立成篇；述职报告陈述的范围仅限于履行职责的情况。在陈述履行职责的情况下，也可以涉及思想修养、业务进修等，但那都是为履行职责提供思想和业务能力基础的，不能独立成篇。

第二，从陈述的角度看，个人工作总结可以按照时间、空间不同，把工作分成几个阶段或几个侧面，从做法的角度来写，也可以从整体工作实践中提炼出几个体会、几条规律，从体会的角度来写；述职报告只能从履行职责的情况着眼，落脚到干了哪些事，克服了哪些困难，取得了什么效果。述职报告中可以有体会，但不能以体会做思路、从体会的角度写。

第三，从陈述内容看，个人工作总结，特别是工作经验总结，允许只讲成绩，只讲经验。至于缺点、不足可以一笔带过，也可以不谈；述职报告要求成绩和不足并重，对履行职责过程中存在的问题实事求是地进行阐述。

第四，从作者范围看，个人总结是谁都可以写的，普通学生可以写学习总结，普通农民可以写生产总结；述职报告的写作仅限于有职、有责者。工人有岗位有职责，保管员有岗位有职责，各级干部有岗位有职责，他们都可以写述职报告。

链接 2

寻求推荐信的对象和方式的几点指导

第一，让合适的人来推荐你。许多学生会犯这样的错误，从有权有势的远房亲戚那里得到推荐信。这个策略经常会适得其反，推荐人由于不了解你，不能写出一封有意义的推荐信。最佳的推荐人是能够详细描述你在工作中所体现出热情和能力的人。

第二，礼貌地请求。记住你是在寻求帮助，你的推荐人有权拒绝你的请求。不要认为某人有义务为你写推荐信，因此，在请求时应该附上合适的感谢词以表达你的感激之情。

第三，留出宽裕的时间。尊重你的推荐人，给他/她最少几周的时间完成你的推荐信。你的请求已经加重了推荐人的负担，最后一刻的请求是一个更大的负担。

第四，提供详细的说明。确保你的推荐人知道推荐信什么时候截止，应该寄往哪里。而且一定要告诉推荐人你的目标，这样他可以在信里重点强调相关问题。

第五，提供邮票和信封。你想让写信的过程对推荐人来说尽可能轻松，一定要给推荐人写好地址、贴上邮票的信封。这一步可以确保你的推荐信被寄往正确的地方。

第六，寄送感谢贺卡。在推荐信被写完并且寄出去之后，你要对推荐人表示感谢。一张简单的卡片就可以表明你重视他们的付出。

问题讨论

1. 请结合总结所举例文，具体分析总结正文的结构与内容安排。
2. 调研报告与调查报告的异同是什么？
3. 如何成功策划一次参观活动？
4. 申请书与志愿书的区别是什么？
5. 如何找合适的人写推荐信？

写作实践

1. 请根据以下材料，并充实内容，写一份活动安排。

2022年4月23日是第27个世界读书日。为了更好地贯彻落实党的十八大报告中关于“开展全民阅读活动”的精神，倡导多读书、读好书的文明风尚，在“4·23世界读书日”到来之际，××学校图书馆将开展“2022世界读书日”系列活动。

活动时间：2022年4月17日至5月底。活动主题：让读书成为习惯，让书香盈满校园。

活动安排：① 校园“读书之星”评选活动；②“让图书回家，还书免责”活动；③ 馆藏新书推介活动；④“2022 年度大众喜爱的 50 种图书”推介活动；⑤ 中国知网数字资源大放送；⑥ 读书方法共享；⑦ 2022 年度不装订期刊展示活动等。

2. 请根据你本学期在校期间的学习情况，写一篇个人学习总结。

3. 请针对当前大学生就业的基本情况、存在问题、解决方法等，撰写一篇调研报告。

4. 根据所学知识，为校团委拟定一份以“科技扶贫”为主题的暑假社会实践策划书。

5. 根据以下材料，代李芳芳写一份离职申请书。

2016 年 10 月，李芳芳调入信息中心通讯部，任话务员。在五年时间里，她学到了很多知识和本领，和大家相处得非常愉快。2021 年 10 月，由于父母希望她回老家工作，便于在生活上互相关照，她给单位领导写了一封离职申请书。在申请书中，她首先自我介绍，并感谢各位领导对她的信任和栽培，感谢各位同事给予的帮助和关心；接着陈述自己离职的理由，希望能在 2021 年 12 月 31 日正式离职，并保证积极配合做好交接工作；最后希望领导对她的申请予以考虑并批准。

6. 下面是一封推荐信，请指出其中语言表达不得体之处并修改。

推荐信

××大学招生办：

兹有我校高三（1）班王明同学，拟参加你校自主招生考试。该生学习成绩显著，综合素质优良，曾担任××××学校××文学社社长，热爱文学，爱好写作，曾在全国新概念作文大赛中获一等奖，并有多篇大作发表在省级以上文学刊物上。希望该生能得到你校文学院的垂爱。特此推荐。

××××中学

2021 年 3 月 5 日

第四章

科研实践文书

学习目标

科研实践文书是根据具有现实意义或价值的生产实践或科研课题而创作的文书。这类文书具有一定的理论性和较强的实践性。本章主要介绍申论、毕业论文、毕业设计报告、实习报告学术论文的写作知识。通过学习，使学生掌握科研实践文书的写作方法与技巧，并能科学规范地反映科研或实践成果，具备基本的科研能力。

第一节 申论

知识要点

- 申论是选拔录用国家公务员的一门重要考试科目
- 申论考试是具有模拟公务员日常工作性质的一种能力测试
- 参加申论考试之前，考生要关心时事政治与社会的热点、难点问题，要掌握实用文书的写作知识，要注重培养处理实际问题的能力

一、申论的概念

“申论”一词，从字面意义来理解，“申”为引申、申述；“论”为议论、论证，“申论”则指针对特定话题提出自己的观点，并展开论述。

作为一种应试文体，申论最早出现于 2000 年国家机关公务员录用考试之中。经过几年的实践，以及专家学者们的改进与完善，申论已成为国家公务员录用考试的一门基本科

目，日益受到人们的重视。

从申论考试大纲规定及历年申论考试实际出题情况来看，申论考试为应试者提供了一系列反映特定实际问题的文字材料，要求考生仔细阅读这些材料，概括出材料反映的主要问题，并提出解决此问题的实际方案，最后再对自己的观点进行较详细的阐述和论证。

申论考试是测试考生写作水平的一种考核方式，但与传统的作文考核有所不同。作文考试只是要求考生根据给定题目展开论述，侧重考核的是考生的文字功底。考生可以凭自己的主观考试好恶去立论选材，任意而谈，尽情张扬个性。因此，作文考试只能在一定程度上反映考生的写作水平，即只能反映考生“纸上谈兵”的能力，而无法全面体现考生的综合素质，尤其是解决实际问题的能力。申论考试则不仅限于对应试者阅读理解能力和文字表达能力进行考查，更侧重于考查应试者发现问题和解决问题的实际能力，具有较强的综合性和现实针对性，能让考生充分发挥自己各方面的潜能。

作为一种用于选拔录用国家公务员的应试文体，申论适当地借鉴了我国古代科举考试中“策论”的一些经验与做法，但在内容上比“策论”更具有现实针对性，在形式上比“策论”更加灵活多变。“策论”大多要求应试者就一些重大问题展开论述，如论证某项国家政策或对策的可行性与合理性，侧重于考查应试者解决问题的能力。申论则要求应试者从给定的反映日常问题的材料中去发现问题并解决问题，全面考查应试者搜集和处理各类日常信息的素质与能力。申论考试充分体现了信息时代的特征，也适应当今国家公务员实际工作的需要。

二、申论考试的性质

申论考试是具有模拟公务员日常工作性质的能力测试。作为公务员，对社会生活的方方面面都应当有所认识和思考，并且具备较高的思想水平和较强的分析问题、解决问题的能力。因此，申论考试所提供的一般都是具有较强社会性的背景材料，让考生去进行分析和论述，从而测试考生处理公务员日常事务的潜能。

申论考试要求考生具有比较丰富的知识，但考试内容不会对某种专业知识特别倾斜。由于考生专业背景各不相同，所以申论考试中让考生处理加工的材料大都具有普遍性而非专业性。

申论考试所给的材料涉及面很广，但试题具有较强的针对性、合理性。也就是说，问题的解决方案一般是具有可行性的。申论考试不会引导考生漫无边际地遐想，不管问题多么复杂、涉及内容多么广泛、考生的见解多么不统一，都是能够解决的。这样的命题思路，是由公务员录用考试性质决定的。

三、申论考试的特点

申论考试虽对我国古代的选拔贤良的策论考试有所借鉴，但又有一定的差异，也不同于高考中的作文考试。作为公务员录用考试特有的应试文体，它具有自身的特点。

（一）考试内容现实针对性强

作为公务员录用考试特有的应试文体，申论充分反映了公务员实际工作的需要。公务员不需要进行文学创作，也无须按一般文章套路洋洋洒洒地去写空话套话，但必须具备较强的文字表达能力。因为公务员的工作，与进行各种文字资料的阅读理解、提炼概括和综合分析是分不开的。为了能恰当地提出问题和解决问题，公务员在语言表达上必须做到准确、简明、生动，必须善于透彻、全面、清晰地说理，必须善于根据需要采用恰当的行文方式，否则就很难成为优秀的公务员。而申论考试避开了传统“作文”考试中那些未必适合于考查公务员潜能的因素，突出考查了公务员的必备能力。

申论考试具有很强的现实针对性，这一方面增大了应试的难度，而另一方面也使得申论考试的命题具有相对固定的结构和答题方法，因此，部分考生能通过短时间的突击复习迅速提高成绩。只要在考前熟悉一下申论的命题特点和答题方法，应试时就能“照葫芦画瓢”，取得满意的成绩。申论考试的现实针对性强，表现在其着重考核的是应试者发现问题和解决问题的能力，而不是应试者阅读和写作的能力。因此，在应试过程中，考生不应去刻意追求文字的优美华丽，或立意的新奇独特，而应着眼于把问题讲清楚。申论的试题类型，与其说是写作题，不如说是问答题或论述题，只要观点明确、论证有力，即使语言朴实一些，也可以取得高分的。

（二）考查内容的广泛性

作为选拔录用国家公务员的主要途径，公务员考试一直侧重于考查应试者的综合素质和解决问题的能力，这在申论考试中得到了充分体现。申论考试所给材料的范围极其广泛，内容涵盖了政治、经济、法律、教育等社会问题的诸多方面，从这个意义上说，考生想事先押题、对题目有充分的准备就很难了。因此，事先对考试的具体形式、内容结构等基本情况有所了解就显得尤为必要。需要说明的是，给定材料所反映的问题一般都应当已经有定论，主要立足于考查考生的分析和判断能力，只要分析判断无误，就不会得很低的分数。同样，要想得到很高的分数，难度也不小。

还存在这样一种可能性，即给定的材料所反映的问题尚无定论或存在争议，让考生以自己的理解来进行判断和分析，并做出结论。然而，作为选拔标准很严格的国家公务员录用考试试题，申论考试试题一般不会出现偏差。主要表现在试题的表述标准明确，无论涉及哪方面的内容和观点基本上都无争议，让每个应试者均有话可说。因此，对于一些难以定论的问题，特别是那些争议激烈的前沿问题，申论考试一般不会考到，考生在复习时没必要去涉猎过多。

（三）考核形式灵活多变

申论考试答题由概括部分、方案部分、议论部分三部分组成。就文体而言，概括部分既可能属于记叙文、说明文、议论文中的某一种形式，也可能综合了多种文体形式，或是公文写作中的实用文书写作。方案部分，则纯粹是实用文书写作。议论部分以议论文为主。因此，从这个意义上来说，申论考试既考查了考生普通文体的写作能力，也考查了公文写作能力，考试形式非常灵活，这样一来，就增添了考生的应试难度。

（四）考查目标的确定性

虽然，申论考试涉及的内容非常广泛，形式也灵活多变，其考查目标却是相当明确的。申论考试主要考查考生阅读、分析、概括、解决问题的能力，体现在题目中主要是考查分析、概括两个方面的能力，然后在此基础上进行论述，这主要是考查考生的思辨能力。在应考时，考生要仔细阅读材料，理清其间的逻辑关系。对其中的复杂事件，要抓住主要问题；对尚有争议的事件，要分清各方意见。在抓住主要问题的基础上，考虑给出的条件、环境，结合社会现实，进行综合考虑，做出正确的判断，提出可行的解决方案，力争做到合情合法，切忌提出一些理想化的、超越现实的方案。

同时，需要指出的是，考生在应考时不要把申论要求的三个部分割裂开来作答，而应当统筹考虑，前后衔接。概括的过程既是熟悉资料的过程，也是分析判断的过程；提出方案的过程既是解决问题的过程，也是进行思辨的过程。三部分应协调一致、相互配合且彼此印证。

四、申论考试的答题形式与要求

“申论”的意思是申述、申辩、论述、论证。申论考试是一种非常严格的录用考试，考试试题的政治导向明确，不容出现偏差。试题的客观性很强，不许考生随意发挥。文章中的观点和内容都有定论，无可非议。题材的多样性和答题的规范性，使得答题必须有一套完整有效的方法才能从容应对。申论考试会给考生一篇 1 500 字左右的资料（或更多，近年来有字数增多的趋势，多则会达到 4 000~5 000 字），让考生在阅读和熟悉资料的基础上进行答题。传统的申论考试答案为三段式，答题形式与要求如下。

（一）请用不超过150字的篇幅，概括出给定材料所反映的主要问题

（1）理解题意。答题要求如下。

① 字数要求：150字。弹性限度只能在10%以内。字数过多或过少原则上都要扣分。

② 表述要求：要求答案覆盖全文主要内容，但表述要求语句精练，简明扼要，不冗长，不啰唆。一般不直接引用具体事例或数字。

③ 范围限定：只能在给定材料中概括，不能跳出材料圈定的内容，不能旁征博引或随意发挥。

④ 观点要求：反映的主要问题，即表述的应该是主要事实或观念。考生答题时不要囿于细枝末节，要统观全局，高瞻远瞩，从宏观范围把握主要问题。可以认为，主要问题是指在文中带有倾向性的问题，它在文中决定或支配着思路的走向或观念的变迁。

（2）答题步骤。具体答题步骤如下。

① 在阅读材料的过程中勾画出文中的主要词句。主要词句一般不包括具体事例或数字，也不包括阐述的内容。

② 将勾画出的句子再进行分析，去除限定性的语句，只留下其主干成分。

③ 用通顺的语言把留下的语句组织起来，就是全文所反映的主要问题。

（3）答题形式。一个完整的答案应该包括三个部分：总括句+分述句+道理句。

① 总括句。总括句为一句话，要能够高度概括全文的主要问题。句式模型为“这是一篇关于主语+事件1+事件2+事件3的文体”。其中，主语是文章涉及的主要任务的姓名或所涉主要单位名称。文体是指所给材料的文章体裁，如新闻报道、调查报告、工作总结、讲话、案例等，多数是案例。事件1是指主语的第一个动作，也可理解为事件的第一阶段。个别文章只有一个核心事件，就只需要事件1就够了，如“这是一篇关于纯净水广告论战的报道”。

② 分述句。分述句就是要把总括句里涉及的内容，分条列项地表达出来。根据具体情况可以采用以下几种方法。

一是环节分析法。对于那些以纵式结构写作的给定材料，也就是以时间阶段性或逻辑上的逐层深入为顺序的文章，可以使用这种方法。

二是参与方分析法。一件事情可能有几方参与。在分述句里，我们可以就各方的行为进行分述答题。

三是链式分析法。有时一则材料中所涉及的事件是一环扣一环的，各个事件之间有明显的关系，这时就适合用链式分析法。

四是类型分析法。如果一则材料所涉及的是不同类别的人、事、物，则可以进行分类表述。

五是关键词分析法。对于给定的材料，有时我们会感到无从下笔对其进行概括。这时可以将文中出现频率高的词语罗列出来，然后结合文中事实或观点把它们串联起来。这对于初学者或心理素质较差者有较大帮助。

然而，由于申论考试的答案一般都是客观的，有一个基本确定的答案，因而以上各种方法只是切入角度不同，但最终答案方向都应该是相同的，所谓殊途同归。考生一定要明白这一点，不然，就会违背答题要求。

⑥ 道理句。道理句就是要进一步具体分析分述句里的现象与问题所产生的原因，并分条表述。

（二）用不超过 350 字的篇幅，提出解决给定资料所反映问题的方案。要有条理地说明，要体现针对性和可操作性

（1）理解题意。答题要求如下。

① 字数要求：350 字。弹性限度只能在 10%以内。字数过多或过少原则上都要扣分。

② 针对性：针对给定材料，提出解决方案。问题在给定材料之内，一般是近涉关系，很少是远涉关系。

③ 适用性：由于招考的公务员是管理国家事务的人员。因而，考生所思所想，都必须站在政府的角度，提出的方案要就事论事，要可以执行，内容不能大而空，要切实可行。

④ 条理性：方案一定要分条列项去写作，要让人一目了然。

（2）答题步骤。具体答题步骤如下。

① 根据上文所述的方法，勾画出文中反映的主要问题。这是保证方案中的对策是否具有针对性的重要依据。

② 寻找问题发生的环境和条件。这是保证解决问题的方案具有可行性的重要依据。

③ 根据问题发生的环境和条件，从不同角度或层面提出解决方案。

（3）答题方法。通常使用的答题方法如下。

① 分层法。有些问题，考生可以从观念、制度、具体行为三个层面来提出解决办法。一是“转变观念，改变现有的……观念，通过……树立……观念”；二是“建立……制度（体制）”；三是“加强……管理（实际行动）”。

② 职能分类法。很多试题都与法律有关。因而考生回答这类题目时，方案可以按“企业或单位”“政府”“法律”“个人”四方来划分。通常情况都是从“企业应当做些什么”“政府应当做些什么”“法律应当做些什么”“个人应当做什么”四个方面提出解决问题的方案。

③ 核心元素分析法。申论考试的有些试题要抓住核心元素，提出解决方案。需注意的是，在关于“人”的问题解决上，一般都要从观念和行动两方面提出解决方案。

④ 参与分析法。申论考试的有些试题内容涉及双方或多方，在提出方案时，应该是各有什么问题分别解决什么问题。这种题目不要采用“各打五十大板”的做法，要根据具体情况提出解决办法。这种办法也是考生最易接受的，考生平时可多演练。

⑤ 焦点问题分析法。申论考试的有些试题要找出事件中矛盾斗争的焦点，解决它，就如解开缠住的“死结”一样。

（三）就给定资料反映的主要问题，用 1 200 字左右的篇幅，自拟标题进行论述。要求中心明确，内容充实，论述深刻，有说服力

（1）理解题意。要求考生从以下几方面进行思考并答题，答题要求如下。

① 文体。本题的文体一般是议论文，要针对试题中所涉及的事件发表观点，进行论述。

② 论述内容。论述内容要根据给定材料所反映的主要问题进行论述。可以看出，申论考试时都要求考生抓住主要问题，因为招考的对象是国家公务员，未来要行使国家权力，必须要注意问题平衡。所谓平衡最重要的就是考生考虑问题时要主次分明，对于轻重利弊能较好地权衡。

③ 中心明确。考生在写作议论文时要求观点鲜明。肯定或否定，赞扬或贬斥，都要清楚明了，不含糊其词。在文章中最好使用段旨句。一是方便阅卷教师迅速获知文章主要信息；二是方便考生自己写作时紧紧围绕中心论点来写，使文章思路清晰、层次清楚、条理分明。

④ 内容充实。考生在论述过程中，要求理论与事实能很好地结合，既要讲道理，又要摆事实。事实与道理紧密相连，互相支持，为中心论点服务。一般情况下，申论考试的一般事例主要来自给定资料，理论可以从给定资料中来，也可从资料中引发而来。

⑤ 论述深刻。考生进行论述时，要能揭示事物的本质而不是只看到现象，不能囿于事物的表面，应深入事物的核心，一针见血地指出问题的实质并旗帜鲜明地表明观点。对一件事，考生不应只是看到其操作层面存在的问题，更需要从体制、观念、心理等方面进行分析，进而提出切实可行的解决方案。当然，文章深刻性的前提是必须符合党的路线方针政策，符合当前实际。

⑥ 有说服力。这是对文章的论点、论据、论证提出的要求。论点要鲜明，论据要有力，论证要符合逻辑。三者就像屋顶、墙壁、房屋结构一样密不可分。

⑦ 符合规范。申论考试的目的是录用高素质的国家公务员。因此，评卷的基本要求是客观公正，各位考生在答论述题时虽然有一定的发挥余地，但总的来说规范性是很强的。因此作文必须从标题、结构、语言、文面等方面表现出规范性来，这样才有利于写作与评卷。

（2）写作步骤。议论文的写作要遵循以下步骤。

① 通读全文，抓住主要问题。

② 思考材料提出的主要问题，提炼出中心论点。考生注意要从国家机关工作人员的角度出发，为国家利益着想。

③ 围绕中心论点选择能展开论述的材料，在头脑中酝酿写作提纲，对全文进行谋篇布局。

④ 将头脑中酝酿成熟的文章内容表述出来。注意不要随意修改，不写错别字，保持卷面整洁。

（3）文章写作。议论文写作一般从以下几方面入手。

① 立论。立论是写作议论文的关键环节，立论就是确定议论文的中心论点。由于申论考试的议论文部分是根据所给材料引申和归纳出论点，并在此基础上旁征博引，展开论证的。因此，立论就必须立足于给定材料，从中挖掘出可资议论的中心论点。这就需要抓住给定材料所反映的主要问题，表明自己对这个主要问题的立场，要么赞成，要么反对，不能模棱两可或持中立态度。

在立论过程中，要注意处理好如下几个方面的问题。

第一，立论要联系社会现实，有针对性。申论考试所给材料都是反映社会某一方面的问题，具有较强的现实针对性。因此，考生要在立足于给定材料所反映问题的基础上，广泛联系社会现实中具有相同性质的问题，即联系所有同类问题，从中引申归纳自己的中心论点。只有这样，论点才具有更广泛的社会现实性，才更有意义。

第二，立论要正确、鲜明、集中、深刻、新颖。立论正确是指论点必须是从给定材料中引申出来的被社会普遍认同的观点，能够揭示问题的本质，符合客观规律。如果立论脱离给定材料，则会离题万里，劳而无功；立论鲜明是指论点要是非明确，立场坚定；立论集中是指议论文中只能有一个中心论点，即论点要高度概括作者的主要看法和观点，绝不旁逸斜出。立论深刻是指论点有独到之处，能发人所未发，见人所未见；立论新颖是指论点不人云亦云，不拾人牙慧，能给人以新的启迪。

② 拟定标题。标题是作者给文章所起的名字，又称文题或题目。标题是文章的有机组成部分，是文章的眼睛，与文章的思想内容、题材、感情基础有着密不可分的关系。好的标题绝不是信手拈来的，而是需要花一番心血才能拟好的；好的标题往往有品位，能引起读者兴趣，产生急于读下去的强烈欲望；好的标题能揭示主题，有助于读者理解文意；好的标题能打动读者，会给人留下鲜明的印象和难忘的记忆。因此，写文章必须把标题拟好。

标题的拟定因文而定，没有固定的格式。议论文中常见的标题的拟定方法主要有如下几种。

第一种是标题要直接点明主题。这种标题开门见山，一目了然，读者一看就能把握文章的题旨。申论考试中一般用这种方法拟定标题，即把中心论点高度凝练和概括，并使其成为文章的标题，表明自己对给定材料所反映的主要问题的看法和观点，旗帜鲜明地表明自己的立场。

第二种是标题要概括文章的主要内容。这种标题只说明文章涉及的内容和范围，并不表明作者对这些问题的态度和观点。因此，申论考试中若用这种方法拟定标题，就要使给定材料所反映的主要问题成为论题。

第三种是标题里运用设问、比喻或象征的修辞手法。这类标题针对性强，能引人注目，启发人思考。

第四种是标题里引用名人语录或诗句。这类标题的拟定一般引用革命导师、英雄人物的话或现有的诗句以达到醒目、新颖、引人入胜的效果。

当然，标题的拟定方法还有很多，但无论用什么方法拟定议论文的标题，都必须保证拟定好的标题准确、醒目、新颖、精练。其中，标题准确是指标题切合文意，准确反映文章的思想内容，防止过深或过浅；标题醒目是指标题必须鲜明地表现文章的内容，具有浓厚的时代色彩和强烈的感召力。同时，也要有较强的视觉性，并要注意字数的安排和结构的整齐；

③ 结构安排。在完成了立论和标题拟定之后，就要进行结构安排，即对文章的观点和材料进行合理安排，也就是确定议论文的结构。结构安排得好，文章的思路就清晰、论点就突出、说理就“言之有序”。相反，结构安排不好，文章不仅思路混乱、层次不清，还会影响说服效果。

议论文的结构和其他文体的文章一样，是“定体则无”“大体须有”。“定体则无”是说文章的结构没有固定的“程式”；“大体须有”是说文章要有一般的规律。议论文的结构是以提出问题、分析问题、解决问题来组织论述开展论述步骤的，因此，在安排议论文的这三部分时，一般采用绪论、本论、结论的方式来组织论述。

第一部分为绪论。绪论也叫引论，主要任务是把要议论的问题和阐述的中心论点介绍给读者，使读者对文章所要阐明的事物有大概的了解。绪论写在文章之首，是文章的开头。开头写好写坏、写深写浅，直接影响文章的质量。

第二部分为本论。本论是文章的主体，是议论文分析问题的部分。它的任务是对文章中心论点展开深入分析，组织论据来证明论点的正确或反驳谬论的错误。

第三部分为结论。结论是议论文解决问题的部分，是绪论提出问题、本论分析问题后得出的答案。结论应当使人读后有所思考，深受启迪。

结论的方法多种多样，常见的有如下几种：一是综合全篇，卒章显志；二是展示未来，鼓舞斗志；三是提出问题，引起注意；四是对症下药，提出办法；五是前后照应，首尾相连。

（4）写作要求。议论文的写作需注意以下问题。

一是提出问题要简明扼要，开门见山。一般都选用材料中提供的事实材料和理论材料来提出问题。

二是分析问题要紧密结合材料，不能东拉西扯，海阔天空地乱谈。要集中笔墨论述主要问题，论述时有详有略，重点内容详写，次要内容略写。但也要兼顾好全局和局部的关系，既要看到正面情况，又要注意次要问题。解决问题的方案要有条理、有层次，方案涉及相关部门时要体现各司其职、各尽所能、互相合作的精神。分析问题要按照由此及彼、由表象到本质、由微观到宏观、由特殊到一般的方式进行。

三是解决方案要紧承分析问题的步骤。最好是前后对应，“一个盖子对应一个杯子”式的提出解决方案。解决方案既要有总体上的思路，也要列举切实可行的手段或措施；既照顾到全局，又照顾到特殊情况；既解决主要问题，又控制次要问题，特别是要杜绝新问题重新滋生。

四是在分析问题和提出解决方案时，建议考生采用分条列项的方式，使结构一目了然。而且，可以使用段旨句，即每一段的第一句话概括表明本段大意。无论从阅卷教师的体会还是机关工作性质来衡量，这种简洁快速的作文方式都是值得提倡的。

五是语言表达要平实、庄重，符合实用文的语言要求。无论如何，文章的写作语言都要求不使用华丽的辞藻或复杂的修饰语言，毕竟机关工作作风要求稳重，不能表现出轻浮和幼稚。要使用简明平实的语言，语言服从和服务于文章体裁。

申论考试要求写作的文章，重在解决实际问题，一定要便于读者阅读和接受，考生才能切实担负起管理国家事务的重任。

首先，公务员应有全局观念和综合能力，具有全方位、多角度的思维方式，善于把多种事物、多种因素联系起来综合分析，具有较强的分析归纳能力；其次，公务员应能够认识和掌握客观规律，要有深邃的洞察力。在通过对大量的资料进行科学分析的基础上，能透过纷繁的外在现象看到问题的本质，善于从微小的征兆中发现大的问题，能及时做出正确的判断和选择，能做出很好地解决问题的方案和具体措施；最后，申论考试能测查考生掌握信息的多与少，快与慢，对与错。另外，申论考试形式既严格又灵活，能有效地考查考生的文字表达能力，要求考生摒弃套话、闲话，要求分析、论证和解决问题透彻、全面、清晰。

五、申论考试复习备考的要求

（一）要关心时事政治与社会的热点、难点问题

仔细分析近年来的申论考试试题，就会发现试题所覆盖的社会范围比较广泛，内容涵盖了政治、经济、法律、教育等方面，但基本贴近生活，有一定的现实针对性，都是当年老百姓比较关心的社会热点问题和难点问题，和老百姓的生活息息相关。

因此，考生在平时要多关心时事政治，多注意观察本年度的社会热点问题，做一些针对性的练习，做到心中有数，会对申论的考试有所帮助。一些本年的社会热点问题和难点问题，一定会引起老百姓和政府部门的高度关注，政府部门也一定会有一些相应的解决方案，因此，只要关心时事政治，加强理论学习，就会对自己的申论考试有所帮助。

（二）要掌握实用文书的写作知识

传统的申论考试，经典题型是三段式：问题—对策—论述（证）。然而近年来，申论考试的形式有了新的变化，题型已经完全突破了传统的三段式考试方法。因此，要考好申论，除了要掌握和熟悉申论的传统题型外，还要掌握报告、讲话稿、调查报告等实用文书的写作知识，以备无患。

（三）要注重培养处理实际问题的能力

申论考试归根结底是考查考生发现问题与解决问题的能力。因此，要考好申论，平时还应注重对处理实际问题能力的培养。这项工作应从两方面入手：一是关心国家大事，特别是一些社会热点问题。通过看书读报，或与同学、朋友进行讨论，不断增长自己的学识，并逐步提高自己分析问题的能力。二是关心自己周围发生的一些日常之事，及时地从中发现问题，并解决这些问题，渐渐地提高自己解决问题的能力，安排好自己的生活。

（四）要加强考前的演练

应对申论考试，虽然主要靠的是考生的日常积累，但是，如果不在考前熟悉了解一下申论考试命题的特点及其答题的基本方法，不做适量的模拟训练，即使基本功再扎实，也是无法考好申论的。例如，考生不了解申论考试答题的四个基本环节，舍不得多花时间去阅读和分析给定材料，而像平时写作文那样去应付申论考试，就必然会顾此失彼，考不出理想的成绩。因此，在参加考试之前，考生必须进行针对性的复习，详细了解申论考试命题的特点、各环节的解题技巧，这样才能保证在实战中应付自如。在考前必须认真地做适量的模拟训练，一方面是为了使自己对申论考试答题有进一步的感性认识；另一方面则是为了评估自己应对考试的能力，如答题时间的长短、自己的特长与不足等，以便在实战中

采取相应的措施。

（五）要注重训练自己的答题技巧

在申论考试的全过程中，阅读资料、概括主题、提出对策、进行论证是四个主要环节。阅读理解给定材料是最基础的环节。这个环节虽然不能用文字直接在答卷上体现出来，却是完成其他三个环节的基础。只有认真读懂给定材料，才能把握材料所反映的事件的性质，才能准确地概括出给定材料所反映的主要问题，也才能针对主要问题，就给定材料所涉及的范围和条件，提出切实可行的解决问题的对策和方案，并充分利用给定材料，切中主要问题，全面阐明、论证对给定材料所反映的主要问题的看法，以及解决问题的方案，从而全面完成申论考试四个环节的要求。

为了提高考试的质量，在平时的申论测试训练中，应注意以下几点。

（1）注意答题技巧，合理分配时间。一定要认真阅读资料，抓住中心，不要盲目下笔、急于写作，而要统筹考虑申论考试的全部题目与内容，根据你的熟悉程度与试题的分数权重，选择答题的先后顺序，合理分配考试时间。

（2）注意字数要求。申论考试有严格的字数要求。概括给定材料所反映的主要问题、提出解决问题的对策和可行性方案时，注意限制字数，超过或不足的字数范围一般不高于或低于要求字数的 10%，否则，就会被扣分。另外，回答问题时一定要简洁，答题要切中要点。

（3）通过模拟训练强化技巧。临考前做适量的模拟题，训练实战的感觉。通过模拟训练，一是掌握各类题型的答题角度与答题技巧，二是可以寻找实战的感觉，如考试试题的总体设计、考试时间的安排、做题速度的掌控等，以免上考场后手忙脚乱。

例文

模拟试题及参考答案

一、给定材料

材料 1：T 市是全国老工业城市，长期以来基础设施建设滞后、能源结构单一、环保历史欠账较多，以煤为主的能源结构是 T 市成为煤烟型污染城市的重要因素。每当冬季采暖期来临，100 多个城中村“家家生火、户户冒烟”，已成为制约 T 市冬季空气质量改善的瓶颈。

为彻底解决这一问题，T 市于 2012 年成立了以市长为组长的“全面改善城市环境质量”领导小组，并随即启动了“五大工程”（集中供热全覆盖、城市气化工程、城中村整村拆除改造、污染企业搬迁、水污染治理）和“五项整治”（工业污染治理、扬尘污染控制、机动车排气污染防治、商品交易市场和饮食服务行业环境综合整治、垃圾和秸秆焚烧污染控制），财政总投入超过千亿元。

材料 2：2012 年 10 月中旬，T 市政府常务会议通过了《关于全面推进城市环境质量改善的若干政策规定》，对集中供热、城中村供热改造、污染企业关停等 7 种情况予以重奖，补助奖励资金超过 12 亿元。

T 市环保部门负责人表示，通过实施城市气化、集中供热和城中村供热改造，T 市每年可削减煤炭消耗 600 万吨，减少二氧化硫排放 2.8 万吨、烟尘 3.2 万吨，特别是冬季采暖燃煤用量可减少 33%，二氧化硫、烟尘排放可分别减少 42% 和 46%。为根治冬季燃煤污染空气的顽症，2012 年 T 市规定，新建住宅小区必须有热源（即暖气供热点），凡没有热源的，土地、环保部门不予审批，不能开工建设；老旧住宅也将统一标准和有关政策，没有采取集中供热的必须纳入城市供热改造范围。

与此同时，全市还将大力调整能源结构，积极推广天然气、煤层气、液化石油气、焦炉煤气等清洁能源，扩大使用范围，提高城市清洁能源的使用比重。凡是清洁能源覆盖的区域，必须关停、取缔燃煤锅炉。

材料 3："虽然大家都知道机动车尾气有污染，但是污染有多重，很多人没有概念。T 市的 PM10 有两成多来自机动车尾气，而 PM2.5 有三成多来自机动车尾气。"T 市机动车与排气污染防治检测中心孙主任介绍。

为了整治机动车尾气排放，市委、市政府加大治理监管力度，采取一系列措施加快治理步伐。2008 年 3 月，T 市建立了机动车环保定期检测制度，并于当年修订了《T 市机动车污染防治办法》；2011 年和 2012 年，市政府购置了 1 200 辆清洁能源公交车；2012 年 8 月，全市开展严厉打击机动车"冒黑烟"现象。

对于黄标车，2011 年 T 市启动了限行工作，2012 年开始分步实施黄标车现行措施。其中，对中、重型黄标车和大中型载客黄标车实施限行，全年累计查处违规黄标车 2 269 辆，2012 年全市淘汰了黄标车 33 338 辆。尽管如此，T 市每个工作日机动车增加量仍在 350 辆左右，而全市黄标车仍有 4 万多辆，机动车污染防治形势仍然严峻。

2013 年，T 市对 2003 年以前运营的 8 637 辆黄标车进行强制报废；对 1 422 辆连续 5 年以上未参加年检的车辆限期检验，逾期强制注销；对 2013 年年底达到报废期限的 10 082 辆车进行强制报废。到 2015 年年底，T 市将全部淘汰黄标柴油通勤车、土方车和载货车辆。对于公交车、出租车、环卫车，T 市拟加快气化（使用液化气）改造，183 台柴油公交车全部淘汰。

2013 年 1 月 14 日，T 市人民政府办公厅发出《关于积极应对空气严重污染日的通知》，采取了包括停用机关单位 30%公车在内的 9 条强制措施应对雾霾。经 T 市政府批准，T 市公安交通管理局将对停用公务车辆违规上路进行纠正查处。

据统计，在采取了综合整治行动之后，2012 年 T 市市区煤炭消费总量比上年同期下降了 602 万吨，冬季采暖燃煤总量比上年同期下降了 35%，采暖期排放的二氧化碳和烟尘比上年同期分别下降了 33%和 37%。采暖期空气污染初步得到遏制。截至 2012 年 12 月 10 日，市区二级以上优良天气达到 312 天，比上年同期增加 11 天；大气主要污染物二氧化硫浓度均值比上年同期下降 14.1%；综合污染指数比上年同期下降了 5.7%；全市市区空气质量有望达到国家二级标准。T 市全面改善城市环境质量“一年初见成效”的目标基本实现，2013 年 T 市将继续推进综合改善城市环境质量工作。

材料 4：2013 年 2 月 18 日，据国家环境保护部（现生态环境部）介绍，74 个实施空气质量新标准的城市，春节期间（2 月 9 日至 15 日）平均达标天数比例仅 54.7%，超标天数占比 45.3%；PM2.5 平均超标率为 42.7%，最大日均值达 426 微克/立方米，最大超标 4.7 倍；74 个城市中，空气质量属轻度污染的城市占 23.1%，中度污染的城市占 10.5%，重度污染的城市占 8.8%，严重污染的城市占 2.9%；天津、石家庄和 T 市除夕夜（22 时至次日 2 时）PM2.5 的浓度较高，分别为 577 微克/立方米、527 微克/立方米和 520 微克/立方米。

环保部有关负责人说，春节期间，污染物浓度变化既与烟花爆竹集中燃放有关，也与大气扩散条件密切相关，不利气象条件及烟花爆竹燃放的共同作用，是造成部分城市空气质量下降的主要原因。

T 市公众与环境研究中心马主任表示，在烟花燃放的问题上，确实要控制它的污染，但完全禁放并不是很好的选择。他说，从 2012 年春节开始，T 市第一次有了公开的 PM2.5 实时浓度的数据。在去年除夕夜，由于碰到扩散不利的气象条件，PM2.5 浓度急剧上升，达到一个相当高的程度，因此，燃放烟花确实存在污染。但从另外一个方面来讲，燃放烟花毕竟是一个传统的、带有一定文化色彩的活动，且烟花的燃放已经被限制在一个比较短的时段里，实际上它所造成的影响在一年中是有限的，与那些一年 365 天都在排放的污染源相比，并不是减排的重点。因此，春节期间的烟花燃放还是应该以引导和限制相结合为主。

“我建议有关部门可以提供一个类似‘烟花燃放指数’的服务，这一做法北京等大城市已经实施。”马主任解释说，就是按照天气条件，比如在天气扩散条件有利的情况下，“烟花燃放指数”高一些，比如前年春节，扩散条件就非常好，这种情况下，怎么燃放污染物都不会累积到很高的浓度。如果像去年的情况，扩散条件不利，“烟花燃放指数”就应该低一些。如果是严重的雾霾天气，“烟花燃放指数”就应该非常低，只能允许孩子们放一些小花炮之类的，绝对不能燃放大型的烟花。

“另一方面，政府应该对一些高排放的大型烟花进行严控，不让这些大型烟花进入销售渠道。”马主任认为，在这个环节，政府是可控的，也是有法规的。他说，这些大型烟花不仅有空气污染，还有噪声污染，甚至存在对健康的威胁，应该加以制止。

2013 年 1 月 29 日，新浪网发起了“春节少放炮，文明过大年”的微话题讨论。网友们对于春节是否燃放烟花爆竹发表了自己的看法，仅一天的时间，新浪微博讨论量就达到了 800 万。多数网友均赞成在春节期间少放或不放烟花，并纷纷表示从自己做起，从身边做起。

材料 5：2012 年 9 月 22 日，是第六个中国城市无车日。2012 年我国无车日的主题是“关爱城市，绿色出行”。全国 151 个城市采取多种方式，引导公众低碳出行，增强公众环保意识。T 市公交通行发行“无车日纪念卡”，鼓励人们选择公共交通工具出行，公交公司为此还增加部分公交线路的运营班次。

住房和城乡建设部某规划师说，连续举办 6 年的无车日活动，提高了公众低碳出行的环保意识，也让加强绿色交通系统建设成为了不少地方政府的核心价值之一。他还说：“根据我们的测算，如果我国机动车停驶一天，能节省燃油上亿升，减少污染物排放可达到 14 万吨，这也是无车日最直接最明显的效果。”

但是也有不同的声音：“少我一个不算少。一天不开车，对环保起不了什么作用，总不能把要办的事给耽搁了，还是少搞些形式主义的东西为好。”

倡导开展无车日的某环保专家认为，“无车日能引起人们重视日益破坏的大气环境就达到目的了。思想上有这根弦，对于个人来说，哪天都可以是无车日，只要那天开车对你来说不是必需的；对于炫富族来说，也不一定非要开着大排量的汽车轰足了油门上街，因为你跟其他人呼吸着同样的空气；倡导低碳生活也不仅限于无车，少用一会儿空调、少开一会儿电灯，都是卓有成效的节能减排措施。”

材料 6：2013 年 11 月，我国大部分地区出现大范围雾霾天气，南京、上海以及浙江多地甚至发出雾霾橙红色预警。4 日，南京发布污染红色预警，中小学及幼儿园停课；5 日，江浙地区污染过程已持续 4 天；同日，上海发布橙色预警，据卫生部门介绍，由于雾霾天气直接导致呼吸系统疾病发生率上升，上海市患呼吸道疾病人数比平时增加三成左右，随之而来的直接反应就是口罩和空气净化器的热销，以及旅游人数的锐减。

2014 年 3 月 5 日，国务院总理李克强在《政府工作报告》中表示：“我们要像对贫困宣战一样，坚决向污染宣战。”3 月 27 日，李克强总理主持召开国务院常务会议，研究确定今年政府的重点工作。会议决定，在重点地区有针对性地采取措施，加强对大气、水、土壤等突出污染问题的治理，集中力量打攻坚战，让人民群众看到希望。

在谈到治理污染需要多长时间时，全国政协常委、第十一届人口资源环境委员会副主任秦大河说：“如果我说我们要三十年，老百姓会感到很失望；如果我说只要三五年，那是不符合实际的。”

二、申论要求

（一）根据给定材料，概括归纳T市治理空气污染的主要做法。（20分）

要求：全面、准确、简洁。不超过200字。

（二）“材料4”提到了“烟花燃放指数”这一做法。请结合资料内容，分析指出有关部门这一做法在工作思路或管理理念上体现出哪些新的变化。（15分）

要求：观点明确、分析深入、条理清楚。不超过250字。

（三）“材料5”提到T市开展“城市无车日”活动，请参考给定材料，以该市交通运输部门名义，围绕宣传“无车日”活动，给广大市民写一封公开信。（25分）

要求：

1. 切合题意，具有针对性；
2. 观点明确，内容充实，层次清楚；
3. 格式规范，表达简洁流畅，不超过600字。

（四）请针对“材料6”画线部分文字进行思考，结合对全部给定材料的理解，以“让人民群众看到希望”为题，围绕“大气、水、土壤等突出污染问题的治理”写一篇议论文。（40分）

要求：

1. 自拟标题，联系实际；
2. 观点鲜明，论述全面、深入，逻辑结构严谨；
3. 表达简洁，字迹清楚，总字数1 000～1 200字。

三、参考答案

（一）主要做法

一是成立领导小组，启动“五大工程”和“五项整治”。二是争取国家、省级财政支持，多渠道吸引社会资金。三是以资金奖励、补助政策调动积极性，控制燃煤污染；加强住宅区集中供暖管理和基础管网建设。四是推广清洁能源使用范围，替代城中村土小燃煤锅炉。五是通过修订法律、气化改造、整治黄标车、规范公务车使用等方式降低尾气污染。六是以引导和限制相结合为主控制春节烟花燃放。七是举办无车日活动，倡导绿色出行理念。

（二）新的变化

“烟花燃放指数”变禁放为以引导和限制相结合的做法，体现出政府工作思路更加的科学化和人性化。

（三）公开信

低碳出行惠及你我

广大市民：

你们好！

9月22日是“世界无车日”，是旨在改善城市空气质量、减少城市交通压力和改变城市交通观念的环保活动。T市作为工业型城市，污染相对严重，开展“无车日”活动可以引导公众低碳出行，增强环保意识，对本市意义重大。

我市汽车尾气排放量特别大，汽车尾气是形成PM10和PM2.5的主要来源之一，同时也是形成酸雨、雾霾等气象灾害的重要原因之一。汽车尾气不仅污染了城市的环境，让市民难见蓝天，也成为危害市民健康的“隐形杀手”。“无车日”活动不仅可以减少汽车尾气的排放，实现改善环境的目的，同时还能缓解交通拥堵、减轻交通压力，使人们的出行更方便、更快捷，使低碳出行的成果惠及广大市民。

降低汽车尾气的排放，需要从我们每一个人做起。希望大家多乘坐公交车、骑自行车或者就近步行，从自己做起，从身边做起，践行“无车日”活动。同时，我们也会增加公共交通工具的数量，建立成熟完善的公共交通体系，切实方便市民的出行，满足市民的需求。践行低碳生活的生活理念，使我们的生活更美好！

T市公安交通管理局

××××年××月××日

（四）命题作文

让人民群众看到希望

2014年3月27日，国务院常务会议决定，加强对大气、水、土壤等突出污染问题的治理，集中力量打攻坚战，让人民群众看到希望。改革开放以来，我国经济飞速发展，一跃成为世界第二大经济体，但是，生态环境日益恶化。近年来，我国大部分地区出现多次严重的雾霾天气，导致呼吸系统疾病发生率上升，严重威胁到民众的身体健康。民众普遍不满，期待政府有所作为。正所谓：民意所向，施政所为。政府应切实行动起来，加大污染治理力度，换回清新的空气。

大力调整能源结构。长期以来，我国的能源结构以煤为主，而燃煤会排放出大量的二氧化硫和烟尘，严重污染空气。尤其在一些老工业城市，基础设施建设滞后、能源结构单一、环保历史欠账较多。每当冬季采暖期来临，大量的城中村会因为用煤取暖排放出大量的污染物。为此，要积极争取财政支持，多渠道筹措资金，建立和完善全面推进能源结构调整的投融资平台；进行采暖锅炉清洁能源供热改造，按照供热改造面积进行相应的建设费用补助，调动企业和居民的积极性；积极推广天然气、煤层气、液化石油气、焦炉煤气。

整治机动车尾气排放。机动车尾气是大气污染的一大帮凶，其排放的氮氧化物、细微颗粒物、硫化物是造成酸雨、雾霾等自然气象甚至灾害的重要原因。以 T 市为例，PM10 有两成多来自机动车尾气，而 PM2.5 有三成多来自机动车尾气。另外，机动车还会排放出大量的颗粒物。为此，要建立健全机动车污染防治办法；购置清洁能源公交车，淘汰柴油公交车；纠正和查处违规上路的公务车；对黄标车采取限行和报废措施，严厉查处黄标车闯限行和柴油车“冒黑烟”等违法行为；严禁没有环保标志的外地车辆进入。

规范烟花爆竹燃放。春节期间，我国民众会大量燃放烟花爆竹，造成污染物浓度的急剧上升。如果气象条件不利于扩散，更是会造成大气的严重污染。然而，燃放烟花是一个传统的文化活动，完全禁止会损害我国的节日文化。并且，烟花爆竹的燃放只是集中在春假期间，不会造成长期污染。为此，要提供“烟花爆竹燃放指数”服务，按照天气条件，确定烟花爆竹的燃放数量；严控高排放的大型烟花爆竹；加强宣传教育，引导民众春节期间少放或不放烟花爆竹。

古人云：冰冻三尺，非一日之寒。严重的空气污染不是短时间形成的，而是长期积累的结果。第十一届人口资源环境委员会副主任秦大河在谈到治理污染需要多长时间时说过：“如果我说我们要三十年，老百姓会感到很失望；如果我说只要三五年，那是不符合实际的。”虽然如此，政府绝不能无视民意期待，而应该积极采取有效措施，加强污染治理，让人民群众看到希望。

（资料来源：新浪博客，有删改。）

第二节 毕业论文

知识要点

- 毕业论文是高等院校应届毕业生为完成学业，综合运用所学基础理论、专业知识和技能，就某一领域中某一课题的研究成果加以表述的议论文体
- 毕业论文具有理论性、创造性、科学性和专业性等特点
- 毕业论文通常由封面、摘要、关键词、目录、正文、致谢、注释及参考文献、附录组成
- 撰写毕业论文时，要求选题严谨、论点鲜明、论证有力、语言表达规范

一、毕业论文的概念

毕业论文属于学术论文的一种，是高等院校应届毕业生为完成学业，综合运用所学基础理论、专业知识和技能，就某一领域中某一课题的研究成果加以系统表述，具有一定学术价值或应用价值的议论文体。指导学生撰写毕业论文是高等院校教学过程中的一个重要环节，其目的是培养学生运用所学的基础理论、专业知识和基本技能，分析和解决实际问题、学术问题，以及培养学生从事科学研究的能力，为学生毕业后继续学习和进行更高层次的研究奠定基础。

二、毕业论文的特点

（一）理论性

理论性是毕业论文的主要特点。将丰富、复杂的材料进行分析、综合，寻找出带有普遍意义的规律加以论述，是从现象到本质、从感性认识到理性认识的过程。毕业论文体现的就是这样一个过程，因此具有理论性。

（二）创造性

毕业论文不能简单地重复别人的观点，必须有自己独到的见解、有新意，否则论文就没有价值。

（三）科学性

能够通过研究，从规律、原理、技巧等方面出发，由已知的内容推出未知的科学结论。对于实用性的论文，其结论必须具有科学性，只有这样才能指导实践。

（四）专业性

毕业论文是学生根据自己所学专业，对某一学科领域的某一问题进行的专题探讨，在内容上有很强的专业性，在语言方面也常用专业术语。

三、毕业论文的种类

（一）按照学科专业划分

按照学科专业的不同，毕业论文可分为文学论文、语言学论文、法学论文、历史学论文、哲学论文、经济学论文、教育学论文等。

（二）按照研究方法和论文体式划分

按照研究方法和论文体式的不同，毕业论文可分为论证型论文、评论型论文、考证型论文、综述型论文等。

四、毕业论文的结构与写法

（一）准备阶段

1. 掌握写作的基础知识

了解、熟悉写毕业论文的基础知识，这是最基本的一点。要掌握这些基础知识，一方面是靠平时的积累，另一方面可以向导师求教。另外，还可以借鉴优秀毕业论文的写法。

2. 积累相关材料

写毕业论文，如果不充分占有材料，就没有写作的基础，积累材料也要靠日常的积累，材料越多越有利于毕业论文论题的确定与研究。

3. 毕业论文的选题

一是选题要考虑自己的专业特长。专业特长是科学研究的前提条件，只有具有坚实的专业知识基础和技能才会在研究中发现真理。二是选题要考虑自己的兴趣所在。对选题有兴趣，才会有钻研的热情与积极性和强烈的研究欲望，这样才容易出成果，才能提高论文的质量。三是选题要考虑能为论文研究提供帮助的可能性。这包括资料、经费、时间等因素。选题的难度、篇幅一定要适中，保证能够在规定的时间内完成。四是选题要尽可能早一些。这是因为论题选得早，时间充足，准备也充分，可以有条不紊地去完成论文。相反，如果论题选得较晚，时间上就会显得仓促，最终会影响论文质量。

4. 确立论点

确立论点是毕业论文写作的重要环节。论点是在对资料的分析、研究的基础上产生的，先有资料，后有论点。论点的形成实际上就是对资料进行整理、分析、概括的过程。论点确立之后，还要对其进行论述，主要运用逻辑思维方法，把资料组织起来去证明自己的论点。主论点还可以分为若干个分论点逐一论述。

（二）毕业论文的格式规范与写法

毕业论文通常由封面、摘要、关键词、目录、正文、致谢、注释及参考文献、附录组成。

1. 封面

封面一般包括文头、论文题目、作者、院系名称、指导教师、答辩日期、申请学位等内容。

毕业论文的题目是表现论文主题、反映论文主要内容、体现写作意图的重要标志。毕业论文的题目一般包括总标题、副标题、分标题三类。题目要准确地反映论文内容，要简洁、规范、醒目，一般中文题目以不超过20个汉字为宜。

2. 摘要

毕业论文的摘要又称内容提要，是对全文内容的简短概括。一般应写出目的、对象、方法、结论等内容。摘要的字数一般不超过论文总字数的5%，字数范围在100 ~ 300字。

摘要还包括英文摘要。它是中文摘要的英文译文，英文摘要页一般置于中文摘要页之后。申请学位者毕业论文必须有英文摘要，不申请学位者可不使用英文摘要。

3. 关键词

关键词又称为主题词，是用来确切地表达该论文主要内容和特征的词或词组。为了检索的需要，一般从论文中选出最能表示全文主题内容、信息款目的词汇或术语。一般以3 ~ 8个词为宜。

4. 目录

目录一般放在论文正文之前，是论文的导读图。目录要准确完整。

5. 正文

正文是毕业论文的核心内容，包括前言、主体和结论三部分。

（1）前言。前言又称绪论、导语，是论文的开头。前言主要说明研究本课题的原因、任务、意义等。前言的撰写要言简意赅。

（2）主体。主体即本论部分，这是论文的核心部分。作者在这一部分要对所研究的问题进行充分全面的论述，这是作者理论水平和创造才能的集中体现。这一部分写作要做到论点鲜明、论据翔实、层次分明、论证严密。毕业论文正文部分的结构层次，一般采用三种方式：

并列式：各分论点相提并论，各层次平行排列，分别从不同的角度对问题加以论述。

递进式：各分论点、各层次的内容逐步深入，后一个分论点是对前一个分论点的深化。

综合式：采用这种方式安排的论文是以某一种结构形式为主，中间加以另一种形式。

不同类型的论文，由于学科内容不同，写作方法各异，主体部分在写法上也各有侧重。

（3）结论。结论又称结语，是对全文的概括、总结。结论部分可以揭示、深化观点，归纳全文，并提出意见或建议等。结论部分应该完整、精练。

6. 致谢

致谢是向对论文作者有过帮助的人或单位表示谢意，态度要诚恳。

7. 注释及参考文献

注释是对文章中的词语、内容所做的说明。参考文献是在毕业论文的写作过程中参考、引用或借鉴的论文、论著或其他资料等。凡论文中直接引用过的参考文献，均应列出。

8. 附录

论文中有些内容与正文关系密切，却又相对独立，将其作为附录，可帮助读者阅读、掌握正文中的有关内容。例如，调查问卷原件、数据、图表等，必要时应注明出处。

五、毕业论文的写作要求

（一）选题要严谨

要在自己的专业领域内选择自己有兴趣的论题。选题要量力而行，要有新意。

（二）论点要鲜明

论点是文章的灵魂、统帅，要把握住论点，紧扣不放，不可“节外生枝。”

（三）论证要有力

要围绕选题搜集充足的、典型的材料，对材料进行深入分析。切忌堆砌材料，简单拼凑。

（四）语言表达要规范

毕业论文以议论为主，叙述、说明、议论相结合，同时运用数字、图表分析论证。语言要求准确、简练、严密，不必过分修饰，力求朴实。

例文

从桌游的发展看其对文化娱乐产业的启示

摘要：20世纪以来，桌游开始在我国被人们所熟知，桌游产业也随着人们的精神需求的提高快速发展起来。本文利用观察法、文献研究法等方法，对国内流行桌游的兴起、发展、现状和桌游的发展对文化娱乐产业带来的启示进行了分析和阐述。

关键词：桌游　发展　文化娱乐产业　启示

20世纪90年代以后，随着全球化进程的加快，文化、娱乐领域日益交融，源于国外并在本土发展壮硕的文化娱乐项目比比皆是，桌游便是其中之一。得益于当时的环境，带有传统和现代双重印记的桌游闯出了自己的一片天地，国内由此便出现了几款为人熟知的桌游。而每一时期的桌游都附有该时期的历史气息和文化特征，无论是从桌游的设计层面来看，或是从规则玩法以及玩家人群属性来看，都是历史传承最好的见证。

一、桌游概况

（一）桌游的特点

桌游，也称桌上游戏或桌面游戏，是一种在桌面上进行的模拟游戏。主要的分类为棋类、卡牌类、益智类、沙盘类、策略战棋类等。桌游可操控性强，操作起来简单易懂；环保性能强，能源消耗量低；不会造成资源浪费和环境污染；具有真实模拟功能，已经逐步成为国内外消费者热衷的休闲娱乐活动。

（二）桌游发展历程

目前来看，桌游起源于古代埃及，埃及法老古墓中发现的Senet是桌游起源的最好例证，Senet是世界公认最早的桌面游戏。在国内，桌面游戏也有着较为悠久的历史，古代的围棋、象棋等是我国最早的桌面游戏。随着这几种类型的游戏继续得到发展，衍生出的游戏种类有很多，现在大街小巷流行的中国麻将或者是扑克的各种玩法，都可以算作是桌游的一种。（以下略）

二、研究概况

（一）研究背景

随着全球化进程的加快，全球联系不断增强，文化、娱乐领域不断发展、日益交融，现代桌游在此基础上发展起来。2008年，《三国杀》发行后风靡年轻群体，并将“桌游”一词真正带入中国。2016年，沉寂了七年的《狼人杀》借着直播、真人秀等影视节目火爆全网，并于2017年达到顶峰。同年，综艺节目《明星大侦探》播出，《剧本杀》进入大家视野，收割了一大批推理、角色扮演爱好者，成为我国目前为止热度最高的桌面游戏。

（二）研究意义及目的

桌游在游戏本身、文化融合、文化社会学以及文化产业管理的角度都具有共通性，由此可以体现出桌游文化下文化娱乐产业的发展形式，并且对其今后如何发展具有重要启示意义。因此本文决定从几款人气桌游兴起原因入手，以小见大，得出对文化娱乐产业如何发展的启示以及如何发展的建议。

（三）研究方法

本文所用的研究方法主要以观察法、文献研究法为主。文献研究法是通过二手资料分析的方法，对他人收集的调查数据、文献等进行分析研究；观察法是通过体验“三国杀

Online”、各类桌游 APP、微信公众号中的“推理大师游戏”等线上桌游、线下桌游吧以及相关影视作品来进行观察和分析研究。（以下略）

三、桌游兴起原因的研究

（一）新鲜感与可玩性是基础

游戏本身的新鲜感与可玩性是游戏的基础，直接决定了该游戏是否受玩家的欢迎，这对研究几款桌游的兴起原因有着很重要的意义。任何一款受玩家欢迎的游戏，都不会少了新鲜与好玩的属性，这是他们作为人气桌游最大的共性。（以下略）

（二）巧妙的文化融合是加分项

通过对比发现，几款热门桌游都不是孤立存在的，他们都有各自的历史和文化来源，是在文化融合的基础上进行创新发展的。（以下略）

（三）社会交往是迫切需求

根据马斯洛的“需求层次理论”，人们有生理需求、安全需求、归属和爱的需求、尊重的需求以及自我实现的需求，层次依次由低向高。如今我国的发展已让人们满足温饱不成问题，社会治安良好，卫生基础设施完善，绝大多数人已经完全满足了生理需求和安全需求。归属与爱等更高级的需求突显，其中首当其冲的，就是需要满足人们迫切的社交需求。（以下略）

四、当前影响桌游发展的一些问题

（一）受众群体有局限性

一些桌游的受众基本上是推理爱好者，用户规模有限，如果不及时拓宽受众范围，会导致市场规模难以扩张甚至出现发展停滞的问题。（以下略）

（二）游戏内容和模式需要及时更新

市面上一些桌游的模式大体相似，公众号、小程序、APP 等都相差无几。若是持续没有新模式的出现，会造成市场萎靡、行业发展停滞不前的后果。（以下略）

五、桌游对文化娱乐产业发展的启示

（一）注重文化融合与创新

文化融合与创新是文化娱乐产业发展的必然趋势。在文化娱乐产品的开发过程中，需要抓住文化核心，善于进行文化资源的开发、融合和创新。（以下略）

（二）注重社会需求的表达

从文化功能主义视角来看，文化休闲娱乐活动的产生与发展正是适应了某种社会功能的需求。作为当下年轻群体热衷的休闲娱乐项目，它为人们创造了心理宣泄与压力释放的机会，人们给提供一个可以尝试放弃现存社会背景下角色道德规范的束缚、可以进行自我的“创新”与集体狂欢的机会。（以下略）

（三）注重文化价值的体现

正如著名文化产业学者向勇所说："文化产业不仅要追求经济上的价值，还要关注如何通过文化产品去引导国家或社会追求更高文明和精神的社会氛围，引导全体国民去追求一种更有意义和更有价值的社会生活。"在此呼吁我国文化娱乐产业将挖掘有文化内涵为核心，加深教育意义的体现，为国民提供一个良好的文化环境。（以下略）

（四）注重经济与文化的平衡

随着互联网的发展，文化娱乐产品越来越网络化与商业化，经济与文化的关系问题也愈发突出。我认为在文化创新的前提下谋求经济利益是合理的。经济效益有助于提高人们文化创新的热情，对文化效益的单方面追求只能将受众缩在小圈子中，不利于文化传播。只有对文化进行创新、将产业进行融合，才能扩大受众，从而推动文化产业的发展。（以下略）

经过对目前的人气桌游的兴起发展原因进行共性分析，我们得出启示：文化娱乐产业应注重以挖掘文化内涵为核心，在满足人们社交需求的前提下，对产品本身的可玩性与新颖性进行创作。并在产业融合的发展中，注重文化效益与经济效益的平衡，使文化娱乐产业得以茁壮成长。

参考文献：

[1]应晓天（口述）. 桌游王专攻新生代市场[J]. 现代营销(经营版)，2011(04)：1.

[2]刘婧. 浅析《三国杀》在中国的盛行[J]. 青年作家(中外文艺)，2011(06)：2.

[3]竹子俊. 桌游产业方兴未艾 知识产权问题凸显[J]. 中国对外贸易，2012(04)：2.

第三节 毕业设计报告

知识要点

- 毕业设计报告是工科毕业生在教师的指导下，对自己的设计进行详细的论证和计算，并对设计方案的选择和计算过程做出必要说明的文体
- 毕业设计报告具有实践性、应用性和说明性等特点
- 毕业设计报告通常由封面、毕业设计任务书、摘要、关键词、目录、正文、致谢、注释及参考文献、附录组成
- 撰写毕业设计报告时，要求选题考虑主客观条件、设计有新意、数据准确、文面规范

一、毕业设计报告的概念

毕业设计报告是工科毕业生在教师指导下，对自己的毕业设计进行详细的论证和计算，并对设计方案的选择和计算过程做出必要说明的文体。毕业设计报告是毕业设计成果的文字表达，也是对毕业生进行能力考核和成绩评定的基本依据。

二、毕业设计报告的特点

毕业设计报告和毕业论文都属于学术论文，但毕业设计报告除了具有与毕业论文相同的特点外，还具有以下特点。

（一）实践性

毕业设计报告以实验或设计为基础，设计者必须亲身经历实验或设计全过程，并详细记录实验结果，检验设计的可行性，而不是主观臆断数据或空想设计方案。

（二）应用性

科技理论研究都是以研究成果应用到生产实践中为目的的。毕业设计的各种数据之所以要经过科学的运算，目的是便于将科研成果转化为生产力。

（三）说明性

毕业设计成果的原理、应用范围、技术参考、工作流程等，只有通过文字、图纸进行解释、说明，才易被读者理解与认同。

三、毕业设计报告的结构与写法

毕业设计报告通常由封面、毕业设计任务书、摘要、关键词、目录、正文、致谢、注释及参考文献、附录等内容组成。

（一）封面

封面上应标明院校名称、毕业设计报告题目、设计人姓名、指导教师姓名和职称、设计方向、完成设计任务的时间等。

毕业设计报告题目的基本结构是由设计项目名称加“设计”组成，或以“毕业设计说明书”为主标题，副标题说明具体设计项目的名称。题目要简短、概括，字数不宜超过 20 个字。

（二）毕业设计任务书

毕业设计任务书由指导教师提出，经教研室审查并报院校批准后下达。毕业设计任务书包括毕业设计题目名称、必要的设计资料、设计的基本内容和要求、专题部分内容和要求、完成期限等。

（三）摘要

毕业设计报告的摘要以浓缩的形式概括研究课题的内容，字数以不超过总字数的 5% 为宜，一般在 100～300 字。

（四）关键词

关键词又称为主题词，是为了检索的需要，从毕业设计报告中选出用以表示全文主题内容、信息款目的单词或术语。一般以 3～8 个词为宜。

（五）目录

目录按三级题目编写，要求层次清晰。目录中的题目应与正文中的标题保持一致。

（六）正文

毕业设计报告的正文一般包括绪论、主体和结论三部分。

1. 绪论

绪论又称前言、导语，主要说明本设计的意义、目的、设计范围及技术要求；简述本课题在国内外的发展状况及存在的问题；阐述本设计要达成的预期结果等。

2. 主体

主体是对设计工作的详细表述，其内容包括：问题的提出；设计工作的基本前提、假设和条件；模型的建立；实验方案的拟订；基本概念和理论基础；设计计算的主要方法和内容；实验方法、内容及其分析；理论论证；理论在课题中的运用；课题得出的结果等。

3. 结论

结论是对整个设计工作进行归纳和综合得出的总结，包括设计中存在的问题及进一步改进的见解与建议等。结论是对全文的总结，因此要写得概括、简短。

（七）致谢

致谢附于正文的结尾部分，是向对毕业设计报告作者有过帮助的人或单位表示谢意，态度要诚恳。

（八）注释及参考文献

注释是对文章中的词语、内容所做的说明。参考文献是在毕业设计报告的写作过程中参考、引用或借鉴的论文、论著或其他资料等。凡毕业设计报告中直接引用过的参考文献，均应列出。

（九）附录

毕业设计报告中有些内容与正文关系密切，却又相对独立，将其作为附录，可帮助读者阅读、掌握正文中的有关内容，必要时应注明出处。

四、毕业设计报告的写作要求

（一）选题要考虑主客观条件

毕业设计报告的选题要符合实际情况和个人能力；要根据自己的专业、爱好选题，使课题能够在自己的努力下完成；不要一味求大求难，以免超出自己的能力范围。

（二）设计要有新意

毕业设计报告一般都要参考和继承前人的成果，但要在此基础上有所改进、有所创新，要突出自己在设计中的独到之处。

（三）数据参数要准确无误

在毕业设计报告的撰写过程中，撰写人一定要始终保持严谨的科学态度。结构要清晰完整，文字表述要严密准确，特别是报告中需要引用数据参数时，必须保证准确无误。

（四）文面要规范、整洁

毕业设计报告文面要字迹清晰，图示规范，干净整洁，层次分明。

例文

基于信息化背景下教学管理信息系统设计

摘要：随着我国高等教育规模的不断扩大，高校学生数量不断增加，学生的各项管理工作也日趋繁杂，导致工作中管理人员工作强度加大，还时有问题出现。信息化管理是实现高校现代化管理的必要条件，其中，教学管理工作更是如此。为此，本文就从适应高校教学管理的实际出发，运用先进的数据库系统及编程语言，完成了教学管理系统的设计，实现了教学信息管理的科学化和便捷化。

关键词：信息化　教学管理信息系统　设计

引言

随着我国国民经济和新兴科学技术的飞速发展，我国的教育投入不断提升，高校招生规模在扩大，因而学校对学生的各项管理也需要跟上时代的步伐。高校必须使用现代化的手段进行管理，才能不断提高工作效率。目前各种适用于高校管理的应用软件不断推出，但是这些软件都具有普遍性，并非针对某一院系自有的教育管理机制而编写，在某些特定工作中，它就不再适用。因此，构建高校院系管理系统，尤其是教学管理信息系统势在必行。

高校的教学管理具有信息量大、更新速度快等特点。建立科学的教学管理系统，能够实现教学管理的现代化、便捷化，完善教学运行机制，提高管理效率，使其更加符合现阶段教育发展的需求。高校的教学管理是一项重要而繁重的工作，应用新型的科学技术进行高效快捷的教学管理已成为教学管理工作者的迫切需求。

一、管理信息系统基础

管理信息系统是一门非常实用的学科，它跨越了若干个领域，如管理学、运筹学、统计学等。在这些学科的基础上，形成信息收集和加工的方法，从而形成一个纵横交织的系统。

（一）管理信息系统概述（以下略）

（二）管理信息系统的特点

1. 管理信息系统的组成（以下略）

2. 管理信息系统界面特点（以下略）

（三）管理信息系统的开发

1. 开发方法（以下略）

2. 开发步骤（以下略）

二、系统分析（以下略）

三、系统详细设计

（一）系统环境运行设计

1. 硬件环境（以下略）

2. 软件环境（以下略）

（二）系统代码设计

系统代码设计其实是一个科学管理的问题，设计出一个好的代码方案对于系统的开发工作是一件极为有利的事情，它可以使部分工作变得十分方便。进行系统代码设计的目的是为了系统数据的唯一性、规范化。系统代码的关键是对要处理的杂乱无序的数据按一定

的规律进行分类。（以下略）

（三）系统数据库与数据库字典描述

本系统由五个数据库组成，分别是基本信息数据库、教学计划数据库、课表信息数据库、学生成绩数据库、用户数据库。

1. 基本信息数据库（以下略）

2. 教学计划数据库（以下略）

3. 课表信息数据库（以下略）

4. 学生成绩数据库（以下略）

5. 用户数据库（以下略）

（四）系统输入输出设计（以下略）

四、系统开发过程中的几点体会（以下略）

综上所述，教学管理信息系统可以很好地辅助教学管理者提升工作效率，同时可以减少事务性工作量，即使是在人手不够的情况下，也可以完成复杂繁多的教学管理工作，对于保证学校各项教学工作顺利开展具有重要的意义。

参考文献：

[1]罗超理. 管理信息系统原理与应用[M]. 3 版. 北京：清华大学出版社，2012.

[2]李旭. 大数据时代高校学生管理工作信息化建设[J]. 信息系统工程，2014.

[3]王杰. 高校学生管理工作的信息化研究[J]. 信息系统工程，2020(04):2.

第四节 实习报告

知识要点

- 实习报告是指学生为回顾总结自己在实习期间的实习工作经历而撰写的文书
- 实习报告具有专业性和检视性等特点
- 实习报告通常由标题和正文组成
- 写作实习报告时，内容要真实，语言要简练

一、实习报告的概念

实习报告是指学生为回顾总结自己在实习期间的实习工作经历而撰写的文书。实习报告是在实习的基础上完成的，撰写人要运用专业理论知识，结合实习实践，进行比较

深入的分析与总结，以全面反映自己的实习完成情况。因此实习报告是对该阶段的岗位实习情况进行思考与总结的书面材料。

二、实习报告的特点

（一）专业性

实习报告反映了学生在自己所学专业领域实习的实际情况，是对所学专业知识的运用与实践。

（二）检视性

实习报告必须对自己真实的实习情况进行总结检视，并梳理收获、找出不足。

三、实习报告的种类

根据内容性质和用途的不同，实习报告可分为生产实习报告、课程实习报告和毕业实习报告等。

四、实习报告的结构与写法

实习报告通常由标题和正文组成。

（一）标题

实习报告的标题通常有三种写法：一是由实习地点和文种构成，如《花园宾馆实习报告》；二是新闻式标题，正标题陈述实习报告的主要结论或提出中心问题，副标题标明实习的单位和文种，如《质量是企业的命根子——××有限公司实习报告》；三是标题只标文种，如《毕业实习报告》。

（二）正文

实习报告的正文一般包括前言、主体和结尾三部分。

1. 前言

前言用高度概括的语言简明扼要介绍实习基本情况，包括实习的目的、时间、地点和岗位，以及总结性的体会与感受，以引出下文的主体内容。

2. 主体

这是实习报告的核心内容，主要包括：①介绍实习单位与岗位，着重介绍实习岗位；②叙述实习内容与实习过程，可以将专业理论知识与实践相结合，侧重突出实践能力和技能的培养、锻炼与提高。实习报告的主体可以以时间为序进行叙述，也可以针对实习内容从多方面进行叙述，要求思路清晰有条理、逻辑性强。

3. 结尾

这部分主要总结实习体会和今后努力的方向。结尾要着重叙述实习人实习工作的体会和感受，特别是自己所学专业理论与实践的差距和今后应努力的方向。

五、实习报告的写作要求

（一）内容要真实

实习报告必须如实、客观地叙述自己的实习经历，内容要真实，重点要突出。

（二）语言要简练

实习报告要针对自己的实习经历与切身体会进行阐释，语言要平实、简练、明快。

（三）格式要规范

实习报告如果有统一规定的文字打印格式和装订要求，如标题、正文的字体、字号等有明确的规范，要严格按照要求完成，可参考学习提供的实习报告样本。如果需要，最后可将实习报告与统一提供的毕业实习报告封面装订成册。

例文

××县××镇中心中学实习报告

实习是一个师范生成长为一位合格教师的必经之路，也是检验每一位师范生教学技能的前奏。实习是师范生教学生涯的开始，是师范生展示成果的舞台。2020 年 9 月 1 日，我走进了××县中心中学，进行我的教学实习，开展我的教学工作。面对活泼可爱的学生，我无比激动，在他们身上看到了曾经渴求知识、追寻理想的我们。

在为期一个月的实习中，让我体会到作为一名教师经历的点点滴滴，体会到作为一名教师的酸甜苦辣。在教学实习中我虚心听取指导教师的建议，充分调动学生的学习积极性，认真开展每一堂课的教学，认真总结教学经验。认认真真、踏踏实实、勤勤恳恳、任劳任怨地开展实习工作，虽然很累很苦，但有很多收获。

一、实习目的

实习对于一名即将毕业的师范生来说是必需的，也是必要的。它不仅为师范生提供了一个在生源地展示自己教学技能的机会，还提供了一个检验自己学业成果的舞台。这不仅仅是学校安排的教学任务，更是一个了解学生学情的机会，熟悉教学方法、策略和各个教学环节的机会，还是一个理论和实践相结合的机遇。为此，我在为期一个月的实习工作中，认真研习教材，总结学生学情，在教学过程中及时、准确地处理学生提问和质疑，并在教学中恰当处理师生关系。

为期一个月的实习转眼即逝，通过实习，我充实了自己，学会了如何教学，如何处理师生关系，学习到许多未曾接触过的东西，并在实习中很快地将理论和实践相结合。这段实习生活让我感受到新一代教师肩上的重担，体会到教师的艰辛和不易。在实习过程中，我对比自己的中学时代，感受着我们与学生的差别，他们的领悟能力、信息接收能力、对新事物的认知能力都远远地超越我们，这对我们师范生的知识储备、教学技能提出了越来越高的要求。在实习过程中，我熟练地掌握了教学技能，还学会了处理与学生关系的技巧。

二、实习学校简介

××县××中心中学是××县师资相对较好、离县城最近的一所初等中学，共有教职工100余名，其中优秀教师占70%左右，中学骨干教师占15%左右，自办学至今为××县培育了近万名优秀毕业生。该校现有30余个教学班，其中有9个毕业班，1个重点实验班。

三、实习内容

（一）听课见习

2020年9月1日，实习学校正式开学，主要任务是办理学生报名和开展学前教育。在实习指导教师陈老师的安排下，我参加了初二（3）班的学前教育，学生报到后，初二（3）班班主任李老师在班上开展了近一个小时的学前教育。 内容如下：（以下略）

（二）备课

在认真分析学生学习情况的基础上，我仔细研读教材，耐心分析学生个体情况，参考教辅资料，认真详细地设计教学思路，编写教案。我在编写教案时充分体现以学生为主体的教学思路，做到读写练有机结合，充分调动学生的学习积极性，做到循序渐进。在刚开始的备课中，我遇到种种问题，例如各教学环节的衔接脱节、教学时间安排欠妥等，但在陈老师耐心的指导下，我在最短时间内纠正了备课见习中出现的种种问题。

（三）专业技能教学

2020年9月听了陈老师在两个班讲授的五个课时后，我开始了我的第一堂实习教学，我教习的课文是《中原我军解放南阳》。这是一篇实用性文体的文章，是同学们第一次接触。在开讲前我引导学生复习了新闻五要素（标题、导语、主体、背景、结语），然后要

求学生自由找出文中五要素，并理解全文。第一堂课的教学很快结束，在教学过程中出现了很多问题。问题如下：（以下略）

（四）班主任工作实习

在为期一个月的实习中，我在两个班级进行了班主任实习工作。工作如下：（以下略）

在班主任工作实习期间，各班委积极组织班级活动，协助我管理班集体，使班级秩序稳定，班级间相处融洽，同学和睦相处。在同学们的配合下，我所实习的班级班风俨然，学风和谐。

（五）教学研讨

在课余时间，我常与语文教研组的老师研讨当今教育改革问题，与实习学校老教师、骨干教师请教教学心得和经验。内容如下：（以下略）

在与各位优秀教师和从教多年的老教师讨论后，我更加清楚目前教育所处的环境和教师所处的地位。大多数地区存在教育设施滞后、教育硬件跟不上、教育方法相对落后、师资力量参差不齐，以及教育资源应用不合理等一系列问题。

四、实习效果和评价

在自己的努力、学生的配合、指导老师的引导、实习学校的支持下，我在 9 月 30 日为自己的实习生活画上了一个圆满的句号，这是我走上教学生涯的开始，是我检验自己所学成果的舞台。

在这段实习生活中，我真正地体会到了作为一名老师的不易和老师的生活，也知道了如何去做一名合格的学生。在实习中，我有过抱怨、有过反感、有过不满，但我体会到了初为老师的快乐和兴奋。作为一名教师，不但要有丰富的学识，而且必须具有良好的道德修养和高尚的情操；而作为一名学生，除了学习老师传授的知识外，还要学习做人的道理。

实习虽是短暂的，但它给我留下了很多的回忆，也让我明白了很多、学会了很多。实习不仅增强了我的时间观念、纪律观念，也磨炼了我的耐心、爱心和恒心，还增强了我成为一名合格教师的信心。尽管在实习中出现的种种问题证明我离一名优秀教师还有很长的一段距离，但我相信“有心人天不负，三千越甲可吞吴”，经过自己不断地总结探索和努力，终能成为一名优秀教师。

第五节 学术论文

知识要点

- 学术论文是对某个科学领域中的学术问题进行研究后表述科学研究成果的理论文章
- 学术论文具有创造性、学术性、科学性、理论性等特点
- 学术论文通常由题名、作者署名和单位、摘要、关键词、正文、注释及参考文献、附录等组成
- 在撰写学术论文时，论点要鲜明、论据要充分、论证要严密；重点要突出、层次要分明；语言表达要规范

一、学术论文的概念

学术论文是对某个科学领域中的学术问题进行研究后表述科学研究成果的理论文章。

二、学术论文的特点

（一）创造性

创造性是学术论文的主要特点。作者要有自己独到的见解，能提出新观点、新方法、新定理、新理论，甚至能够填补某个领域的空白。

（二）学术性

学术论文是对某一学科领域中的学术问题进行研究和探讨的文章，其内容具有很强的专业性，在语言表达时常使用一些专业术语和专业性的图表。

（三）科学性

学术论文的科学性，要求必须从客观实际出发，揭示事物的本质和内在规律，因此，在论据上要尽可能多地占有资料；在论证时，必须经过周密的思考，进行严谨的论证。

（四）理论性

与一般议论文不同，学术论文应对大量的事实、材料进行分析、研究，通过严密的论

证和科学的分析，使感性认识上升为理性认识，揭示事物发展的客观规律和本质。

三、学术论文的种类

（一）按照学科专业的不同划分

按照学科专业的不同，学术论文可分为自然科学论文和社会科学论文

自然科学论文可细分为物理、化学、生物、医学、天文等学科论文。社会科学论文可细分为文学、历史、哲学、教育、政治等学科论文。

（二）按照研究内容的不同划分

按照研究内容的不同，学术论文可分为理论型论文和应用型论文

理论型论文重在对各学科的基本概念和基本原理进行研究。应用型论文侧重于如何将各学科的知识转化为专业技术和生产技术，讲究实用性。

（三）按照写作目的的不同划分

按照写作目的的不同，学术论文可分为交流性论文和考核性论文

交流性论文，目的只在于让专业工作者进行学术探讨，发表各家之言，以显示各门学科发展的新态势。考核性论文，目的在于检验学术水平，成为有关专业人员晋级的重要依据，如学生撰写的学年论文、毕业论文、学位论文等。

四、学术论文的写法

（一）准备阶段

1. 明确选题

选题就是界定论文所要研究的目标和范围，是撰写学术论文的第一步，也是决定学术论文价值的重要一步。明确选题要遵循以下原则：一是科学性原则。人类社会的产生和发展，都遵循着一定的规律，如果选题违背客观规律就得不到预期的结果或得出错误的结果，因此要求撰写人具备扎实的专业基础。二是价值性原则。要选择有社会价值的题目，在学术上有理论意义或在实际工作中有指导意义。三是创新性原则。选题要有亮点，角度要新、内容要新或者研究方法要新。四是可行性原则。撰写人要注意选题范围的大小和难易程度，要充分考虑自己的主客观条件，如知识专长、研究兴趣、占有资料条件、实验条件、限定时间等。

2. 收集与整理资料

通过收集资料撰写人可以了解当前的研究现状，对文章进行初步的构思，寻找支持观点的论据。获取资料的途径主要有三个：利用图书馆和相关网站（中国知网、万方数据知识服务平台、MBA 智库等）、做实地调查、实验与观察。在收集资料时，撰写人注意要全面地收集与自己的论文有关的资料，然后对资料进行整理、分类，选择出写论文所必需的典型资料，以备后用。

3. 撰写论文提纲

撰写论文提纲可以帮助撰写人梳理逻辑思路、安排框架结构，统摄全篇论文的写作。一般学术论文的总体结构包括引论、本论和结论。引论包括写作动机、中心论点、目的意义等；本论为主体部分，即论点、论据和论证，撰写人要写清楚从哪几个角度来论述支持中心论点；结论就是研究结果和展望等。

（二）学术论文的格式规范与写法

学术论文通常由题名、作者署名和单位、摘要、关键词、正文、注释及参考文献、附录组成。

1. 题名

题名就是论文的题目。学术论文的题名应能简明、具体、准确地概括文章的要旨，有助于选择关键词。中文标题题名一般不超过 20 字，必要时可加副标题。

2. 作者署名和单位

作者署名位于题名之下，独占一行正中的位置；在作者署名之下另起一行正中的位置标明作者单位、地址和邮政编码。

3. 摘要

摘要是对学术论文的内容不加注释和评论的简短陈述，应具有独立性和自含性，即不阅读全文就能获得必要的信息。摘要的内容包括研究的主要问题、目的、方法、成果和结论，要突出论文的新见解，要求短小精悍、内容完整、思路清晰、表达简明、叙述客观。摘要的篇幅通常为 200 ~ 300 字，一般不分段落。

4. 关键词

关键词是从论文的题名、摘要、正文中抽出的，并能表达全文的主题，具有实质性意义的单词或术语，一般以 3 ~ 8 个词为宜。

5. 正文

正文是学术论文的核心内容，包括引言、主体和结论三部分。

（1）引言。引言又称前言、导言、绪论等，是正文的开头部分。引言主要说明研究的原因和背景、研究的思路和方法、预期的结果和意义等。引言应言简意赅，不能与摘要雷同。

（2）主体。主体是论文的核心部分，占主要篇幅，可以包括调查对象、研究的原理和方法、使用的仪器设备和材料原料、相关数据的图表、客观事实材料、形成的观点和结论等。由于不同课题的主体内容表达差异性较大，因此不对主体的内容作统一的规定。然而，这一部分的写作要求主题明确、论据充分、论证严谨。

（3）结论。结论是对全文的概括、总结。结论部分可以揭示、深化观点，提出相关建议、研究设想、尚待解决的问题等。结论应该准确、完整、明确、精练。

6. 注释及参考文献

注释是对文章中的词语、内容所做的说明。参考文献是在学术论文的写作过程中参考、引用或借鉴的论文、论著或其他资料等。凡论文中直接引用过的参考文献，均应列出。

7. 附录

附录指附在正文后面与正文有关的文章或参考资料，作为学术论文的补充部分，并不是必需的。

五、学术论文的写作要求

（一）论点鲜明，论据充分，论证严密

学术论文是进行科学研究，反映新见解和新成果的文章，因此学术论文的论点一定要鲜明，不能模棱两可。同时，学术论文要借助丰富而准确的论据，通过严谨有力的论证来证明论点的正确性。

（二）重点要突出，层次要分明

撰写人要充分梳理、总结归纳收集的资料，将有价值的资料和新颖的内容重点突出地表述出来，从而揭示事物发展的客观规律。这种客观规律需要通过一定的逻辑论证，条理清楚、层次分明地表现出来。

（三）语言表达要规范

学术论文以议论为主，常运用典型的书面语言和专业术语，语言要求准确规范、明白畅达，在做到这些要求的基础上力求简练。

例文

论高职院校大学语文课程教学面临的困境及对策

安彦姣

（山西省财政税务专科学校，山西 太原 030024）

摘要：为培养具有高技能的人才，高等职业教育越来越受重视。语文课是其他课程的基础，学好语文有利于学生对其他课程的理解，因此大学语文对培养高素质人才具有重要作用。本文通过梳理高职院校大学语文教学面临的困境，并分析产生的原因，为大学语文课程教学提供相关建议。

关键词：高职院校；大学语文；困境；对策

《国务院关于印发国家职业教育改革实施方案的通知》提出："随着我国进入新的发展阶段，产业升级和经济结构调整不断加快，各行各业对技术技能人才的需求越来越紧迫，职业教育重要地位和作用越来越凸显。"高等职业教育培养的是高素质劳动者和技术技能人才，因此大学语文课程如何更好地承担实现"高素质"的任务，为国家和社会培养"大国工匠""能工巧匠"是本文探讨的重点。

一、大学语文教学面临的困境

（一）学生普遍有厌学情绪

一些高职院校学生认为，学习相应的专业知识、专业技能就足够了，没有必要学习大学语文；学生认为学习大学语文就是为了修学分，而且教材中的文章大多是古文，离自己生活太遥远，没有借鉴意义和实用价值。上课时，教师在上面讲，学生在下面看专业课教材、翻阅各种杂志、玩手机等情况普遍存在。具体而言，高职院校学生在人文素养方面主要存在以下问题：语言表达能力不足，错字、别字问题突出；阅读量不足，以手机碎片化阅读为主，缺少对经典人文著作的阅读经历；自制力和心理调节能力较差，缺乏吃苦耐劳的精神；功利思想抬头，不能正确认识利益等。

（二）基础课在高职教育中不受重视

高职教育培养的是实用型、应用型人才，高职院校的办学指导思想是以服务为宗旨，以就业为导向，走产学研结合的发展道路。各高职院校在安排教学时普遍优先安排专业课，说明基础课在教学中处于弱势地位，影响了教师和学生对基础课的重视。因此，当专业课和基础课有时间冲突时，学生先放弃的是对基础课的学习，甚至有的学生认为专业课的学习时间已经很紧张了，为什么还要学习大学语文这样"无用"的基础课。

（三）大学语文课程改革动力不足

大学语文是公共基础课程，教学成果难以突出体现，因此导致一些教师对大学语文课程改革的积极性不高。同时，在科研资助方面也往往侧重于专业课程建设，对大学语文改革重视不足，投入不够，导致大学语文在课程定位、教学目的、教学内容、教学方法等方面的研究缺乏深度和广度。因此，高职院校大学语文的教学缺乏针对性、目的性，教学工作存在盲目性、片面性，教学效果也不理想。

二、大学语文教学面临困境的原因探析

（一）教育的急功近利性

“BOSS 直聘”发布的“2018 年就业竞争力 30 强专业”，近半数为新工科专业。历史学、哲学等学科大类，就业竞争力仅为工学大类的约 70%。高职院校的一些学生认为，基础课对他们在短期内提高技能的帮助不大，对以后的工作更没有多大的用处，因此不愿意学习大学语文这种基础课程。然而，许多教育和知识在短时间内是看不出来作用的，一味强调学习的短期效用，必然导致人才培养走入急功近利的狭隘区域，不能为国家和社会培养具有综合素质的“大国工匠”“能工巧匠”。民国时期灿若群星的大师中，有一大半出自清华大学，这与清华大学校长梅贻琦十多年主张的“通才教育”思想是密不可分的。我们要培养高素质劳动者和技术技能人才，就需要重视大学语文教育，提高高职学生的综合素养。

（二）受新媒体冲击的影响

互联网的快速发展不但引发了社会的变革，更影响了人们的生活方式。现在入学的学生大多是“00 后”，他们出生以来就伴随着网络而成长，网络就像他们的生活必需品。随着网络的快速发展，各种新媒体也层出不穷，QQ、微信、微博、直播软件、各种视频 APP、网络游戏等充斥“00 后”的学习和生活。因此，在大学语文课堂上有很多“低头族”，他们上课就拿出手机，不听课，也不跟老师交流互动，全身心投入各种新媒体中，翻朋友圈、刷微博、看视频、网络购物等。学生把大量时间花在手机网络中，造成了学习兴趣的不断减退，阅读方式偏于浅阅读和碎片化阅读，使他们的思想深度停留在表面，语文素养没有得到提升。

（三）授课方式缺乏创新性

很多大学语文教学还是采用以教师为主导的授课方式，无法提高学生的学习积极性。作为一门公共基础课，很多高校的大学语文课程是大班授课，学生人数较多，教师不得不采用以讲授为主的授课方式，无法调动学生的学习积极性。有的教师仍然沿用传统的以教师为主导的授课方式，以灌输知识为主，缺乏灵活多样的教学手段，不能激发学生对大学语文的兴趣。

三、突破大学语文教学困境的对策

（一）教材设置体现人文性和专业性

语文教材是指导学生学习语文课程最基本的工具。教材设置应在注重语文基础的同时，加强对学生文化素质的培养。高职院校《大学语文》教材的编写应注意通用性，内容应适合各专业学生学习，同时要避免教材内容与时代脱节；应将传统文化教育与现代科技信息、人文环境等结合，使教材能够“古为今用”；应注意教材涉及知识的全面性，形成文化体系。

大学语文教材应该结合高职院校的特点，适当体现专业性。每个高职院校都有自己的特色专业，因此开设大学语文课程应该结合特色专业，根据学校的专业设置、学生情况、人才培养要求等开发具有本校特点的大学语文课程。例如，财经类专业院校可以在教材中适当增加一些体现诚信的教学内容。

（二）课堂教学以学生为主，帮助学生树立正确的学习观念

大学语文应该是基础的高级语文教育，不是简单地成为中小学语文教育的延续。在中小学语文教学中，学生大多接受的是这样的训练：在教师的带领下疏通文字，解释词义，概括段落大意、中心思想；分析课文通过什么歌颂了什么，或者批判、表现了什么。这种固定的模式对学生的应试教育有很大帮助，但是进入高等教育阶段，要注重培养学生的审美能力和人文素养。大学语文教学应该重视个人感受和艺术审美，先不用去总结文章歌颂了什么、批判了什么，而是让学生自己感受文章美不美、好不好，是否能引起共鸣、感同身受。在大学语文课程的教学中，应该把课堂还给学生，以学生为主体，教师作为引导者，强调大学语文的审美功能。

大学语文课程的内容大多是经典名篇，这些名篇中蕴含丰富的人文精神和哲学思想，需要教师充分挖掘，帮助学生从经典中了解社会、了解自我，提升自我的内涵和境界。例如，通过学习庄子的《秋水》，学生可以明白一个道理：在无限的宇宙中，人的认识要受到主客观条件的制约，所以个人的认识都是有限的。因此，人们不能囿于个人有限的见闻而自满自足，而是应该努力学习，不断充实自我、提升自我。在教学时，教师除了帮助学生分析作品的内涵，还要启发学生对照现实生活，发现同类问题并进行思考，深化学生对现实生活的认识，帮助学生树立正确的世界观、人生观和价值观。

（三）改进教学方法，丰富课外实践活动

大学语文教师要积极改进教学方法和教学手段，调动学生的课堂积极性。学校应尽量将大学语文课设置成小班教学，这样教师可以有针对性地运用多种课堂教学模式，让学生参与课堂，如可以采用讨论、朗诵、分组练习、辩论等方式，让学生有更多的参与权和主动权。另外，在课堂教学中应该适当运用多媒体技术手段，制作精美的教学课件，在授课中引入相关知识的图片、音频、视频等，使大学语文教学更有吸引力。

配合课堂教学积极开展丰富多彩的课外实践活动，可以更好地巩固课堂教学效果，调动学生的学习积极性，在实践中培养学生的语言能力，提高文学素养。①组建文学社团，积极探索提升学生人文素养的新途径。例如，可以依托学生会成立演讲与写作协会、国学

社、文学社等社团，在教师的指导下开展多种活动，如演讲比赛、朗诵比赛、征文活动等。②发展新媒体，搭建与学生互动的新平台。③以大学语文教研室为基础，创建微信公众号，设置经典美文推荐、文学知识普及、学生文学作品展示等栏目。另外，还可以利用超星教学平台等开展网络教学，拓宽学生的学习渠道。

（四）改革考核机制，以考促学

学生的考核不能仅仅以期末考试成绩为评价标准，而应采用多层次的综合评价：一是平时成绩。平时成绩可以通过背诵默写情况、课堂提问、作业完成情况和到课情况等进行综合考察。二是期末考试成绩。试卷考试内容应侧重于考察学生的文学修养、语言表达和感受能力，在提升学生文学素养的同时提高学生的写作水平和汉语应用能力。三是课外活动和学习情况。这包括在微信公众号和“超星学习平台”上的活跃度，参加写作比赛、演讲活动、辩论赛、经典诵读等与大学语文相关的活动情况。将大学语文延伸到课外，形成多层次的考察体系，综合考察学生的阅读、鉴赏、写作和口语交际能力等。

四、结语

大学语文蕴含丰富的中国传统文化，有助于塑造学生优秀的人格品质、培养学生的家国情怀、增强学生的民族自信心，提高学生审美能力。高职院校应该结合本校设置的专业，将大学语文课程与专业特色相结合，培养具有精湛技能和综合素质的“大国工匠”。

参考文献：

[1] 姚大怀，陈传万. 大学语文，路在何方？——由 A 校几乎全面停开大学语文引发的思考[J]. 安徽农业大学学报（社会科学版），2017（6）：102-106.

[2] 朱立. 高职院校大学语文课程设计例谈[J]. 文学教育（上），2017（15）:2.

[3] 张福贵. 大学语文教育的学科定位与功能特性[J]. 中国大学教学，2014（1）：5.

[4] 徐雯. 论大学语文教学面临的困境及其对策[J]. 滁州学院学报，2012（1）：2.

相关链接

链接 1

避开申论考试三误区

误区一：阅读材料不耐烦

我们知道公务员申论考试给定材料字数多、信息分散，很多考点需要考生通读材料后归纳总结。省考申论考试时间为 150 分钟，国家公务员申论考试时间自 2014 年开始由 150

分钟调为 180 分钟。在有限的时间里要准确全面地答出每一题，确实不容易。一些考生总是担心时间不够用、试卷答不完，在阅读给定材料时心情紧张、不耐烦，这就容易造成其获取信息点不全面的情况。因此，考生在考试时一定要合理分配时间，调节好自己的情绪，认真阅读给定材料，从材料中寻找答案。

误区二：答题追求套用模板

一些考生在复习申论的过程中，担心自己写不出最后一题的大作文，就在考前背诵大量所谓的“申论范文万能模板”。其实任何考试都没有“万能”的东西，如果在考试中生搬硬套，一定会“牛头不对马嘴”，造成文不对题，偏离文章主旨，这样必然得不到高分。考生们应该立足于给定材料，利用阅读技巧，罗列、梳理采分点，最后在答案的组织形式上做到简洁、流畅，这才是正确的复习模式。

误区三：认为摘抄材料能拿高分

有很多考生经常说，申论就是大量的材料摘抄，自己写的文字会因为功底不够，显得粗俗浅显，而材料中的文字优美、规范，可以原封不动地摘抄，这样也同样能拿高分。其实，摘抄材料在几年前可以“大行其道”，原因在于评判规则中没有相关的禁止摘抄材料的规定，可现在已经明确规定了禁止考生高比例摘抄材料。因此，考生在答题的时候还是要在紧密联系材料的基础上，用自己的语言流畅表述自己的观点，形成答案。另外，申论大作文的打分标准就明确指出：如果摘抄材料超过 30%，直接划分为四类文。

总之，在申论考试复习中，考生一定要调整好自己的心态，在申论考试中考生也一定要平心静气、不烦不躁，认真对待每一道题，避免申论考试三误区。

链接 2

毕业论文（毕业设计报告）材料收集的途径

（1）文献。文献是收集论文的重要途径，查阅文献可以通过图书馆和互联网等途径进行。文献资料主要包括专业著作、专业论文、工具书、报刊资料、统计数字等。一般来说，资料的收集应先宽后窄、由粗到细、由近到远、由内到外。

（2）实地调查。实地调查就是深入社会实际生活获得真实可靠的第一手资料。实地调查具体有两种方式：一是对自然现象进行实地考察；二是对社会的某些现象进行有目的、有计划的调查。调查的方法主要有普遍调查、典型调查、抽样调查等，调查形式主要有座谈会、访问等形式。

（3）科学实验。科学实验就是根据选题的需要，通过科学实验获得事实资料和统计数据。实验方法主要有定量法、对照法、模拟法等。

（4）科学观察。科学观察就是有目的、有计划、有选择和能动地对自然条件下所发生的某些特定过程和现象进行系统的考察，以获取事实材料。选择的材料要求真实、新颖、充分。真实即要求材料合乎客观实际、准确无误；新颖即要求材料不重复别人或现有的资料，在时间上要求新近；充分要求材料系统、翔实。

问题讨论

1. 申论考试的特点是什么？
2. 如何修改毕业论文或毕业设计报告？
3. 学术论文通常由哪几部分构成？

写作实践

一、根据下面的资料，进行申论写作。

（一）材料

（1）端午节是中国的传统节日，距今已有2 000多年的历史。2004年5月初，韩国准备申报端午节为世界文化遗产的消息传到我国后，在国内引发了一场“端午节保卫战”。其中，端午节发源地湖南行动最快，人们热情高涨。当时媒体报道标题为：《长沙岳阳群众集体签名，呼唤保护文化遗产》《湖南保护端午节拉开序幕，申报工作纳入工作日程》《岳阳副市长表示，岳阳“端午申遗”全民总动员》。

2005年11月，韩国江陵申报的“端午祭”被联合国教科文组织正式确定为“人类传说及无形遗产著作”。对于韩国申报“端午祭”并取得成功一事，有人不无忧虑地说，有着悠久历史的端午节是中国的传统节日，如果国外申报成功，我们该有多么尴尬？我们还有何颜面去见列祖列宗？然而，也有人表示，无形文化遗产是全人类共享的财富，我们的文化传统被别国认同并非坏事，韩国申遗成功对我们的端午文化不会有什么冲击。

（2）2006年5月20日，国务院公布了第一批国家级非物质文化遗产名录，共计518项，涵盖了民间文学、民间音乐、民间舞蹈、传统戏剧、曲艺、杂技与竞技、民间美术、传统手工技艺、传统医药、民俗等方面，包括春节在内的传统节日也列入了国家非物质文化遗产名录。

为了加强对传统节日的保护，中宣部发布了《关于运用传统节日弘扬民族文化的建议》，要求突出传统节日的文化内涵，精心组织好重要节庆活动，特别要组织好春节、清明节、端午节和中秋节等最具广泛性和代表性的节庆活动。

（3）近年来，圣诞节、情人节和愚人节等“洋节”吸引着越来越多的都市年轻人，与之相比，端午节、重阳节、清明节和中秋节等中国传统节日则受到冷落。在部分中国人逐渐过起了“洋节”的同时，世界各地却掀起了“中国文化热”：中医在韩国是富人才能享受的服务；儒家礼仪在日本、韩国以及新加坡被广泛学习和应用；来少林寺学习中国武术的国际学生越来越多；中国戏剧在国外的舞台上赢得了愈来愈多的鲜花和掌声。

（4）非物质文化遗产是指被各群体、团体和个人视为文化遗产的各种实践表演、表现形式、知识和技能及其使用的工具、实物、工艺品和文化场所。各个群体和团体随其所处环境、与自然界的相互关系和历史条件的变化，不断使这种代代相传的非物质文化遗产得到创新，同时使他们自己具有一种民族认同感和历史感，从而促进了文化多样性和人类创造力。非物质文化遗产包括以下五方面：一是口头传说和表述，包括作为非物质文化遗产媒介的语言；二是表演艺术；三是社会风俗礼仪、节庆；四是有关自然界和宇宙的知识和实践；五是传统的手工艺技能。

（5）河南省首届“文化遗产日”于2005年11月26日至27日举办，郑州、开封和洛阳等6个城市的70处历史文化遗址和旅游景点免费向群众开放，并举办多个珍贵文化展览、文化遗产知识讲座和文物鉴定等活动。据统计，共有460万人参加了为期两天的遗产日活动。

国务院决定，从2006年起每年6月的第2个星期六为中国的“文化遗产日”，首个“文化遗产日”的主题为“保护文化遗产、守护精神家园”。6月10日当天，具备开放条件的全国各级文物保护单位、博物馆、纪念馆等免费对公众开放，营造全民参与保护文化遗产的良好氛围。

（6）据报道，电影《无极》剧组在云南天池进行的拍摄活动，对天池造成了一定程度的生态破坏，环保总局已责成云南省环保局对剧组的行为进行处罚。另有媒体称，《无极》剧组两年前拍摄外景时，造成圆明园部分树木枯死，而天池、圆明园已被联合国教科文组织列为世界自然与文化遗产。

（7）1987年，人民教育出版社出版的全日制十年制学校初中语文教材第六册《隆中对》一文，对篇名做了如下注解：“节选自陈寿的《三国志·蜀志·诸葛亮传》，篇名是后排的，隆中，山名，在现在的湖北襄樊”，1998年修订初中教材时取消了该篇文章。2000年3月，时任襄樊市（今襄阳）市长的罗光平决定由市教育局牵头完成《隆中对》重列教科书计划。2001年，此文经“全国中小学教材审定委员会”的专家开会讨论，最终形成提案，并通过在武汉的全国政协常委提交到了全国政协九届四次全体会议上。2001年，此文经全国中小学教材审定委员会审查通过，又入选2003年春开始使用的初中教材。2003年8月16日，河南省南阳市万名群众自发组织了“捍卫历史、尊重事实，诸葛亮南阳躬耕地万人签名”活动，并将签名送到人民教育出版社有关领导手中。有媒体报道，在现行的新课本中，《隆中对》对隆中的解释是“隆中，地名，现在湖北襄樊”，《出师表》对南阳的解释是“南阳，地名，诸葛亮隐居的隆中在东汉时属南阳郡”。

（8）日前，原文化部副部长周和平透露，国家有关部门将制定有关大量物质文化遗产名录的管理办法，包括制定保护规划，建立保护档案，用文字、图案、多媒体等多种手段来建立档案。他还说，对于非物质文化遗产的传承，各级政府也要制定保护办法。另外，有些学校还要开设相关专业，来传承这些文化形式。同时，各级财政还要逐步地加大投入，建立奖惩机制。

（9）改革开放前，我国文化艺术保护采取了单一的国家计划经济的保护方式，其特点为国家统一规划、统一领导、统一步调，国家财政统包，人员、资金、物资充分统配。从20世纪50年代到80年代，我国初步建立了覆盖全国的文化网络，但在计划经济模式下，单纯由国家事业性投资的单一机制在新的历史条件下已使国家财政愈加不堪重负，而文化艺术事业由于得不到足够的资金支持，日益面临生存的危机。

（10）我国拥有极其丰富的无形文化遗产，分布在全国各个角落的戏曲剧种就有近300余种，有据可考的音乐已达8 000余首，仅中国艺术研究院音乐研究所就收集各民族传统乐器1 800余种，收集各民族的民歌、器乐、歌舞、说唱、音像资料7 000小时，各历史时代乐书乐谱150 000册，有关音乐与乐器的图片4 000余幅。

（11）据报道，2006年的两会上，经与会代表起草的一份“关于建议将清明节、端午节和中秋节纳入我国法定假日”的议案，得到多名代表附议。据与会代表介绍，中国香港和中国澳门已将春节、清明节、端午节、中秋节和重阳节五大传统节日列为假日。

（12）《人民日报》2003年8月12日刊登的一篇文章称，联合国教科文组织世界遗产委员会将中国北京的十三陵作为明清皇家陵寝，列入《世界遗产史录》之中。消息传来，在国内掀起一股不小的申报世界遗产和全国重点文物保护单位的热潮。据悉，此次明孝陵申报世界遗产的成功极大地调动了金陵人“申遗”的热情，他们把目光再次瞄向南京明城墙。政府表示将出重拳整治南京明城墙边乱建的问题，切实做好明城墙风光带的建设和保护，直到它符合申报“世遗”标准为止。

（13）世界遗产资源是中国旅游业发展的重要资源基础，随着世界遗产在全国各地分布数量的逐步拓展，一批新兴的国际、国内旅游目的地正在逐渐崛起，像丽江、张家界、平遥和九寨沟这些旅游目的地，十几年前在中国还非常冷门，如今已享誉海内外。

（14）据《中国新闻周刊》报道，少林寺与深圳卫视合作的“中国功夫之星全球电视大赛”近日在北京启动，这次电视大赛将以全新的视角向世界展示中国功夫的魅力，将推出新一代中国功夫的掌门人，获奖者将在电影《新少林寺》中出演角色。据说，少林寺正在以巨大的热情投入这项“造星”运动中，试图打造一批武功好的年轻人进入影视圈，甚至好莱坞。

（15）关于文化遗产保护，最近出现一种“经营论”。其主要内容是：以市场手段去经营文化遗产，以经营所得的资金去保护文化遗产。最明显的例子是，在政府管理模式下，黄山原来一年的保护费仅200万元，而后来黄山旅游股份公司成立并上市后，黄山一年保护费高达2 500万元。

（16）具有几百年历史的北京城，从元朝起就形成了中、内、外三重格局，中心为紫禁城。紫禁城外围是皇城，皇城外面称内城，大体以北京二环路为界。自民国初年皇城城墙被拆除后，人们不断搭屋建舍，皇城渐渐在人们记忆中消失。

2001年，北京市在南北河沿大街、晨光街、东长安街和平安大街之间的东皇城根遗址上，建立了皇城根遗址公园。公园长2.4千米，宽2.9千米，选取左安门、五四路口、四合院、中法大学、南端点和北端点等历史文化节点，运用恢复小段城墙，挖掘部分墙基遗址等手段，部分展示了皇城的面貌。皇城根遗址公园唤起了人们对北京皇城的回忆，展现了丰富的文化内涵，同时也极大地改善了交通状况，提高了周围的居住条件，改善了周边的环境，成为北京旅游的一个亮点。

（二）申论要求

（1）用不超过250字的篇幅，概述给定资料提供的信息。（25分）

要求：概括准确、表述简洁。

（2）根据给定资料相关信息，用不超过150字的篇幅，试对给定资料中画线部分所列现象的原因进行分析。（15分）

要求：表述准确、文字简明。

（3）给定资料探讨了我国文化遗产保护中的几对矛盾问题，请用不超过150字的篇幅归纳出这些矛盾。（20分）

（4）假如你是政府有关部门的公务员，请就上题中的某一对矛盾，自拟题目写一篇议论文。（40分）

要求：观点鲜明、分析透彻、论述翔实、对策合理，字数控制在800～1 000字。

二、结合所学专业，按照毕业论文（或毕业设计报告）写作的要求，选取有现实意义或学术价值的课题，撰写一篇毕业论文（或毕业设计报告）。

三、根据自己的实习经历，撰写一份实习报告。

四、结合你所学的专业，按照学术论文写作的规范和要求，选取有现实意义或学术价值的课题，撰写一篇学术论文。

第五章

职场规划文书

学习目标

职场规划文书是求职者为了谋求职业，进行自我推销以进入职场或进入职场后为了全面地展示自己而使用的文书。本章主要介绍求职信、个人履历、竞聘演说词、就职演说词和述职报告的写作知识。通过学习，使学生掌握职场规划文书的写作方法与技巧，帮助学生顺利进入职场，并在职场中更好地展示自己，谋求发展与进步。

第一节 求职信

知识要点

- 求职信是求职者为了谋求某一岗位的工作或职务而写的一种专用书信
- 求职信具有针对性、自荐性和简要性等特点
- 求职信的正文一般包括求职缘由、基本情况、目标与条件、愿望和要求四部分
- 写作求职信时，要求正确定位、实事求是、立意新颖、注重文面

一、求职信的概念

求职信，是求职者为了谋求某一岗位的工作或职务，向相应的领导申述自己的能力、特长和愿望等，恳求录用的一种专用书信。

二、求职信的特点

求职信具有以下三个方面的特点。

（一）针对性

求职者写求职信是为了找到一份适合发挥自己专长的工作。因此，求职信必须针对求职者本人的专业实际，针对本人的特长和兴趣，阐明求职的理由和道理；同时，必须针对用人单位的用人需求，阐明用人单位之所需正是自己所具有的，并且要针对接受、阅读求职信的人的心理，揣摩他对求职者的具体要求和心态、兴趣等，有的放矢地去写作，以求求职成功。因此，求职者在写求职信之前，必须对用人单位做深入的了解，对用人单位具有招聘权的领导对人才的爱好和兴趣做深入的了解，然后对照自己的专业、特长等，做到知己知彼、胸有成竹，才能求职成功。总之，求职信必须具有很强的针对性。所求之职，必须是自己可以胜任，能满足自己专业爱好和兴趣的；同时，自己又能适应和符合用人单位之所需和具体要求。求职者不针对用人单位之所需，就是无的放矢和一厢情愿；不针对自己的专业特长和优势，就是缘木求鱼，就会一无所获。

（二）自荐性

求职者希望凭借求职信将自己介绍给用人单位，以达到被录用的目的。在此之前，双方可以说是素昧平生、互不了解。因此，求职者必须在求职信里全面、深刻地向用人单位恰如其分地推荐自己，以便用人单位通过求职信全面地了解自己之“才”、之“能”和求职之“诚”，从而达到自己的求职目的。

求职者在推荐自己时，应着重从三个方面入手：一是自己的外在条件或基本条件，重在介绍自己的年龄、性别、学历、工作经历、职称、职务、著作、发明创造和特长等，这是求职者的外在“门面”，也是求职者必要的自荐条件。二是求职者的内在条件。它是对求职者外在条件的补充说明，也是求职者与其他同等条件的求职者相区别的重要标志。这是求职信的核心部分，主要向用人单位表明自己有专业知识和工作经验，有专业技能和成就，有与专业要求相符的特长、兴趣、爱好及有关能力。它重在说明求职者能帮助用人单位解决急需的困难和问题，能独当一面地工作，能完全胜任招聘岗位对能力的要求。三是求职之诚。求职信要充分袒露出对用人单位的敬慕与向往，就是态度要诚恳，内容要实事求是、言而有信，优点要突出、缺点不隐瞒，恭敬不拍马、自信不自大。只有这样，才能取信于用人单位。

（三）简要性

求职者在介绍和举荐自己时，内容要力求简明扼要、简洁生动。如果说求职信的内容反映了求职者的真正实力，那么求职信的结构和语言表达就可以说是求职者实力的包装，它给用人单位留下的是第一印象。因为现代社会生活节奏紧张，时间宝贵，所以，求职信篇幅不宜太长，以 1～3 页，1 500 字以内为好，最多不要超过 2 000 字。过长会使人厌烦，也说明求职者的组织能力、概括能力不强；过短会显得不严肃、不认真，也显示求职者缺乏诚意，给人印象不深。如何在有效篇幅里准确表达自己的意思，需要求职者在组织结构和语言表达上仔细斟酌，下一番功夫。

求职者要做到简要性，必须做到以下三点：一是结构要层次分明。求职信要尽可能根据内容需要安排层次，使层次清楚、段落分明，让人一看就知道说了哪几方面的内容。二是内容要重点突出、语言简洁。求职信要尽可能突出主要内容，并且要力求多用短语，避免冗词和陈词滥调，少说空话、废话、套话。三是语言要表意准确。求职信一定要仔细推敲，用尽量简练的语言，尽量准确地表达自己的求职愿望，使对方能完全了解自己的意图和想法。因此，求职信一定要精心构思、仔细安排、反复推敲，真正做到“简要”，才能收到良好的效果。

三、求职信的种类

根据求职者身份的不同，求职信可分为毕业生求职信和社会成员求职信。

（1）毕业生求职信。毕业生求职信指大中专毕业生向用人单位或相应单位的领导细诉自己的专业、能力、特长和愿望等，谋求某一岗位的工作或职务并请求录用的一种专用书信。

（2）社会成员求职信。社会成员求职信指失业、下岗待业或停薪留职者及希望转换工作岗位的社会成员，以个人名义向有关企事业单位申请某一岗位的工作或职务的一种专用书信。

毕业生求职信和社会成员求职信在写作格式与写作要求上没有太大差别，但内容侧重点有所不同。对于毕业生求职信，因为求职者在工作经历上还是一片空白，所以求职者应从现有条件、发挥潜能和对工作的快速适应等方面来介绍自己；而社会成员求职者因有一定的工作经历，所以更应该突出自己的工作经验、工作成绩以及独立解决问题的能力，求职的针对性更强一些。

四、求职信的结构与写法

求职信基本属于书信的范畴，在内容架构上应当符合书信的一般要求，主要包括称谓、正文、致敬语、署名和日期、附件五个方面。

（一）称谓

称谓要求严肃、正规，要有礼貌。所谓严肃、正规，就是要称呼对方的职务。所谓礼貌，就是称谓要体现出对对方的尊重。例如，对行政事业单位的领导，一般用“尊敬的处长（或局长等）”称呼；对企业的领导，则用“尊敬的××董事长（或总经理、厂长）”称呼；对大学校长或人事处长，则称为“尊敬的××教授（或校长、处长、老师）”。最好不要用“××老前辈”“××师傅”“××同乡”等不正规的称呼，称谓切忌过分亲昵或冒昧，以避阿谀或唐突之嫌。

（二）正文

这是求职信的核心部分，一般包括以下四方面的内容。

1. 求职缘由

求职信的开头求职者应开门见山地表达求职意图，阐述求职缘由，使求职信主题明确，引起用人单位的注意。开头用语应简明、直切主题，切忌东拉西扯，让人摸不着头脑。求职缘由应从三方面入手：一是说明求职信息的来源渠道，以使自己求职师出有名、理由充足；二是表明对用人单位的敬慕、热爱，为自己求职寻找理由，拉近和用人单位的距离；三是阐述自己的人生理想与所求岗位是吻合的，所求岗位可以充分发挥自己的聪明才智与专业特长，为自己求职寻找最充足的理由。

2. 基本情况

这是求职信的重点，应着重写明两方面内容：一是本人的年龄、性别、学历、职称、专业、技术和特长等基本情况；二是求职者基本情况之外的独特情况，如工作成绩、工作经验、外语水平、电脑等级、社会关系和敬业精神等。这些可以增加基本情况内容的厚度与深度，使用人单位更全面、深刻地了解求职者自己，为录用打下一个良好的基础。在介绍基本情况时，求职者要针对岗位要求，重点阐述自己具有岗位所要求的专业知识和工作经验，有专业技能并取得过成就，有与岗位要求完全相符的特长、兴趣、性格和有关能力。但基本情况的介绍必须要突出主要条件，简明扼要，同时要实事求是，不能弄虚作假和捏造。

3. 目标与条件

有的用人单位在招聘信息中并没有明确写明所招聘的岗位，或是对岗位所应具有的条件非常模糊。因此，求职信里一般应明确说明求职者所求的具体岗位，并对岗位所应提供的工作条件谈出明确的想法。同时应简单阐述自己对工作的具体设想及所能达到的目标，以获取对方的信任。然而应注意，求职者在谈条件时，应切合实际、态度委婉，切忌语言生硬或盛气凌人；在谈工作目标时，应简明扼要、中肯实际，切忌夸夸其谈，态度随意。

4. 愿望和要求

求职者的基本条件只是求职的硬件条件，愿望和要求则体现了求职者的诚意和诚信，因此，要充分地表达出自己的求职愿望和要求。就愿望而言，求职者要表明希望成为用人单位一名员工的热切心情，期望对方给予一次面试的机会，或者是希望对方试用，以观察自己的工作能力，留下进一步发展的机会。为表明诚意，求职信上一般需注明求职者详细的联系方式，以便联系。就要求而言，求职者一般要比较策略地对个人追求的职位标准提出切合实际的要求，所提要求既要考虑自己，也要考虑对方的实际情况，要求必须合情合理，并且适当地留有余地。求职者叙述愿望和要求时，要语言得体，不张狂、不乞求，落落大方、不卑不亢。无论是表达个人的愿望还是提出善意的要求，求职者都要动之以情，表达诚恳，使对方乐于接受，切不可恃才自傲，给对方规定义务或限定标准、时间，甚至要挟对方，这都是求职中错误的做法。

（三）致敬语

求职信正文结束后，求职者可以像写其他书信一样，在正文下一行空两格写“此致”，再下一行顶格写“敬礼”。这是一般通用的致敬语写法。除此之外，求职者也可以用另外一些祝词表示敬意和祝愿，如“祝贵公司兴旺发达”“顺致安康”“深表谢意”等。

（四）署名和日期

署名是求职者将自己的姓名告知用人单位的一种表达形式，在正文后右下方署名即可，如“求职人：×××”。署名的下一行写求职信的完稿时间。

（五）附件

在求职信的后面一般都要求附有效证件，如学历证、学位证、职称证、身份证、获奖证书以及简历、近期照片等，附件有说明和证明的作用，方便招聘单位审查。

五、求职信的写作要求

（一）正确定位，确定求职目标

在市场经济条件下，虽然岗位竞争非常激烈，但虚位以待的岗位非常多。要求职成功，关键是求职者如何准确地定位自己。面对条件、要求、待遇不尽相同的岗位，求职者要调整心态，冷静而客观地进行选择。正确定位，选择和自己条件最相近的岗位，是求职成功的另一关键所在。因此，写作求职信时，求职者一定要明确自己的基本条件，自己的优势与劣势，坚持从实际出发，根据社会需要、岗位要求和个人的专业、能力情况，谋求与之相符的职位或职务。在介绍自己时，求职者要做到不卑不亢、恰如其分，切忌孤芳自赏，为谋求高职而过分地炫耀自己的才干，这样做既令人生厌，也会损害自己的信誉，产生适得其反的结果；但也不能为了求职成功，而过分地贬低自己，寻求对方的同情，这同样会引起对方的反感，产生不放心、不信任的感觉。

（二）实事求是，突出自己的优势

求职者要想求职成功，除准确地定位自己以外，还需要在求职信中实事求是地介绍自己，并突出地介绍自己之“才”、之“能”，突出自己的优势，给对方留下一个深刻而良好的印象，以使求职成功。所谓实事求是，就是求职者所介绍的自己的基本条件必须与事实完全符合，不能为了谋求理想的职务或职位，随意地夸大自己的专业特长和在某个领域取得的成绩，更不能弄虚作假，用假学历、假职称等去骗取对方。

面对相同的岗位，同一层面的求职者的基本条件差别并不大。求职者要在众多外在条件基本相当的求职者中脱颖而出，必须突出自己的内在优势，做到与众不同。例如，同样是硕士学位，但重点突出你的留学生涯，则表明你熟悉外语和国外生活环境，将来可担负起开拓海外市场的重任；同样是汉语专业毕业生，你可附上发表的文章及出版的论著，表明你有较强的写作能力，可以胜任对写作能力要求较高的职务。因此，求职信既要实事求是地介绍求职者自己的基本情况，又要尽量突出自己的优势，突出别人所不具备的条件，这样才能在激烈的求职竞争中获得理想的结果。

（三）立意新颖，务必以情感人

求职信的最终目的是在求职者和用人单位之间架起沟通的桥梁，以达到求职目的。因此，求职信首先必须富有个性、标新立异，即不拘泥于通俗的写法，立意新颖，以独特的语言和多元化的思考方式给对方以强烈的印象，并引起对方兴趣。一封求职信无论多么完备，如果吸引不了对方的注意，则一切枉然。当然，标新立异不是“满纸荒唐言”、胡言乱语、故设玄关、乱出风头，而是指要精心策划内容，语言要新颖、独特，富有鲜明个性特色，体现出求职者与众不同的独特品位。

其次，求职信要富于感情色彩，以情感人。求职信富于感情色彩，语言有情，会有助于交流思想，传递信息，感动对方。求职信表达感情是多方面的，可以适当地对用人单位表达仰慕、赞誉之情，给用人单位以善解人意的好感；可以对阅信者恰当地表示尊敬、理解甚至仰慕，使其受到感染，然后陈述本意，使其欣然接受；也可以用富于激情的语言，中肯地指出用人单位的某些不足，充分地阐述心愿、展示才智、直抒情怀和勾画形象，以才情令其心折，以设身处地为对方着想令其心动。

（四）注重文面，力求形式完美

求职信要十分注重文面，因为它既是文章的“门面”，也代表了求职者的形象。只有文面精致、形式完美，才能吸引读者，并给对方留下美好的印象。

一封求职信，单就文面而言，如果字迹工整、漂亮，字形有体，行款格式合乎规范，清洁整齐，就会留下良好的印象，使人产生探索内容的冲动，若再文笔流畅、表意准确、感情丰富，必然会产生意想不到的效果。其次，从文面还可以判断求职者的工作作风、固有性情、日常精神状况、对工作的认真态度以及立身处世态度，结合内容，就可判断出求职者的个人修养与文化素质。因此，文面整洁、内容优美以及求职条件的优势，必然会给对方留下良好的印象，使求职愿望变成现实。

求职者写求职信时，还应注重一些细节。书写时最好使用钢笔或毛笔，不能用红笔和铅笔。因为在国外红笔书写表示绝交，铅笔书写表示对人不尊重。如果字写得不好，最好打印以“藏拙”。另外，不要选择太黄、太薄、太糙的信纸。书写完毕，求职者要仔细检查，确定没有错别字、重漏字和标点符号错误，力求做到文面整洁，形式完美。

例文

求职信

尊敬的领导：

展笺愉快！

蒙您垂爱，在百忙之中为我开启了成功的大门。在此，非常感谢您给予我展示自我的舞台和施展才华的机会！

在这人生宝贵的大学四年中，我系统地掌握了商务英语的有关知识，具备良好的英语听、说、读、写、译等能力，已顺利通过大学英语 6 级和专业英语 4 级，现正积极准备专业英语 8 级考试。另外，由于对会计学的酷爱和迎接日益激烈的竞争和挑战，我又加修了第二专业会计学，已熟练掌握会计学专业的相关知识与财务软件操作技能，对会计、税法和经济法具有浓厚兴趣。此外，我能熟练操作 Office 办公软件，熟悉网络和编程，已获全国计算机二级证书。大学期间，我学习刻苦认真，取得了优异成绩，连续三年获综合和专业奖学金。

大学四年，我积极参加学校和社会各种实践活动，曾担任学校文学社的秘书部部长和摄影协会的组织部部长，参与策划了学校元旦晚会、迎新晚会等，参与组织了摄影协会的野外实习活动，受到院系领导的好评。我注重各方面能力的培养，曾两度任初中学生的家教，实习推销家用电器，在报社当实习记者等。学生工作使我有了较强的组织协调能力和团队合作精神，实习工作培养了我吃苦耐劳、积极进取的工作作风，而知识的积累让我满怀希望和信心。

我为人谦和大方，乐于助人，充满活力，富有幽默感；具有良好的团队协作精神和集体主义荣誉感；工作认真负责，做事细致严谨，富有责任感；生活态度积极乐观，坚韧向上，对生活和工作充满了热情和信心。

贵公司管理有方，实行人才、信誉并重的方针，尤其能选贤任能，人尽其才，因此办事效率高，人际关系融洽，上下员工团结，工作氛围和谐，无论是科研，还是生产，都搞得生气勃勃、有声有色。今年上半年在贵公司实习期间，我对此深有感受。我想，在如此和谐、团结、宽松的环境里工作，不仅会心情愉快，而且会早出成果，不断进步。

正所谓学以致用，大学四年所学就是为了能在实际的工作中得到运用和发挥。我深知贵公司是人才济济的单位，像我这样一个刚要走出校门的学生想挤占一席之地，是相当困难的。但我坚信自己有信心、有能力叩开贵公司的大门。如果贵公司选择了我，不管她是贫穷还是富有，顺境还是逆境，我都将投入全部的热情，与她风雨同舟，荣辱与共！即使贵公司认为我还不符合条件，我也将一如既往地关注贵公司的发展，并在此致以最诚挚的祝愿，恳请回复！

此致

敬礼

×××

××××年×月×日

第二节 个人履历

知识要点

- 个人履历是求职者向用人单位证明自己具备某种工作资历与条件的一种文书
- 个人履历具有完备性和条理性等特点

- 个人履历的正文一般包括基本情况、教育背景、工作或实践经历、个人兴趣特长和获奖情况五部分
- 写作个人履历时，要真实、全面、重点突出，语言准确、简练、版面设计美观大方

一、个人履历的概念

个人履历又叫个人资历表，是求职者、员工在求职或转换工作过程中向用人单位/部门证明自己具备某种工作资历与条件的一种文书，一般采用表格形式。

二、个人履历的特点

与求职信相似，个人履历的本质也是旨在证明求职者具备某些资历，也是一种自我促销，写得成功与否，直接影响应聘求职的成败。因此，从某种程度上讲，个人履历和求职信有着相同的写作目的和写作特点。然而，作为一种独立的文书，个人履历和求职信也存在一定的差异，具有一些自身独有的特点。

（一）完备性

完备性是个人履历最主要的特点。一份完备的个人履历，其实就是一份完整的个人档案。和个人履历相比较，求职信虽对资历的要求更强调针对性，要求职者针对用人单位的具体要求去写作，要有选择地去介绍自己的资历，重点是介绍自己的优势条件，以达到求职的目的。

（二）条理性

完备性是指个人履历的完备，而条理性则是指表达方式上的要求。求职信是用文章形式来表述，而个人履历通常用表格形式来表述，因此，更要求把个人的爱好、兴趣和特长等分门别类地进行表述，条理清楚、表述准确，阅读后能够让人一目了然地了解你的实力，发现你的优点，从而录用你。

三、个人履历的种类

个人履历可分为一般性的个人履历和有针对性的个人履历。

（1）一般性的个人履历往往可以发给任何一个招聘单位或者求职者暂时还不确定的、

潜在的雇主。因此，这种履历要求写得比较全面，求职者要在个人履历中全面地介绍自己特长、优势、爱好和兴趣等。这种履历能否在求职中奏效，全凭用人方对你的资历是否感兴趣而定。

（2）有针对性的个人履历是求职者在看到某招聘广告或者通过某种渠道了解了某单位对用人的需求后，认真分析自己，在一般履历的基础上，将自身所具备的与招聘岗位所要求的部分尽可能地作重点说明。例如，一个应聘的工程师，在履历中必须针对应聘岗位的要求，详细地说明自己所掌握的专业、技能，如熟悉计算机应用，自己以往在相关工作中的突出成就，如曾参加过某项目的开发，该项目的用途、效果及自己在其中起的作用或贡献等。这类履历发出后，求职者往往要积极主动地跟踪对方的反馈或态度，了解自己是否符合条件，以便争取面试机会。

四、个人履历的结构与写法

个人履历一般采用表格形式。这种形式层次清晰、一目了然，被广泛采用。

个人履历是个人资历的简介，写作上可因人而异，没有万能的格式可以套用。然而，一份完备的个人履历从形式上看，包括封面与正文两部分。

（一）封面

封面是个人履历外在的包装，它一般要反映出个人姓名、毕业学校、专业和联系方式等主要信息。它的内容虽然不多，但是它是个人履历的脸面，因此在排版时一定要版式精美，设计精致，注意字号、字体的选择要恰当，颜色的选择要适宜，图案和文字的搭配要相映成趣，整个封面的布局要大方得体，亮丽而不俗艳，合理而不杂乱，要有一定的创意，能引人入胜，给用人单位留下良好的第一印象，使他产生想了解你的强烈愿望，从而去仔细地阅读你的个人履历。

（二）正文

一份完备的个人履历的正文的基本架构，一般而言应该包括以下五个方面。

1. 基本情况

基本情况，即姓名、性别、年龄、民族、政治面貌、身高、体重、健康状况、婚否、主要社会关系、联系地址、邮编、电话和 E-mail 等。

这部分内容可给用人单位或雇主对自己的身份留下最初的印象。以往，个人履历中这部分内容一直是必不可少的。而今，随着社会的发展和观念的转化，许多履历开始淡化或者省略这部分内容，因为用人单位或雇主首先关心和需要了解的往往是求职者的受教育背景、工作经历、经验、兴趣和特长等。

2. 教育背景

教育背景包括就读学校、所学专业、所获的学位、开设的重要课程、学习成绩及相关的特殊训练、各类证书等。

在求职过程中，一些刚出校门、初次步入社会的求职者，对所应聘的工作并没有太多的相关工作经验。还有一些求职者对所应聘岗位的相关工作经验非常有限。在这种情况下，求职者可以考虑在履历表上列出自己曾经学习、进修过的与应聘工作、职务直接相关的专业课程。通过强调说明所学课程、所具有的教育背景，证明自己在某专业领域上具有相应的能力。同时，通过教育背景的阐述，可以让用人单位迅速地判断求职者的学历背景，以及与应聘工作的关联性，从而决定取舍。

3. 工作或实践经历

工作或实践经历包括求职者实习、打工、在有关单位曾担任的工作、参加过的社会活动、兼职等内容。

目前，许多招聘单位和雇主更愿意招聘具有实践经验的人员。这时，有无工作经验就成为录用人员的第一要求，因此，求职者在撰写履历时，就应该认真简述自己所从事的各项工作，努力挖掘自身在这方面真正具有的实践经验，尽可能把握每一个机会，突出自己的经验和能力，增加录取的概率。

大学生一般都没有正式的工作经验，但常利用假期等空闲时间勤工俭学、兼职或参加各类性质的社团活动，个人履历上可充分提供自己的打工经验、社团经验信息，说明自己担任的职务、组织的活动以及特长和经验等，供用人单位参考。这些经验可能是短期的、幼稚的和不成熟的，但可或多或少地突出自己的特性，展现自己的组织能力、协调能力、管理能力和团队精神等，所以，会在一定程度上帮助大学生求职成功。

4. 个人的特长

个人专业技术特长和一般特长包括外语、计算机、普通话、写作和组织等能力掌握情况与其他特殊的能力情况。在个人专业背景相同的情况下，某方面的特长会突出求职者的优势，帮助求职者取得求职的优势。例如，两个人毕业的学校、所学专业完全相同，专业成绩相差无几，但如果一个人有多种语言能力，就说明他能胜任多种语言环境下的工作，从而会帮助他在求职过程中取得一定的竞争优势。

5. 获奖情况

获奖情况代表了求职者在过去某一个阶段在某一方面曾经很优秀，是对求职者过去经历的一种肯定，因此也会增加求职者的求职筹码。

个人履历是表格式的，在写作上有一定的局限性，它只能表现出求职者的个人履历，但是表达不出求职者的求职愿望与心情，表达不出求职者的个人品质。因此，在制作个人履历时，求职者可以适当地加入个人评价、人生理念等内容，以方便使用人单位全方位地了解求职者，帮助求职者走进用人单位的视野。然而，上述内容在表达时一定要简要，切忌长篇大论，要符合个人履历的制作风格，有机地融入个人履历中。

五、个人履历的写作要求

在实际写作中，求职者如果能把握好以下七方面的写作要求，就可以写出一份能全面反映个人经历、令人印象深刻的履历。

（一）真实

个人履历最重要的一点，就是内容真实，即如实地记录和阐述求职者自我经历，使招聘单位从中产生信任。在现实社会中，任何一个重视人才的企业都视应聘者的诚实为最基本的要求。另外，招聘单位的人事经理或负责人都有丰富的阅历和鉴别材料的能力，任何夸大其词的过分渲染或遮掩隐瞒终究会露出破绽，何况还有面试一关。在现代信息社会，很多个人的信息是公开的，也是非常好查证的。因此，个人履历代表了一个人的品质，虚假的履历表示求职者的诚信出了问题，在一个日益重视诚信的社会里，最终会搬起石头砸自己的脚。

（二）全面

个人履历的作用，在于使一个对求职者完全不熟悉的陌生人在很短的时间内了解求职者的基本情况，因此，求职者在写作中要特别注意内容的全面和完整，使招聘单位在短时间内尽可能地对自己有较全面的印象。同时，求职者还应该考虑不同企业的性质，采用中外文对照的形式，也可以附上个人的照片或照片复印件、有关证明文件的复印件。最后有一点千万不能忘记，就是各种联系方法和个人对工作的期望，以便有意向的用人单位能及时迅速地联系到你，也为防备因联系不畅而造成与自己心仪的职业失之交臂的遗憾。但全面不是要把求职者所有的情况都写上去，应平均分配笔墨，不突出重点。过分地追求全面与面面俱到反而会淹没闪光点。例如教育背景，有求职者把中学的学习经历也写上去，这就完全错误了，除非求职者的中学学习经历有什么闪光点，否则，中学的学习经历不必出现在个人履历中。

（三）重点突出

由于不同的企业、不同的职位有着不同的要求，所以写作时求职者必须对这方面进行事前的分析，有针对性地进行设计和准备。个人履历虽然涉及求职者个人的方方面面，以求给人一个总体的印象，但也非面面俱到、不分主次，而是应该根据企业和职位的要求，根据自身的强项，巧妙地突出自己的优势，也就是将最能表现自己能力的地方，作为整份履历的点睛之笔。唯有如此，方能给人留下鲜明深刻的印象。突出的重点部分，应该写得不落俗套，具有说服力，且又合情合理。

（四）自我评价客观公正

求职者在个人履历中介绍自己时，一般会很自然地涉及自我评价。用人单位在选择众多的优秀人才时，除了重视学历、知识、技能外，更注重一个人诚信的良好品行，重视人才是否具有良好沟通能力和合作的精神。个人评价只有既不妄自尊大、不夸夸其谈，也不妄自菲薄、过度谦卑，才能博得用人单位的好感和信任。因此，自我评价时求职者应努力做到客观公正，注意评价的语气要礼貌、诚恳、谦虚、自信。有时，适当地坦陈自己在某些方面的不足反而更能赢得好感。

（五）语言准确

求职者陈述自己经历时，要求用语准确、规范，文风平实、质朴，以叙述、说明为主，少用抒情描绘等文学性的语言或者引经据典的议论。另外注意不要出现病句和错别字。外文不要出现拼写和语法方面的错误。因为，一般用人单位考察应聘者的外语能力，就是从一份简要的履历开始的，千万不能因小失大。因此，一定要仔细地检查个人履历，精益求精，从小处着手，不放过一个细节，于细微处见精神。

（六）简练

首先，招聘人员每天要面对大量的求职履历，工作异常繁忙，加之大多数履历的内容、格式大同小异，所以一般是进行粗略的一次性阅读和筛选，每份履历所用时间不超过 1 分钟。如果履历过长，就会出现跳读，遗漏部分内容，甚至让阅读者缺乏耐心去完整细致地阅读。这种情况对求职者是很不利的。因此，履历要条理简洁、突出重点。其次，过于冗长的履历，反而会冲淡阅读者对主要内容的印象，还会给人造成这样一个印象：不善于概括，做事不干练，浪费他人时间等。因此求职者写作个人履历，要求做到言简意赅，对文字多作推敲，使表达流畅简练；对表格尽可能细化，不要有重复的内容。一份一目了然的简历会给用人单位留下美好的印象，有助于求职者的求职。

（七）版面设计美观大方

履历的版面设计也是写作中非常重要的一个因素。履历的版面如同人的脸面，往往给人“第一印象”。设计优秀的版面可以体现求职者的文化修养和美感、品位等基本素质。版面设计时，可以考虑以下几方面：排版端庄美观、疏密得当；字体大小适中；目录、正文主页标志明显；段落条理清楚；切忌设计过于花哨和排版密集急促。同时，注意颜色和款式与内容的搭配，要做到版面美观，款式大方，颜色适宜而醒目。

例文

个人简历

个人资料：

姓名：×××	性别：男	年龄：22
健康状况：健康	籍贯：××	政治面貌：××
学历：本科	系别：×××	专业：××××

知识结构：（以下略）

主修课：（以下略）

专业课程：（以下略）

选修课：（以下略）

实习：（以下略）

专业技能：接受过全方位的大学基础教育，受到良好的专业训练和能力的培养，在地震、电法勘探等各个领域有扎实的理论基础和实践经验，有较强的野外实践和研究分析能力。

外语水平：2020年通过国家大学英语四级考试，2021年通过国家大学英语六级考试。有较强的阅读、写作能力。

计算机水平：熟悉Windows 10操作系统和办公网络的基本操作。

主要社会工作：

中学班长、校学生会主席、校足球队队长。

大学班长、系学生会主席、校足球队队长、校园国旗班班长。

兴趣与特长：

喜爱文体活动、热爱自然科学。

小学至中学期间曾经进行过专业单簧管训练、校乐团成员，参加过多次重大演出。

中学期间，曾是校生物课外活动小组和校地理课外活动小组骨干，参加过多次野外实践和室内实践活动。

喜爱足球运动，曾担任中学校队、大学系队、校队队长，并率队参加过多次比赛；曾获“最佳射手”。

个人荣誉：

中学：校优秀学生、校优秀团员、校三好学生、校优秀干部、校英语竞赛一等奖。

大学：校优秀学生干部、2020 年国家奖学金获得者、2020 年励志奖学金获得者、2021 年度校十佳大学生。

主要优点：

有较强的组织能力、活动策划能力和公关能力，例如在大学期间曾多次领导组织大型体育赛事、文艺演出，并取得良好效果。

有较强的语言表达能力，例如小学至今，曾多次作为班、系、校等单位代表，在大型活动中发言。

有较强的团队精神，例如，在同学中有良好的人际关系；在同学中有较高的威信；善于沟通与协同作战，有较强的集体主义观念。

自我评价：

为人热情诚恳，性格活泼开朗、乐观向上，富有丰富的想象力与创造力；认真负责、坚忍不拔、吃苦耐劳、乐于奉献、办事严谨，有积极进取的精神；兴趣广泛、适应力强、勤奋好学、脚踏实地，勇于迎接新挑战。

求职意向：

可胜任××应用及相关领域的生产、科研工作，也可以从事贸易、营销、管理及活动策划、宣传等工作。

地址：（略）

邮编：（略）

电话：（略）

第三节 竞聘演说词

知识要点

➤ 竞聘演说词是竞聘（包括竞标、竞选）人为实现竞聘目的而发表演讲的讲稿

- 竞聘演说词具有竞聘条件的竞争性、施政方案的竞争性和演说技巧的竞争性等特点
- 竞聘演说词的正文一般包括竞聘缘由、竞聘条件、施政方案及愿望与态度四部分
- 写作竞聘演说词时，态度要诚恳谦虚，内容要实事求是、有的放矢

一、竞聘演说词的概念

竞聘演说词是竞聘（包括竞标、竞选）人为实现竞聘目的而发表演说的讲稿。

二、竞聘演说词的特点

竞聘演说词具有以下三个方面特点。

（一）竞聘条件的竞争性

竞聘或竞选某一岗位，成功的关键与否，是本身的条件和实力使然。因此，竞聘人要仔细地研究竞聘或竞选岗位所要求的条件，然后对照自己的条件，进行认真的分析、对比，找出自己的优势条件，列出自己的劣势条件。同时竞聘人要仔细了解竞争对手的基本情况。因此，在竞聘演说词中，一是竞聘人要对照竞聘职务所要求的条件，显示自己在德、才、能和胆识诸方面的优势；二是要对照其他竞争对手的条件，在演说词中显示自己独特的、别人所不具备的优势。对自己的劣势条件则点到为止，一笔带过或是坦诚地谈出自己弥补不足的决心，讲述不足是为了烘托优点。竞聘人只有在竞聘条件上具有很大的优势，才能在竞聘中立于不败之地，击败对手，获取胜利。因此，竞聘人要不断提高自己的素质，使自己的基本条件具有很强的竞争能力，同时在写作时要善于艺术地显示自己的优势条件。

（二）施政方案的竞争性

竞聘人要取得竞聘或竞选成功，除在竞聘条件上具有很大的竞争性外，还要针对竞聘的职务要求，写出符合客观规律的具有竞争力的施政方案。施政方案应从以下三个方面入手：一是工作态度要热情、饱满，热爱本岗位工作；二是工作目标要适度、先进，切合实际；三是工作方法、措施要适宜，具有针对性。因此，竞聘人一定要仔细地研究招聘单位所关注的热点、难点和近、中、远期目标，才能制订切实可行的施政方案，打动选民和招聘单位，使竞聘成功。

（三）演说技巧的竞争性

竞聘人的条件再优越，施政方案再完善，如果没有高超的演说技巧，优势就不能转化为胜势。因此，竞聘人必须研究演说的特点，掌握演说的技巧，把自己的优势巧妙地表达出来，才能转化为胜势。在竞聘演说时，竞聘人既要竞争，又要注意竞争策略；要研究群众和选民的心理，研究招聘决策人的心理，善于应用各种表达技巧，把自己的竞聘条件充分阐述；把施政目标、方法措施说得先进、科学和有效。同时，竞聘人要掌握演说的技巧，不卑不亢、充满自信、不显张狂、富于激情，能把握听众的心理，驾驭现场气氛，吸引听众的注意力，只有这样，才能把自己的竞聘条件和施政方案方面的优势转化为全面的优势和胜势，获得竞聘的成功。

三、竞聘演说词的结构与写法

竞聘演说词通常由标题、称谓和正文组成。

（一）标题

竞聘演说词的标题有三种写法：一是直接标明文种，如《竞聘演说》；二是公文式标题，由竞聘职务和文种组成，如《竞选科长职务的演说词》；三是新闻式标题，如《明明白白做人，实实在在做事——竞聘学校办公室主任的演讲词》。

（二）称谓

竞聘演说词的称谓有以下要求：一是有礼貌，通常在称谓前面加“尊敬”二字，表示对听众的尊敬；二是对听众的概括要全面，不要有遗漏。常用的称谓有“尊敬的各位领导、同志们”，“尊敬的各位评委、各位同事”“尊敬的女士们、先生们”等。

（三）正文

竞聘演说词的正文要说明以下几方面的内容。

1. 竞聘缘由

竞聘缘由部分要表达两个意思：一是要表达出竞聘人参加竞聘活动的心情；二是要表达出竞聘人对这一岗位的热爱。这部分要写得恳切、自然，要表达得诚挚、恳切。

2. 竞聘条件

这部分竞聘人要谈两个方面的条件：一是自己的基本条件；二是自己的优势条件。重点是谈优势条件，竞聘人要有针对性地阐明自己的竞聘实力。这部分要详略得当、重点突出，但不能弄虚作假。

3. 施政方案

施政方案里目标要先进可行，措施要恰当。通过施政方案，使评审人员及听众认同和接受竞聘人，从而达到竞聘目的。

4. 愿望与态度

愿望与态度要表达以下三方面内容：一是希望领导和群众能给自己一个机会，为大家服务；二是假如竞聘成功，要格外珍惜，努力工作，回报领导和群众的信任；三是假如不幸落选，要寻找差距，正视缺点，从头再来，迅速提高。

四、竞聘演说词的写作要求

竞聘演说词主要是为了达到竞聘或竞选某一职务的目的面作的，因此，它的写作质量，不仅取决于竞聘人的文字水平，也是其政治素养、理论水平、业务能力及个人形象等方面的综合反映，除了观点鲜明、内容充实、语言通顺外，还要注意以下问题。

（一）要诚恳谦虚，平和礼貌

竞聘人是通过现场演讲和答辩而实现被聘用目的的，只有给人以诚恳谦虚、平和礼貌的感觉，才能被认可和接受。因此，竞聘人在介绍自己的竞聘条件和施政方案时，要注意讲究语言的分寸，表达要生动，有风采，有激情，感情真挚，打动人心；在表达自己的应聘态度时，要态度诚恳，切不可狂妄自大、傲慢无礼、目中无人，要自信而不自大，以诚动人；在评价竞聘对手时，要战略上藐视，战术上重视，态度上尊敬，而绝不能通过贬低竞争对手的方式来抬高自己，这样只会适得其反，引起听众的内心反感。因此，诚恳谦虚、平和礼貌，是竞聘人必须具备的态度。

（二）要实事求是，明确具体

竞聘人在介绍自己的基本情况时，一定要本着实事求是的原则，对自己的德、才、能和识等方面进行介绍，不得随意夸大或虚假编造。在介绍施政方针时，工作目标要明确具体，不能含含糊糊、模棱两可；要切合实际，言而有信，不说过头话，不要开出超越自己能力和客观实际的“空头支票”，可适当运用模糊语言，留有余地。

（三）要调查研究，有的放矢

竞聘演说词是为竞聘某一岗位而作的。因此，写作前竞聘人必须深入实际，调查研究，仔细地了解情况，通过群众访谈、查阅有关资料等方式，弄清招聘单位的历史、现状，尤其是当前存在的难点、热点问题以及招聘人才的目的、要求等。竞聘人通过调查，找到写作的最佳切入点，以便有的放矢地写作，并在演讲中切中要害，战胜对手。

例文

竞聘校办公室副主任岗位的演讲

尊敬的各位领导、各位同事：

大家上午好！在这里，首先感谢组织给我这次参加竞岗、展示自我、锻炼自己的机会，并对在工作、学习和生活中一直给予我关心、支持和帮助的各位领导和同事表示衷心的谢意！

我在农村长大。师范学院毕业后，我成为一所乡镇中学的语文老师。由于刻苦勤奋，我被评为当时学校里最年轻的中学一级教师。9 年班主任工作的历练，培养了我温和敦厚的良好品性和吃苦耐劳的奉献精神，也锤炼了我谨慎细致的务实作风和较强的协调办事能力。

2007 年，我通过××省公务员考试进入党校工作，主要从事文字材料、信息报送等工作。这些年来，面对平凡而且琐碎的办公室工作尤其是文字工作，我总是鼓足干劲，从头学起，不向困难低头，不给问题让路，向领导虚心求教，和同事之间取长补短，自身的个人修养、写作能力和服务水平由此有了长足的进步。2009 年起，我连续四年获得校“先进个人”，2011 年和 2012 年还被评为校“信息工作先进个人”。

各位领导，各位同事！我深知，竞岗既是能力竞争、素质的比拼，也是对我几年来工作成绩的评判。经过反复考虑，我决定竞聘办公室副主任职位。个人觉得主要具备了三个方面的基本素质：

一是具备踏实肯干的工作态度。不管做什么工作，能力相同，态度不同，工作成效就会有很大的区别。几年来，我履行职责尽心尽力，加班加点无怨无悔，接受临时任务不讨价还价，不管是写一份材料、编一则信息，还是发一个通知、接一份传真，凡力所能及，就不会搪塞敷衍，更不推三阻四，做到了一切以学校利益为重，尽最大努力把事情干好。

二是具备勤奋刻苦的学习精神。对于文字工作，光有一定的写作功底是远远不够的，还要具备政治素质、党校业务知识和“三更灯火五更鸡”的吃苦精神。近年来，我坚持努力学习政治理论和党的路线方针政策，认真领会上级领导的讲话精神，提升了理论素养，坚定了理想信念。利用工作之余，我研读了《党校工作条例解读》《华尔街日报是如何讲故事的》《语法修辞讲话》等 10 多本业务书籍，两次参加全省党校系统文秘人员培训。在遇到不懂的问题时，我还虚心向教学科研和行政后勤部门的同志请教，提升了业务素质。

三是具备岗位需要的业务能力。5 年前，从中学教育教学岗位转而从事文秘工作，工作性质的变化对我来讲既是压力，更是动力。在领导交任务、压担子、开“小灶”的过程中，我从一个写作的“门外汉”，逐渐成长为一名文秘工作的“行家里手”。五年来，我参与起草或独立撰写的各类文字材料超过 150 篇，参与办会、接待 20 多次；在《半月谈》《学习时报》《应用写作》及市委的简报快讯等刊物上发表专题报道、信息和随笔评论等超过 200 条，写作能力有了较大的提升。特别是多次随领导外出督察、调研，使我学到了许多好的工作方法，办事协调能力也有了长足的进步。我深知，从一名“菜鸟”到一个合格的办公室文字秘书，离不开领导的点拨，离不开各位前辈的指点，也离不开同事们的帮助。

各位领导、各位同事，办公室是全校的中枢机构，位置关键；办公室副主任是个承上启下的职位，非常重要。假如竞职成功，我的工作思路是按照服务领导、服务教学科研工作、服务教职工的要求，外树形象、内强素质、找准定位、干出成绩，全力协助主任把办公室工作做得更好。

第一，务实进取、树好形象。以更高的标准严格要求自己，坚持务实的作风，老老实实做人，认认真真谋事，踏踏实实工作。带头尊重校领导的威信，尊重主任的领导和指导，尊重其他处室领导的协调，尊重各位老师和同事的创造，以自身良好的形象为校办公室增添正能量。

第二，增强素质、做好配角。我将把学习作为首要任务，不断增强自身的业务素质与能力，尽快适应新的岗位。努力做到干中学、学中干，特别是要在工作中提升执行力，带头抓落实，切实提高工作效率。找准定位，积极配合主任制定和完善处室相关规章制度，制作合理规范的工作流程，提升本处室的工作效能和服务水平。

第三，创新创优、干出成绩。按照我校建设全省“一流党校”的目标要求、创新思路和创优举措，打造一流的文稿、创造一流的业绩。想方设法地调动各处室同志的积极性，利用校园网、省委党校网和其他报刊、简报等阵地宣传党校打造教学、科研和服务三个品牌的做法，扩大党校的影响力。

各位领导、各位同事，“人生的价值，以其人对于当代所做的工作为尺度”，干好事业是我的不懈追求，请相信，在更高的平台上我会为党校做出更多的贡献！最后我要说，不管竞岗是否成功，我都将一如既往地做好自己的分内工作。

谢谢大家！

资料来源：《应用写作》2014 年第 1 期。

第四节 就职演说词

知识要点

- 就职演说词是就职者在竞选或竞聘某个领导职务成功后，在走马上任时所发表的施政演说
- 就职演说词具有态度上的诚恳性、目标上的求实性和工作中的进取性等特点
- 就职演说词的正文一般包括心情和谢意、纲领和工作、决心和展望三部分
- 写作就职演说词时，目标要明确，受众心理要理解，篇幅要适当

一、就职演说词的概念

就职演说词，是指通过竞选或竞聘后，新当选的各级政府官员、企事业单位的负责人，在走马上任时所发表的施政演说。上任者主要围绕未来的工作目标、施政方针向群众进行演说，以展示自己良好的工作形象，使群众更加透彻地了解自己未来的施政纲领，并在未来的工作中给予支持和合作。

二、就职演说词的特点

就职演说词是就职前的演讲，在写作上应紧紧围绕“就职”来写，要突出以下特点。

（一）态度上的诚恳性

就职演说词必须诚恳，演说者只有态度诚恳，才能拉近和群众的距离，树立自己良好的形象，获得群众的依赖和信任，并获得他们对自己今后工作的支持。态度诚恳主要体现在以下三个方面：一是在就职演说词中演说者对群众在竞聘时所给予的支持要表示诚挚的感谢；二是就职演说词要体现出对群众关心的热点问题给予足够的重视和关注，并要提出切实可行的解决方法和措施，体现出演说者为群众解决问题、办实事的诚心，成为群众的贴心人；三是在就职演说词中演说者一定要虚怀若谷、态度谦和、礼貌待人，切不可因当选而盛气凌人、居高临下、高高在上，也不可对在竞聘或竞选时反对自己的人讽刺和挖苦，要对所有的群众都表示出发自内心的热诚，做到态度诚恳、以情动人。

（二）目标上的求实性

就职演说词的重点是向群众宣传上任者未来的工作目标，给群众以鼓舞，并争取群众在未来和自己同心同德、努力奋斗，共同完成工作目标。工作目标的制定应切合实际、实事求是，既不可好高骛远、指标太高，完全超越自己的能力与实际，根本没有实现的可能，也不可墨守成规、指标太低，使自己没压力，群众没动力。指标太高，是放空炮，说大话，会让群众产生不信任感；指标太低，则使群众缺少动力，缺乏参与和支持的兴趣，就职演说也就失去了意义。因此，工作目标一定要既先进，又切合实际，经过上任者自己和群众共同努力可以完成，并收到明显的成就。只有这样，上任者才能激发群众参与的积极性，获得群众的支持，使群众和自己一起，艰苦奋斗，共同完成工作目标。

（三）工作中的进取性

就职演说词中，除宣传工作目标外上任者还要向群众表明自己做好工作的决心和信心，表明自己在工作中不断进取的精神。首先，上任者要说明自己对本职工作的热爱，只有热爱本职工作才能激发工作热情，全身心地投入工作中去，千方百计地去完成工作目标；其次，要表明自己不怕困难、勇于挑战、做好工作的信心和决心，有了信心和决心，才能勇敢地去直面困难，克服困难，完成工作目标；最后，要表明不断进取的精神，只有不满足已有的成绩，不断高标准地要求自己，不断进取，才能在工作中不断登上新台阶，达到新的境界。

以上三点是上任者树立自己良好形象、获取群众支持与爱戴的基本条件。

三、就职演说词的种类

根据内容的不同，就职演说词可分为施政纲领式就职演说词和表明态度式就职演说词两种。

（一）施政纲领式就职演说词

施政纲领式就职演说词，重点是阐述上任者未来的施政纲领。上任者（就职者）可以从工作目标、工作方法和相关措施等方面勾画出一份完整的施政纲领，描绘一幅未来的美好蓝图。

（二）表明态度式就职演说词

表明态度式就职演说词，重点是表明上任者今后的工作态度。因上任者未来的工作目标要受到环境、市场、国际和国内等因素的影响，或者需要有关部门的认可与批准，不可能有一个明确的结果，因此，表明态度式就职演说词要侧重于表明上任者今后的工作态度。

四、就职演说词的结构与写法

就职演说词通常由标题、称谓和正文组成。

（一）标题

就职演说词的标题有三种写法：一是直接标明文种，如《就职演说词》；二是职务加文种，如《一个总会计师的就职演说》；三是文章式标题，如《倾注全部心血，甘当人民公仆》。

（二）称谓

称谓要视听众情况而定，但有两个基本要求：一是要概括和全面，要求包括所有的听众；二是要有礼貌，要亲切得体。

（三）正文

就职演说词的正文要表达以下三个方面的内容。

1. 心情和谢意

开篇要表明上任者此刻自己激动的心情，并对选民、代表或群众的支持表示真诚的感谢。开头要简明、自然、亲切。

2. 纲领和工作

这部分重点讲述上任者自己的工作思路、施政纲领以及远期工作目标和近期工作的具体任务和方法、措施。目标要明确具体、切合实际，切忌说空话、大话。

3. 决心和展望

最后要表述上任者做好工作的信心和决心，请大家予以支持；也可以展望未来，鼓舞斗志。结尾要简明、有力，富有鼓舞性。

五、就职演说词的写作要求

（一）目标要明确

就职演说词实际上是一篇施政报告，它既要有明确的中长期的奋斗目标，也要有明确的近期目标，同时也要有切实可行的措施。中长期目标所描绘的美好蓝图给群众以鼓舞，近期目标则可在不远的将来让群众去对照检查，并给群众带来实惠。目标明确，就会使今后的工作有前进的方向和奋斗的动力，就会上任职者树立工作的信心，去努力完成工作目标。

（二）民心要理解

就职演说词中的工作目标要紧紧围绕群众来制定，要充分考虑民心、民情和民意。首先，要掌握群众的思想脉搏，明白群众的想法，想群众之所想，急群众之所急，工作目标完全和群众所关心的问题相吻合，关心他们的思想、生活，解决他们的实际困难；其次，要考虑群众的实际能量与潜在能量，所提目标应切合民情、符合实际；最后，要动员群众，使群众成为真正的参与者，众人拾柴火焰高，大家共同努力，互相鞭策，一起为完成工作目标而奋斗。

（三）篇幅要适当

就职演说词是为上任者在有限的时间里宣传自己的施政方针而作，因此，要根据时间要求去写作。如果篇幅太长，会占用太多的时间；篇幅太短，又显得不庄重，所以，篇幅要适当、主题明确、重点突出、切中要害，以能准确、完整地表达上任者的施政方针为宜。

例文

林建华在中层干部扩大会上的讲话

各位领导、各位学长、老师们、同学们：

大家好！中组部、教育部和浙江省的领导同志宣布了中央关于我的任职决定，对中央和大家的信任，我和我的家人非常感谢！担任浙大校长，我深知使命光荣、责任重大。

“国有成均、在浙之滨”，具有 116 年办学历史的浙江大学，集江南灵秀为一域，汇天下俊才于一校。从求是书院初创、西迁办学崛起，到院校调整改革、四校合并发展，浙江大学始终秉承着“求是创新”的精神，致力人才培养，矢志科技创新，引领文化发展，服务社会大众，拓展国际交流，为国家的教育、科技事业和社会、经济发展做出了巨大贡献，培养了一大批杰出人才，五十余万校友遍布全国和世界各地。特别是近十多年来，在路甬祥校长、潘云鹤校长、杨卫校长、张浚生书记、张曦书记和金德水书记带领下，浙江大学已成为特色鲜明、实力雄厚、世界知名的综合性、研究型大学。今天，浙大正走在创建世界一流大学的征程上，浙大人正壮志凌云、鹰击长空！

此刻，宣誓成为浙大的一员，从此，分享她的荣誉，担当她的未来。第一次在这里发言，心情难以名状，我知道，未来任重道远。在随后的日子里，作为求是园里的一名新兵，我将走访各个单位，认真倾听，努力学习，认真体会具有丰富内涵的“求是创新”精神，和大家在一起，不遗余力，努力向前！

各位同仁，中国的社会和经济正处于高速发展和转型时期，社会的发展和变化也一直在不断地挑战大学。中国高校的发展正处在一个关键时期。过去十多年，中国大学取得了举世瞩目的成就。但与世界一流大学相比，我们在人才培养、学术研究和服务社会等方面仍然差距很大，究其根源在于教育观念和学术文化。六十多年前，竺可桢老校长提出“只问是非，不计利害”，做学问要“诚”、要“勤”，在今天，这些代表大学内在价值的学术文化尤为重要。我们要弘扬这些精神和文化，才能使学生陶冶情操、滋养学识，成为栋梁；才能使教师潜心学术、探求真理，实现梦想；浙江大学这些优良的学术文化是建设世界一流大学的精神力量，也是促进中国高等教育发展和进步的宝贵精神财富！

在这里我还想向大家介绍一下自己。

我来自草原，喜欢自然，自幼安静，生性恬淡。有时候朋友们笑我“宠辱不惊、不食人间烟火”，其实并非觉悟高，全因天性而已。我喜欢湖，三十年在北大生活，未名湖总是我每夜归途中的驿站，它雕塑了我的人生。湖水总以静谧包容生命，以相依书写传奇；我也喜欢森林，它帮助各种生灵隐藏短处，让他们以长处示人，它告诉世人，欣赏和包容是对生命最高的礼赞，共赢是万事万物永续的基石；我喜欢山川，虽体力一般，仍愿去享受拾级而上中枯燥与坚持的对抗，去感受峰回路转那一刹的欣喜。时光如此短暂，做人做事当不畏挑战、当换位思考、当虚怀若谷。我的弱点也很明显，说好听一些是“敏行讷言”，实际上就是不善辞令、不善交际。

重大两年半，民主湖畔、山林竹海，西南情浓；九百天夜以继日，殚精竭虑；付出很多，也学习和收获很多。我最深的体会是中国大学的根本出路在于内涵建设。要转变观念，重新认识大学的根本使命；要卧薪尝胆，摒弃浮躁；要科学规划，稳步实施；要抗住压力，坚持正确方向。我一直这样要求自己：校长是个为社会和师生服务的岗位，不一定最有智慧，但一定应当善于集中大家的智慧；不是全才，但一定应当豁达乐观、知人善任。校长的使命是要努力搭建平台，在这个平台上，人尽其才、物尽其用，和谐共生；校长的使命是带领大家不断探索，让科学与人文成为驾驭职责的双轨，让学校所有人的潜力都得以充分发挥！

我是一个爽快的人，茫茫人海，芸芸众生，今天能够来到求是园的启真湖畔，和大家一起共事，是一种缘分。我将以诚相待、以身作则，在校党委的领导下，与金书记和同事们一道，恪尽职守，勤勉工作，不负期望，不辱使命！

最后，祝福浙大！我和我的家人，都非常感谢大家！

谢谢！

2013 年 6 月 26 日

资料来源：浙江大学官网求实新闻，有删减。

第五节 述职报告

知识要点

- 述职报告是指担负特定工作岗位的人对自己履行岗位职责的情况进行自我评述、总结回顾，并向有关部门或群众汇报的一种书面材料
- 述职报告的正文一般包括基本情况、工作实绩、问题与不足、经验与教训、整改措施（或今后设想）和结束语六部分
- 写作述职报告时，要求实事求是地评价自己，重点突出、点面结合、语言通俗

一、述职报告的概念

述职报告是指担负特定工作岗位的人，为接受考核，对自己在一定时期内履行岗位职责的情况进行自我评述、总结回顾，并向上级领导、人事部门、任命机构或群众汇报的一种书面材料。述职报告是随着社会主义市场经济体制的建立和人事管理改革的实际需要而产生的一种新型的实用文体，它所要回答的是述职者是否称职的问题。

二、述职报告的结构与写法

述职报告通常由标题、称谓、正文和落款组成。

（一）标题

述职报告的标题主要有以下几种写法：一是只写文种或在文种前加人称代词，如《述职报告》《我的述职报告》；二是述职时限加文种，如《2013 年度述职报告》；三是述职时限、任职名称加文种，如《2013 年任县长的述职报告》；四是任职单位、任职名称、述职人加文种，如《××公司总经理×××的述职报告》；五是新闻式标题，正标题要概述主旨或基本经验，副标题则要说明述职人、述职时限和文种，如《加强素质教育，培养全面发展的人才——××大学校长 2014 年度述职报告》。

（二）称谓

述职报告有特定、明确的受众对象，所以要在正文之前第一行顶格写明主送对象，例如，××组织部、××人事处等。如果是公开或当场向领导或群众宣读的述职报告，则使用“各位领导、同志们”等。称谓要有针对性，尽量涵盖所有对象，要礼貌、得体。

（三）正文

述职报告的正文一般包括以下六部分。

1. 基本情况

基本情况是述职报告的开头，也叫引言，主要写述职者的身份、岗位职责、工作目标、述职时限及总体自我评价等。这一部分要简明回答“何人述职”“述什么”“能绩概况”“是否称职”等，该部分在全文中起着提纲挈领的作用，一般比较概括，要写得简洁。最后常以惯用语“现将××年履行××职务的情况报告如下”过渡到下文。

2. 工作实绩

工作实绩是述职报告的重点，也是述职报告的精华部分。述职者要根据职责范围和某一阶段的工作目标，重点阐述是如何履行职责和完成工作目标的，要详细地说明做了哪些工作、工作的过程、努力的程度、取得的主要成果以及个人在集体成果中所起的作用。这一部分要尽可能用事实、数据说明，要全面陈述述职者自己在德、能、勤和绩等方面的工作实绩。

3. 问题与不足

这部分主要是述职者自我评价在履行相应职务时的工作失误或有待改进和完善的地方。写作时，述职者要对照岗位职责和某一阶段的工作目标，坚持实事求是的原则，写出缺点、教训或主要问题，有时还需简要地分析问题产生的原因。

4. 经验与教训

这部分主要剖析述职者在履行职责过程中成功的经验和失败的教训，是对上面所写的“工作实绩”和“问题与不足”两个部分的深层次的思考与分析，是在感性认识的基础上得出的理性认识。

5. 整改措施（或今后设想）

这部分主要是述职者针对工作中存在的问题与不足，提出具体的整改措施和改进办法。整改措施应写得简洁、明确、具体，切忌写大话、空话和套话；有时候也可以对今后工作提出设想，谈谈打算、决心、愿望和态度。

6. 结束语

述职报告的结束语一般是表明述职者的态度和愿望的内容，如“以上报告，请同志们评议”“欢迎大家批评指正”“谢谢大家”等。

（四）落款

述职报告的全文结束后要有落款，即述职者的职务、姓名和成文日期。如在标题下已署名，此处应省略。

三、述职报告的写作要求

（一）要有鲜明的个性特色

述职报告都是特定的述职者写的，而由于每个述职者的家庭出身、成长过程、学识、学历不同，所担任的职务不同，主管、分管的工作各异，思想素质、政策水平、业务能力、工作经验和取得的成绩也都各不相同，因此，述职报告的写作，不能千篇一律、千人一面，而要体现出述职者“鲜明的个性特色”。一是要自己动手写。述职报告是写自己履行职责的情况，要展示对工作职责的认识程度与热爱程度，只有自己的体会是最真切的。因此，只有述职者自己动手写，才能真实地反映述职者的业绩和精神面貌，也才能反映述职者的内心情感，反映述职者与众不同的个性。二是要写“自己”。述职者在写述职报告时，要写“自己”的工作实绩，紧紧围绕“自己”的工作做文章；要写自己对工作职责的认识，对党和国家的方针政策及上级指示是如何宣传、贯彻的，效果怎样，自己对本部门工作的开展有哪些创造性见解和主张，又是怎样组织力量促其实现的；要写自己在工作中取得的成绩和存在的问题，也要表述对自己的评价。这样，述职者围绕“自己”选材和写作，才能使述职报告个性鲜明，不致流于千篇一律、千人一面。

（二）要实事求是地评价自己

述职报告主要是谈述职者在德、能、勤和绩等方面的工作实绩的。述职者在谈工作实绩和评价自己时，必须坚持一分为二、实事求是的原则，不能只报喜不报忧，或多报喜少报忧。谈成绩，眉飞色舞、神采飞扬；说问题，吞吞吐吐、无精打采。不仅成绩要谈，缺点也要讲，既要报喜，也要报忧。述职者要理直气壮摆成绩，诚恳大胆讲失误，只有既肯定成绩，又不回避问题，报喜也报忧，才能给组织人事部门、领导与群众留下诚信的印象，产生良好的述职效果。

（三）要正确处理个人与集体、个人与个人的关系

任何一个述职者都是集体中的一分子，集体的成绩有自己的贡献，集体的问题自己也会有责任。因此，述职者写述职报告时，既不能把实绩和问题都归为集体作用的结果，也不可把班子集体的政绩当作自己的工作实绩来写；要处理好集体与个人的关系，不能把集体之功归于个人，也不要抹杀了个人的作用，必须分清个人实绩和集体实绩。同样，任何一个领导干部，下属的成绩里也会有领导的作用。因此，在写述职报告时，述职者既不能把下属的成绩贪为自己之功，也不能完全忽视自己的作用，而是要实事求是地分析。述职报告只有正确处理个人与集体、个人与个人的关系，才能既突出述职者在工作中的德、能、勤、绩，又能充分展示述职者的领导才华和胸怀与风度。

（四）要突出重点，点面结合

述职者在动笔之前，要对材料进行筛选和整理，选择主要工作，抓住主要政绩来写，不要事无巨细，一概罗列。因此，述职者写述职报告必须全面而又有重点地把履行职责的实绩和履行职责的能力表现出来。所谓“全面”，就是把全部工作分成几大类，概述所取得的主要成绩，同时，也要客观地指出工作中存在的问题和薄弱环节；所谓“重点”，就是要突出地写主要的工作成绩。述职报告要以“面”反映工作的量和质，以“点”来展示工作的手段、方法和能力。只有既突出重点，又点面结合，才能收到较好的效果。

（五）要语言朴实，通俗明白

述职报告是面对领导和群众宣读的，现场感非常强，同时，述职者面对的听众文化层次有很大的差异。因此，述职报告要尽量用朴实的语言叙事说理，语言表达要尽量通俗易懂，多采用质朴无华的群众性语言，直陈其意。这样，述职者不仅缩短了与群众的距离，也密切了和群众的关系，更方便群众了解述职报告的内容，了解述职者在德、勤、能和绩等方面的工作实绩，给你以正确的评价。

例文

述职述廉报告

中共××县委常委、组织部部长　×××

按照分工，我主管组织工作，分管党建办、县直工委、党校、老干部局和编办等部门。2019 年，在县委的正确领导和市委组织部精心指导下，坚持围绕中心、服务大局，履职尽责、狠抓落实，勇于探索、不断创新，分管工作均取得较好成效。

一、注重学习，抓实调研，努力提升服务科学发展的能力

坚持把学习摆在首位，牢固树立“工作学习化、学习工作化”的理念，注重在实践中加快知识更新，优化知识结构，丰富知识储备，不断提升服务科学发展的能力。一年来，我积极参加县委中心组学习和各种专题理论报告会，自觉利用书籍、报刊和网络等传媒，系统学习了党的十八大、十八届三中全会精神及组织工作最新政策法规，熟练掌握组织工作的方针政策和原则程序，不断提升思想政治素质和业务工作能力，切实增强领导工作水平。我坚持到基层去学、到实践中去学，多次深入到乡村、部门、企业一线开展调查研究，了解班子运转情况，掌握干部工作表现，听取基层意见建议，尽力解决实际问题。

二、勤勉敬业，求实创新，不断开创组织工作新局面

始终牢记发展是第一要务，紧紧围绕县委、县政府确定的工作重点，谋划、推进组织工作，为全县各项工作开展提供了坚强组织保证。

一是狠抓关键，下力夯实党的执政根基。扎实推进基层建设年活动，以 34 个帮扶村为重点，突出“治乱治穷”，大力推进“十件实事百日会战”，使影响农村改革发展稳定的难村乱村变稳转强。以市委对乡镇党委考核为抓手，指导乡村积极开展党建示范村创建、村级组织活动场所建设等工作，有效夯实了基层党建工作基础。大力实施基层党建“治难转后、素质提升、阵地建设、党建示范”四大工程，全县农村基层党建整体工作水平得到新的提升。

二是树牢导向，切实抓好干部队伍建设。大力倡导“重品行、重能力、重实干、重业绩、重口碑”的选人用人导向，先后提交县委常委会研究调整干部 100 多人次。积极搭建干部选拔平台，先后举办乡局级单位一把手和优秀青年干部述职研讨会，使各级干部述出了压力，激发了动力。积极充实后备力量，一大批德才兼备、群众认可的优秀年轻干部进入后备干部队伍库。充分发挥好考核“指挥棒”作用，修订完善年度考核办法，突出项目建设、信访稳定等中心工作的权重，有力保障了重点工作推进落实。先后举办乡科级领导干部学习培训班、县直单位党务工作者培训班和全县农村党组织书记培训班，对全县各层次干部进行了系统培训，不断加大干部监管工作力度，提升了选人用人公信度。

三是创优政策，全面推进人才强县工作。建立党委牵头抓好人才工作机制，建立人才开发专项资金，依托产业、科研、创业优势，进一步加大了人才引进、聚集、培养力度。与中国××大学联合成功举办硕士研究生培训班，激发了广大干部参加高等学历教育的热情。积极创建人才培养实训基地，大力开发“本土”青年人才。全市特色人才工程项目现场推进会在我县召开。

四是活化载体，强化组织部门自身建设。组织开展“五讲五比五提升”活动，组织部机关干部工作主动对标金乡，在对标中解放思想、寻找差距、查摆整改，拓宽了工作思路，提高了创新能力。积极开展周五讲坛、业务拉练等，使部机关干部学习经常化、制度化。开展结对帮扶活动，组织干部与基层单位和群众结成帮扶对子，促进了作风转变。认真做好工作调研，两篇征文在全市获奖。创新工作机制，对网络舆情进行全方位监控，及时进行有效处置，所有来信来电来访均得到妥善解决。

五是注重实效，统筹推进各项分管工作。在党校工作上，先后举办主题班会 6 期，培训党员干部 1 200 余人次。在老干部工作上，组织召开了重阳节老干部座谈会，为离休干部、县级退休干部和部门乡科级干部进行健康检查，建立实行特困离退休干部帮扶机制，充分发挥老干部活动中心的作用，不断丰富老干部的精神生活。在编制管理上，高标准完成了全县事业单位法人年检工作，合格率达到 100%。稳步推进事业单位改革，制发《实施方案》，对我县事业单位范围、标准、目录进行规范，为下步改革奠定基础。积极推进行政单位机构改革工作，对药监局职能进行整合，指导城建、规划和城管 3 个单位做好机构重置工作。在信访稳定工作上，认真落实信访工作一岗双责领导责任制，定期到县接访中心接待群众来访，对群众反映的问题，耐心细致劝解，多方协调解决。

三、廉洁自律，公道正派，自觉树好党员干部良好形象

始终把清正廉洁作为成事之基、立身之本，对照《党章》要求，牢记为人民服务宗旨，勤政务实，以身作则，筑牢拒腐防变的思想防线。始终坚持对自己高标准、严要求，时时处处修身正己、规范言行。坚决抵制不正之风，精简会议活动，改进文风会风，不讲排场、不比阔气，厉行勤俭节约，外出下乡轻车简从。恪守公道正派，做到不为人情关系所缚，不为歪风邪气所扰，不为个人得失所困，坚持原则，不徇私情，坚持正确意见，公道合理地看待和处理问题，严格按照制度和程序办事。作为县委班子一员，我能够按照分工找准摆正个人位置，自觉尊重主要领导和支持其他成员的工作，维护班子团结，遵守民主议事和决策制度，努力做到及时沟通，在选任干部和凝聚人心方面积极为县委出主意想办法，切实当好参谋助手。同时，扎实推进组织系统和分管部门的党风廉政建设，分管部门和组织系统未发生任何违纪违法案件。

一年来，我虽然取得了一定成绩，但与组织要求和干部群众期望相比，还有一定差距。一是学习的主动性还不够强，对推进新形势下组织工作的理论系统性学习还不够；二是深入基层还不够广泛，与基层干部交流谈心的面还不够宽；三是创新举措不够多，在全市推出的先进典型和经验做法还不够多、不够硬。在下一步工作中，我将进一步扬长避短，克服不足，努力工作，奋力进取，努力把分管的各项工作做得更好，为建设××东部中等城市做出更大贡献。

2014 年 1 月 10 日

相关链接

链接1

面试注意事项

面试是应聘者整个求职过程中最重要的阶段。成败均决定于面试时短短一瞬间的表现。因此，应聘者一定要注意以下几点。

一、准备充分

第一，应聘者接到公司的电话通知后，一定要做好书面记录，如公司的名称、地址、电话、联系人以及路线等，以免出现记忆错误而失去良机；第二，面试前要进行知识、技能、心理的准备，熟悉求职的常识、技巧、基本礼节，必要时可模拟演练；第三，要准备面试中可能被问到的问题，这样在面试时才能有的放矢。

二、遵守时间

面试时，应聘者最好提前十分钟到达面试地点，这样不仅能利用这段时间调整好自己紧张的情绪，也能表示出求职的诚意。在面试过程中，有时招聘者会主动提出只能谈多长时间，有时需要应聘者主动问可以谈多长时间，无论何种情况，应聘者都一定要把握好时间，以体现时间观念和办事效率。

三、服饰得体

面试前，应聘者要精心选择与自己的身材、身份相符，能体现自己的个性和职业特点的服饰。一般而言，女性装束以朴实、庄重为好，切忌浓妆艳抹、首饰佩戴过多。男性以整洁、干练为好，不要留长发、胡须。

四、机智应变

首先，面对提问，应聘者要注意运用灵活的语言表达技巧，留足进退的余地，随机应变。其次，面对招聘者提出的意想不到的问题，应聘者要稳定情绪，沉着而理智地应对。最后，面对模棱两可的问题，应聘者要善于用模糊语言来应答。可以先用“不可一概而论”作为开头，接着从正反两方面来阐述自己的观点。总之，应聘者在回答问题之前一定要尽可能考虑得周全一些，以免使自己陷于被动。

链接 2

演讲标题如何画龙点睛

标题是文章的“眼睛”，一个新颖、生动、恰当而富有吸引力的标题，往往能让演讲取得意想不到的效果。那么演讲标题如何才能熠熠生辉，起到画龙点睛的效果呢?

一、主题提炼法

主题提炼法即用精练的语言概括演讲的主题。主题是演讲的灵魂与核心，但好的标题是主题精华的体现。例如，一位大学生在“时尚与传统”的演讲中，写了一篇主题为“当代青年在讲时尚的同时，也应该发扬艰苦朴素的光荣传统”的演讲稿，最终把标题确定为“朴素，也是一种美”，这一标题不仅简洁明确而且富有深意。

二、形象比喻法

在确定标题时，也可用形象的比喻来“点睛”。例如，一位教师在讲自己的个人事迹时，举了很多以爱心成功教育学生的事例，标题几经修改后，定为“爱，是打开学生心灵的金钥匙”，这个暗喻，既形象地点明了演讲的中心，又能给人以启迪。

三、真情润色法

演讲标题是最先传递给听众的，因此，“点睛”之时可以用真情润色，如果做到“眼”中“有神（主题）又有情”，那么就会产生“以情夺人”的奇效。例如，“只为了脚下那片绿”，是一位环卫工人讲述自己几十年来如何在山上植树造林的演讲标题，此题表达了他真诚的心声，字字透着对绿化工作的深厚感情，因此，还未演讲便感动了听众，让听众不由得想到他为绿化而奋斗的风雨人生，从而对他肃然起敬。

四、暗送秋波法

这是一种将观点隐藏起来启发听众思索答案的含蓄“点睛”法，常用设问的方式来表达。例如，在以“要提高教师素质”为主题的演讲中，标题“是谁撕碎了教师的尊严？”就很发人深省，此题一出口，便如谜语一样，激发起人们对谜底的思考，牢牢吸引住了听众的注意力。

问题讨论

1. 面试时针对考官的提问如何进行应答?
2. 如何在求职简历中弥补或回避自身的弱项?
3. 怎样才能使演讲更精彩?

写作实践

1. 根据所学知识，结合自己的具体情况，制作一份个人求职材料。

要求：（1）一份主要信息齐全、布局合理、设计新颖的封面；

（2）一份情真意切、诚挚感人的求职信；

（3）一份结构合理、内容齐全、层次清晰的个人履历。

2. 请同学们互相交换求职材料，并运用所学知识，对交换的求职材料进行评点，指出优缺点。

3. 请以班为单位，举办一场班干部竞聘演讲，每个同学选定一个自己比较喜欢并有一定优势的职务参加竞选。

4. 请以班为单位，由竞选班干部成功的同学向全班同学发表就职演讲。

5. 学期末时，请以班为单位举办一次班干部民主测评会，班干部向全班同学做本学期工作的述职报告，同学们对班干部进行民主评议。

第六章

公关礼仪文书

学习目标

公关礼仪文书是人们在各种社会交往活动中，出于不同的公关或礼仪目的而使用的文书。在祝贺、邀请、迎送和答谢等社交活动日益频繁的今天，公关礼仪文书具有不可替代的重要作用。公关礼仪文书的种类很多，本章重点介绍祝词、欢迎词、欢送词和答谢词等致辞类公关礼仪文书和邀请函。通过学习，使学生掌握公关礼仪文书的写作方法与技巧，并能针对不同的目的、场合与对象，写出合乎规范、结构完整、措辞恰当的致辞和邀请函。

第一节 祝词

知识要点

- 祝词是指在各种喜庆场合中对特定对象表达良好祝愿的致辞或讲话稿
- 祝词具有喜庆性和祝愿性等特点
- 祝词通常由标题、称谓、正文和落款组成
- 写作祝词时，称谓要礼貌妥帖，表达要准确恰当，态度要热情真诚

一、祝词的概念

祝词，也作祝辞，是指在各种喜庆场合中对特定对象表达良好祝愿的致辞或讲话稿，如寿诞祝词、事业祝词和婚嫁祝词等。祝词有助于营造喜庆、热烈、友好的现场气氛，还

可以起到融洽关系、增进友谊、促进交流和加强合作等重要作用。

祝词和贺词都是用于喜庆祝贺的文书，针对性和场合性很强，都富有强烈的感情色彩。一般认为，祝词在事前祝，表示祝愿、希望的意思；贺词在事后贺，表示庆贺、道喜的意思。然而，在某些庆贺场合，如重大节日、宴会和典礼等，祝词、贺词可以互用，兼有庆贺与祝愿之意。

二、祝词的特点

祝词具有以下两方面特点。

（一）喜庆性

祝词用于在隆重或喜庆的场合对祝贺对象表达真诚的祝福和良好的心愿，因此在措辞上往往体现出一种热情洋溢的情感力量和热烈欢乐的友好气氛，充满激情和感染力。祝词具有喜庆欢愉的特点。

（二）祝愿性

祝词作为表达良好祝愿和庆祝志贺的礼仪文书，具有祝愿性的特点，通过对祝贺对象的肯定、赞美和颂扬，表达祈望事业成功或美好幸福的祝愿。

三、祝词的种类

（一）根据祝贺内容的不同划分

祝词可分为寿诞祝词、事业祝词和婚嫁祝词等。

1. 寿诞祝词

祝贺寿诞的主要对象是亲朋好友，尤其是老年人。祝贺时，可以赞颂其品性、功德或已取得的成就，并祝愿其幸福、健康、长寿。

2. 事业祝词

祝贺事业的对象既可以是个人也可以是单位或集体。祝贺事业涉及的范围极广，如会议开闭幕、工程竣工、剪彩、新年伊始、节日纪念、报刊创刊、社团纪念、金榜题名或职位升迁等。这类祝词兼有庆贺之意，可以庆贺其已取得的成就，也可以祝愿其今后事业顺利发达。

3. 婚嫁祝词

祝贺婚嫁的对象是新婚夫妻，可以既祝贺新人新婚之喜，又祝贺新人婚后和谐美满。

（二）根据表达形式的不同划分

祝词可分为现场即席致辞祝贺和信函电传祝贺等。

1. 现场即席致辞祝贺

一般而言，在较为随意轻松的场合可以即兴表示祝贺，但在公共事务场合下，为庄重严肃起见，应按事先拟好的祝词发言。

2. 信函电传祝贺

当祝贺人无法到场祝贺时，可以用书信、电报、传真或电子邮件表示祝贺之意。

四、祝词的结构与写法

祝词通常由标题、称谓、正文和落款组成。

（一）标题

祝词的标题位于首页上方居中位置，由致辞人、致辞对象或致辞场合、文种组成，可以概括为“×××在×××会上的祝词”；也可省略标题中的致辞人，将其置于标题下方。有时只写文种“祝词”即可。

（二）称谓

在标题的下一行顶格处，写明祝贺对象的名称，可以是广泛对象，也可以是具体对象。一般要在称谓前面加上表示尊敬的修饰语，如果祝贺对象的身份或地位比较高，可以在称谓后面加上有关的职务或头衔，以示敬重，如“尊敬的×××教授”。如果是对集体的祝贺，称谓就应该包括所有的祝贺对象，如“尊敬的各位来宾，女士们、先生们”“尊敬的各位领导、各位同事”等。

（三）正文

祝词的正文一般包括开头、主体和结尾三部分。

1. 开头

祝词的开头通常是向祝贺对象致意，表示祝贺或问候。致辞人要说明自己代表何人或何组织向对方何项事业表示祝贺。

2. 主体

这是祝词的核心内容，要具体表明祝贺事由和祝贺意义。致辞人可以概括评价祝贺对象已取得的成就及其意义，展望未来的美好前景，表达对祝贺对象的希望与鼓励。

3. 结尾

致辞人再次向祝贺对象表示衷心祝贺，常用礼节性祝颂语结束全文。

（四）落款

如果是书面祝贺，应当在正文右下方，署致辞单位名称或致辞人姓名，在署名下一行的相应位置写致辞日期。如果在标题中已注明，此处可省略。

五、祝词的写作要求

（一）称谓要礼貌妥帖

祝词的称谓要根据对象的不同，做到既要尊重对方、礼貌亲切，又要把握分寸、恰到好处。

（二）表达要准确恰当

祝词要根据祝贺人与祝贺对象的关系，针对性地拟写祝贺内容，语言表达的态度与语气要恰如其分，要多用褒扬、赞美和激励之词，但不要使用过分的溢美之词，这样会使对方感到不安，也使自己有谄媚之嫌。

（三）态度要热情真诚

祝词要满怀诚意，充满热情与希望。鲜活生动的语言，真挚浓郁的情感，较强的感染力和亲和力，会使对方感到温暖愉快，营造一种温馨融洽的氛围。

（四）注意祝酒词与祝词等致辞类礼仪文书的关系

祝酒词是在酒席宴会上，主人或宾客为表达祝愿、欢迎、欢送和感谢等情意而发表的致辞。酒只是招待宾客的一种礼仪形式，是人们在各种交往中表达情意的一种媒介。如果祝词、贺词、欢迎词、欢送词和答谢词等都是在酒席宴会这种场合发表的致辞，那么它们就属于祝酒词。因此，祝酒词与祝词等致辞类礼仪文书具有一定的交叉关系。

例文

国家主席习近平发表二〇二二年新年贺词

大家好，2022年即将到来。我在北京向大家致以新年祝福！

回首这一年，意义非凡。我们亲历了党和国家历史上具有里程碑意义的大事。“两个一百年”奋斗目标历史交汇，我们开启了全面建设社会主义现代化国家新征程，正昂首阔步行进在实现中华民族伟大复兴的道路上。

从年头到年尾，农田、企业、社区、学校、医院、军营、科研院所……大家忙了一整年，付出了，奉献了，也收获了。在飞逝的时光里，我们看到的、感悟到的中国，是一个坚韧不拔、欣欣向荣的中国。这里有可亲可敬的人民，有日新月异的发展，有赓续传承的事业。

七月一日，我们隆重庆祝中国共产党成立一百周年。站在天安门城楼上感慨系之，历史征程风云激荡，中国共产党人带领亿万人民经千难而百折不挠、历万险而矢志不渝，成就了百年大党的恢宏气象。不忘初心，方得始终。我们唯有踔厉奋发、笃行不怠，方能不负历史、不负时代、不负人民。

党的十九届六中全会通过了党的第三个历史决议。百年成就使人振奋，百年经验给人启迪。我曾谈到当年毛主席与黄炎培先生的“窑洞对”，我们只有勇于自我革命才能赢得历史主动。中华民族伟大复兴绝不是轻轻松松、敲锣打鼓就能实现的，也绝不是一马平川、朝夕之间就能到达的。我们要常怀远虑、居安思危，保持战略定力和耐心，“致广大而尽精微”。

大国之大，也有大国之重。千头万绪的事，说到底是千家万户的事。我调研了一些地方，看了听了不少情况，很有启发和收获。每到群众家中，常会问一问，还有什么困难，父老乡亲的话我都记在心里。

民之所忧，我必念之；民之所盼，我必行之。我也是从农村出来的，对贫困有着切身感受。经过一代代接续努力，以前贫困的人们，现在也能吃饱肚子、穿暖衣裳，有学上、有房住、有医保。全面小康、摆脱贫困是我们党给人民的交代，也是对世界的贡献。让大家过上更好生活，我们不能满足于眼前的成绩，还有很长的路要走。

黄河安澜是中华儿女的千年期盼。近年来，我走遍了黄河上中下游9省区。无论是黄河长江“母亲河”，还是碧波荡漾的青海湖、逶迤磅礴的雅鲁藏布江；无论是南水北调的世纪工程，还是塞罕坝林场的“绿色地图”；无论是云南大象北上南归，还是藏羚羊繁衍迁徙……这些都昭示着，人不负青山，青山定不负人。

这一年，还有很多难忘的中国声音、中国瞬间、中国故事。“请党放心、强国有我”的青春誓言，“清澈的爱、只为中国”的深情告白；“祝融”探火、“羲和”逐日、“天和”遨游星辰；运动健儿激情飞扬、奋勇争先；全国上下防控疫情坚决有力；受灾群众守望相助重建家园；人民解放军指战员、武警部队官兵矢志强军、保家卫国……无数平凡英雄拼搏奋斗，汇聚成新时代中国昂扬奋进的洪流。

祖国一直牵挂着香港、澳门的繁荣稳定。只有和衷共济、共同努力，“一国两制”才能行稳致远。实现祖国完全统一是两岸同胞的共同心愿。真诚期盼全体中华儿女携手向前，共创中华民族美好未来。

我同外国领导人及国际组织负责人电话沟通、视频连线时，他们多次赞扬中国抗疫和为全球疫情防控所做的贡献。截至目前，中国累计向120多个国家和国际组织提供20亿剂新冠疫苗。世界各国风雨同舟、团结合作，才能书写构建人类命运共同体的新篇章。

再过一个多月，北京冬奥会、冬残奥会就要开幕了。让更多人参与冰雪运动，这也是奥林匹克运动的题中之义。我们将竭诚为世界奉献一届奥运盛会。世界期待中国，中国做好了准备。

新年的钟声即将敲响。我们的三位航天员正在浩瀚太空“出差”，海外同胞仍在辛勤耕耘，使领馆、中资企业等海外派驻人员和广大留学生仍在勇毅坚守，无数追梦人还在奋斗奉献。大家辛苦了，我向大家致以诚挚的新年问候！

让我们一起向未来！祝福国泰民安！

资料来源：中国政府网。

第二节 欢迎词

知识要点

- 欢迎词是指在迎接宾客的隆重场合、茶会或酒宴上，主人或主办方对宾客表示欢迎之意的致辞或讲话稿
- 欢迎词具有欢愉性和口语性等特点
- 欢迎词通常由标题、称谓、正文和落款组成
- 写作欢迎词时，要礼节周到、求同存异、态度热情、语言得体

一、欢迎词的概念

欢迎词是指在迎接宾客的隆重场合、茶会或酒宴上，主人或主办方对宾客表示欢迎之意的致辞或讲话稿。行政机关、企事业单位、社会团体或个人在欢迎友好国家、团体或个人来访时，一篇热情洋溢的欢迎词，往往可以渲染气氛，营造一种友好的氛围。

二、欢迎词的特点

欢迎词具有以下两个方面特点。

（一）欢愉性

致欢迎词时，致辞人往往富有激情，表现出愉快的心情和真诚的欢迎，可以给客人一种“宾至如归”的感觉。

（二）口语性

欢迎词一般是在现场向宾客口头表达的，所以要运用生活化的、既简洁又富有生活情趣的语言，这样会拉近主宾的关系。

三、欢迎词的种类

（一）根据表达方式的不同划分

欢迎词可分为现场讲演欢迎词和报刊发表欢迎词。

（1）现场讲演欢迎词。现场讲演欢迎词一般由欢迎人在欢迎对象到达时，在欢迎现场口头发表。

（2）报刊发表欢迎词。报刊发表欢迎词一般是在宾客到达后，发表在报纸或公开发行的刊物上。

（二）根据社交与公关性质的不同划分

欢迎词可分为私人交往欢迎词和公事往来欢迎词。

（1）私人交往欢迎词。私人交往欢迎词一般是在个人举行的较大型宴会、聚会、茶会、舞会和讨论会等非官方的场合下使用，具有明显的即时性和现场性。

（2）公事往来欢迎词。公事往来欢迎词一般是在较庄重的公共事务中使用，要有事先准备好的得体的书面稿，文字措辞较私人交往欢迎词要正式和严格。

四、欢迎词的结构与写法

欢迎词通常由标题、称谓、正文和落款组成。

（一）标题

欢迎词的标题位于首页上方居中位置，由致辞人、致辞对象或致辞场合、文种组成，可以概括为“×××欢迎×××的致辞”或“×××在×××会上的欢迎词（致辞）”，也可省略标题中的致辞人，将其置于标题下方。有时只写文种“欢迎词”即可。

（二）称谓

在标题的下一行顶格处，写明欢迎对象的名称，可以是广泛对象，也可以是具体对象。一般要在称谓前面加上表示尊敬友好的修饰语，如“尊敬的”“敬爱的”“亲爱的”等。有时可以在称谓后面加上有关的职务或头衔。如果是对集体的欢迎，称谓应该包括所有的欢迎对象。

（三）正文

欢迎词的正文一般包括开头、主体和结尾三部分。

1. 开头

欢迎词的开头要向欢迎对象表示欢迎之意。致辞人可以表明以什么身份、代表谁、向哪些来宾表示欢迎。

2. 主体

这是欢迎词的核心。致辞人要对欢迎对象表示恰当的赞美和称颂，回顾双方交往的历史与友情，肯定宾客在某些方面的贡献及双方友好合作的成果，指出本次来访的重大意义，表达继续加强合作的意愿和希望。如果欢迎对象是初次来访者，可以简单介绍致辞方的情况。

3. 结尾

致辞人再次向来宾表示热情的欢迎，并且表达良好的祝愿或希望。

（四）落款

欢迎词的落款应当在正文右下方，署致辞单位名称或致辞人姓名，在署名下一行的相应位置写致辞日期。若需刊载，也可在标题下方署名。

五、欢迎词的写作要求

（一）礼节周到，尊重对方风俗习惯

致辞要谦逊、周到、礼貌，称谓要用尊称，并尽量用全称。同时要注意措辞慎重，尊重对方的风俗习惯，避开对方的忌讳，以免发生误会。

（二）求同存异，营造友好和谐的气氛

写作欢迎词时，应当坚持求同存异的原则，如果来宾的意见、观点与主人不一致时，应注意突出双方共同关心的话题，不动声色地淡化矛盾，多谈一致性，不谈或少谈分歧，可恰当采用委婉语或模糊语，尽量为加强沟通营造友好和谐的气氛。

（三）态度热情，不卑不亢

致欢迎词时，应出于真心实意，感情要真挚，态度要热情友好，谦逊有礼。注意掌握分寸，对宾客的赞颂和评价要热情而中肯，做到不卑不亢、恰到好处。欢迎词要有针对性，要针对不同的对象与场合表达不同的情谊。

（四）语言恰当得体，篇幅简短

欢迎词一般是现场演说，因此，语言要简洁、平易，宜多用短句，尽量口语化。欢迎词要做到内容概括，语言亲切得体，格调高雅。欢迎词是一种礼节性的外交或公关辞令，篇幅宜短小精悍，不必长篇大论。

例文

××集团公司董事长×××先生

在公司成立20周年庆典欢迎晚宴上的致辞

尊敬的女士们、先生们，各位领导、各位嘉宾：

大家晚上好！

首先请允许我代表××集团公司全体同人对各位领导和嘉宾盛情出席我公司 20 周年庆典晚宴表示衷心的感谢和热烈的欢迎。今晚的××××酒店华灯璀璨，高朋满座，盛友如云，满载着近 2 200 位朋友的深情厚谊。

创立于1999年的××集团公司经历二十年的风云激荡，经受二十年的行业洗礼，从容应对二十年经济形势的错综复杂，已由一家名不见经传的科技型企业发展成为销售收入过百亿元、市值过百亿元、行业前十强的上市公司。托大家的福，××稳健成长；谢朋友的情，××逆势而上；二十春秋，弹指一挥间，往事历历，无尽感慨。感谢政府领导政策支

持，呵护有加；感谢行业专家科技引领，实力倍增；感谢高校师生人才输送，团队为王；感谢供应商朋友危难出手，拨云见日；感谢金融界朋友慧眼识珠，成人之美；感谢媒体朋友妙笔生花，实事求是；感谢国际友人和伙伴真诚合作，共创辉煌；尤其感谢客户朋友风雨同行，信赖备至。

再多感谢的话语也表达不尽我们的感激之情，唯有用更好的经营业绩，承担更多的社会责任来回报大家。今晚略备薄酒素菜，与在座的各位分享喜悦，畅叙友情；照顾不周，多请海涵！

最后，祝各位嘉宾朋友在青山绿水间度过一个美好的夜晚。祝大家身体健康，家庭幸福。

谢谢！

第三节 欢送词

知识要点

- 欢送词是指在欢送宾客的隆重场合、茶会或酒宴上，主人或主办方对宾客表示欢送之意的致辞或讲话稿
- 欢送词具有惜别性和口语性等特点
- 欢送词通常由标题、称谓、正文和落款组成
- 写作欢送词时，要礼节周到、感情真挚；语言得体、篇幅简短

一、欢送词的概念

欢送词是指在欢送宾客的隆重场合、茶会或酒宴上，主人或主办方对宾客表示欢送之意的致辞或讲话稿。欢送方在欢送词中表现出真挚的惜别之情和对再次来访与合作的期待之情，往往会促进和加强双方进一步的交流与合作关系。

二、欢送词的特点

欢送词具有以下两方面持点。

（一）惜别性

欢送词要表达宾客或亲朋远行时欢送人的感受，所以依依惜别之情要溢于言表，格调不可过于低沉。尤其是公务交往，更应把握好分别时所用言词的分寸。

（二）口语性

同欢迎词一样，口语性也是欢送词的显著特点之一。欢送词使用生活化的语言，会使送别既富有情趣，又自然得体。

三、欢送词的种类

欢送词与欢迎词在分类上基本一致，这里不再加以说明。

四、欢送词的结构与写法

欢送词通常由标题、称谓、正文和落款组成。

（一）标题

欢送词的标题位于首页上方居中位置，包括致辞人、致辞对象或致辞场合、文种，可以概括为“×××欢送×××的致辞”或“×××在×××会上的欢送词（致辞）”，也可省略标题中的致辞人，将其置于标题下方。有时只写文种“欢送词”即可。

（二）称谓

在标题的下一行顶格处，写明欢送对象的名称，可以是广泛对象，也可以是具体对象。一般要在称谓前面加上表示尊敬友好的修饰语，如“尊敬的”“敬爱的”“亲爱的”等。有时可以在称谓后面加上有关的职务或头衔。如果是对集体的欢送，称谓应包括所有的欢送对象。

（三）正文

欢送词的正文一般包括开头、主体和结尾三部分。

1. 开头

欢送词的开头要向欢送对象简要表达欢送、惜别和祝福之意。致辞人应说明此时在举行何种欢送仪式，致辞人是以什么身份代表哪些人向宾客表示欢送的。

2. 主体

这是欢送词的核心。致辞人要对欢送对象在学习、工作或相互合作等方面的成绩给予充分的肯定和恰当的评价。如果是公务往来，可以侧重阐述双方合作的历史意义和深远影响，对宾客访问成功或会谈成功表示祝贺与感谢。如果是私人交往，可以侧重回顾彼此的友谊，或对对方在学习、工作方面取得的成就表示祝贺，并且展望前景或表示勉励。

3. 结尾

欢送词的结尾要再次向欢送对象表达真挚的欢送之情和依依惜别之情，祝愿对方一帆风顺，表达期待再次来访、相聚或合作的心愿。

（四）落款

欢送词的落款应当在正文右下方，署致辞单位名称或致辞人姓名，并在署名下一行的相应位置写致辞日期。若需刊载，也可在标题下方署名。

五、欢送词的写作要求

（一）礼节周到，感情要真挚热情

致欢送词时，致词人要注意宾客身份，礼节周到，措辞恰到好处。作为表达欢送之意的社交礼仪致辞，依依惜别之情要溢于言表，以营造一种友好、亲切的气氛。致辞时，致词人情绪要饱满、热情，感情要真挚、诚恳，可以采用带有感情色彩的词语，适当引导带动宾客的情绪，烘托气氛，进一步密切彼此的关系。

（二）语言恰当得体，篇幅简短

欢送词与欢迎词一样，是礼仪性文书，又是口头发表的讲话，因此，措辞要礼貌恰当，语言要亲切得体、简洁平易，尽量口语化。篇幅宜短小精悍、言简意赅，不必长篇大论。

例文

明所从来 知向何去

——武大校长窦贤康在 2021 年毕业典礼上的讲话

亲爱的同学们：

大家上午好！

今天，对于你们每一个人而言，是一生中值得永远纪念的日子，是专属于你们的荣耀时刻。还记得四年前，我来武大见到的第一批新生就是你们这届本科生，我在武大参加的第一场开学典礼就是你们这届本科生的开学典礼。寒来暑往，春华秋实，珞珈山下，东湖之畔，处处留下了你们潜心向学、追求真知的身影，处处印刻着你们挥洒汗水、拼搏奋进的足迹，我和你们的师长们一起见证了你们成长的点点滴滴，既为你们学成毕业感到高兴，也为你们即将离别依依不舍。

今天，也意味着你们的人生开启了一个新征程。站在人生新的重要节点上，你们需要找准前行的方向，需要做好迎接未来的准备。今年恰逢中国共产党成立100周年，习近平总书记在党史学习教育动员大会上指出，历史是最好的老师，一切向前走，都不能忘记走过的路，走得再远、走到再光辉的未来，也不能忘记走过的过去，不能忘记为什么出发。跨越三个世纪、历经两个甲子的武汉大学，正是与中国共产党百年成长壮大、与中华民族伟大复兴的历史进程息息相关、紧紧相连的。作为即将毕业的武大学子，你们不妨从中找寻人生发展的历史启示，获取照亮未来的精神指引。

回首风云际会的百年，武大在中华危难之际应运而生，孕育了心系家国的赤子情怀。100年前，风雨飘零，山河破碎，中国共产党诞生，中华民族从此踏上了争取独立解放的光明道路。溯源于清末自强学堂的武大，从一开始就把自身的前途与民族的命运紧紧相连，在中国共产党开创的伟大事业中，在党领导人民争取民族独立和解放的伟大征程中，留下了浓墨重彩的红色印记。为了探寻革命道路，李达、李汉俊、董必武、陈潭秋等一批武大先贤用热血和生命播撒革命的火种；为了抗日救国，以李晓声为代表的150多名武大学子投笔从戎，离开亲人奔赴抗战前线；解放战争打响后，武大师生又踊跃投身革命洪流，谱写了可歌可泣的红色乐章。历经这段救亡图存、自强不息的峥嵘岁月，武大将红色基因深植于自己的精神血脉之中，一代又一代武大人把民族大义铭刻于心、把家国情怀施之于行。同学们，红色是武大永不消退的底色，你们将来无论走到哪里、走多远，都要始终不渝地将爱国之情厚植于心，立安邦兴国之志，践强国报国之行。

回首风云际会的百年，武大在国家奋进路上勇挑重任，彰显了兼济天下的责任担当。新中国成立之后，百业待兴，百废待举，中国共产党领导人民开启了社会主义现代化建设和改革开放的伟大征程，在一穷二白的基础上创造出世所罕见的经济快速发展、社会长期稳定“两大奇迹”，实现了中华民族从站起来到富起来的伟大飞跃。在这段历史时期，武大人主动服务国民经济恢复发展和工业体系建设，从极地科考到测天绘地、从三峡工程到南水北调、从“两弹一星”到粮食安全，以欧阳予、俞大光、张效祥为代表的一批武大人在多个领域做出了重大贡献；改革开放以来，武大毕业生中又涌现出以泰康人寿陈东升、小米科技雷军、亿纬锂能刘金成等为代表的一大批站在时代前沿的行业领军人物，为推动中国经济社会快速发展做出了重要贡献。这种深深烙印在武大人身上的强烈责任意识与开拓精神，激励着一大批武大人与时俱进、与时代同行；而这种强烈的责任意识与开拓精神，对于即将毕业的你们来说也是弥足珍贵的，应该成为你们通向事业成功和实现人生价值的精神动力。

回首风云际会的百年，武大在民族复兴时代快速发展，不忘初心矢志培养卓越人才。进入新时代，民族复兴，前景光明，以习近平同志为核心的党中央带领全国人民，向着实现中华民族伟大复兴的中国梦奋勇前进。立足中华民族伟大复兴战略全局和世界百年未有之大变局，武大深入践行为党育人、为国育才的历史使命，主动适应经济社会高质量发展要求，不断强化一流意识，实行高标准办学，致力于培养堪当民族复兴大任的时代新人。近年来，学校历史性实现了高水平人才数量占比双倍增，并大力引导高水平人才上讲台，以最优秀的人培养最优秀的人；实现了在国际最顶尖期刊发表高水平成果的新突破，并大力推进科研反哺教学，把学科优势、科研优势转化为人才培养优势；启动了校外学生整体回迁校园，大力改善学生的学习生活条件，将一切优质资源用于学生成长成才。卓越精神和一流意识，不止于体现在办学治校过程中，更应该成为武大精神的重要内涵，伴随你们走向未来的人生道路，转化为事业发展的精神指引，鞭策你们在不同领域、不同岗位上不断突破自我、超越自我，激励你们成为行业标杆、时代翘楚。

前不久，习近平总书记在清华大学 110 周年校庆前夕考察时指出，“当代中国青年是与新时代同向同行、共同前进的一代，生逢盛世、肩负重任。广大青年要爱国爱民，从党史学习中激发信仰、获得启发、汲取力量，不断坚定‘四个自信’，不断增强做中国人的志气、骨气、底气”。回首武大百年发展与党的百年发展壮大、与党领导中华民族走向伟大复兴的百年奋斗紧密相连的历史，它带给我们的启示是，武大培养的学生要始终把个人的奋斗置于国家发展、民族振兴的大局之中，在推进中华民族走向伟大复兴的时代洪流中找寻奋斗的方向、实现人生的价值、走向可期的未来。

走向可期的未来，我希望你们胸怀祖国，到国家发展和人民最需要的地方去。在祖国广袤的天地里，处处是成就事业的热土，处处是施展才干的舞台，基层边远地区需要你们去贡献才智，科研攻关最前沿呼唤你们去攻坚克难，创新创业第一线亟需你们去开拓奋进，社会服务的各个领域都等待你们去大展身手。好儿女志在四方，我高兴地看到，今年我们学校又有一批毕业生志愿去西部艰苦地区工作，从他们身上我看到了武大学子的责任与担当！青春因奉献而厚重，青春因奋斗而精彩。我希望你们每一个人都心怀“国之大者”，把小我融入大我，把理想追求融入党和国家事业之中，去祖国和人民最需要的地方锻炼本领、勇挑重担！

走向可期的未来，我希望你们勇于创新，到时代变革最前沿的领域去。当前，世界范围内新一轮科技革命和产业变革深入发展，科技创新成为推动经济社会高质量发展和参与国际竞争的关键要素；中国已经进入新发展阶段，比任何时候都更加需要创新这个第一驱动力，党的十九届五中全会强调“坚持创新在我国现代化建设全局中的核心地位，把科技自立自强作为国家发展的战略支撑”。开拓创新是我们武大人一脉相承的精神特质，多年来学校推进实施的“三创”教育培养出的武大学子尤其应当具有强烈的创新能力、创造意识和创业精神。面对创新与变革的时代使命，你们每一个人都重任在肩、大有可为，我希望你们瞄准国家重大战略急需，聚焦科技产业发展前沿领域，迎难而上、勇攀高峰，主动担起建设科技强国的时代使命；我希望你们敢闯善创，在推动国家经济高质量发展的新兴领域拓新立业，主动担起建设社会主义现代化强国的历史使命！

走向可期的未来，我希望你们放眼世界，到更有挑战性的宏大舞台上去。当前，中国正在日益走向世界舞台的中心，承担大国责任、发挥大国影响、提升大国形象需要更多青年人参与。武大培养的学生是具有坚定民族精神和广阔国际视野的国家脊梁，是具有民族文化之根的世界公民，我希望你们不断开阔视野、增强人类命运共同体意识，在主动服务国家战略的同时，积极参与国际竞争与合作，积极参与解决人类共同面临的全球性重大问题，去推动社会进步、引领人类文明，做出无愧于时代的新的更大贡献！

明所从来，不竭于动力；知向何处，不惑于方向。蕴含于武大百年历史的初心和坚守，照耀着面向未来的使命与担当。今天是明天的历史，明天由你们创造。你们肩负民族复兴大任，必将创造新时代中国更加美好的未来！

最近，网上有首十分感人的歌在毕业生中传唱，其中的歌词深深地打动了我，也恰如你们当前的心境：“明天我要离开熟悉的地方和你，我会牢牢记住你的脸，我会珍惜你给的思念，这些日子在我心中，永远都不会抹去。”同学们，谢谢你们在人生最关键的时刻选择了武大，在珞珈山和我们一起度过了几年快乐美好的时光。武大正在砥砺前行，向着中国特色世界一流大学快速迈进；希望你们离开校园后努力奋斗，成为中华民族伟大复兴所需要的人，将来继续关心母校发展。在未来的日子里，也希望你们珍惜同窗之情，互相关心、共同进步。

最后，祝同学们一路顺风，一生幸福，再见！

资料来源：武汉大学网站。

第四节 答谢词

知识要点

➤ 答谢词是指在特定的公关礼仪场合，宾客所发表的对主人或主办方的热情接待与

帮助表示感谢的致辞或讲话稿

- 答谢词通常由标题、称谓、正文和落款组成
- 写作答谢词时，要礼节周到、感情真挚、评价适度、篇幅简短、语言精练得体

一、答谢词的概念

答谢词是指在特定的公关礼仪场合，宾客所发表的对主人或主办方的热情接待与帮助表示感谢的致辞或讲话稿。通常，主客双方在交往合作后，宾客对主人给予的接待、安排、欢迎、欢送、祝贺、馈赠和帮助等友好行为要表达感谢之意。这种礼尚往来的礼节行为会加强双方友好融洽的关系，营造一种和谐的氛围。

二、答谢词的种类

根据致谢缘由和内容的不同，答谢词可分为“谢遇型”答谢词和“谢恩型”答谢词。

（1）“谢遇型”答谢词。“谢遇型”答谢词是用来答谢别人款待的致辞。它常用于宾主之间，既可用于欢迎仪式、会见仪式上，与“欢迎词”相对应，也可用于欢送仪式、告别仪式上，与“欢送词”相对应。

（2）“谢恩型”答谢词。“谢恩型”答谢词是用来答谢别人帮助的致辞。它常用于捐赠仪式或某种送别仪式上，表达接受各种形式的馈赠与帮助的谢意。

三、答谢词的结构与写法

答谢词通常由标题、称谓、正文和落款组成。

（一）标题

答谢词的标题位于首页上方居中位置，由致辞人、致辞对象或致辞场合、文种组成，可以概括为“×××在×××会上的答谢词（致辞）”。也可省略标题中的致辞人，将其置于标题下方。有时只写文种“答谢词”即可。

（二）称谓

在标题的下一行顶格处，写明答谢对象的名称，可以是广泛对象，也可以是具体对象。一般要在称谓前面加上表示尊敬友好的修饰语，如“尊敬的”“敬爱的”“亲爱的”等。有时可以在称谓后面加上有关的职务或头衔。如果是对集体的答谢，称谓应该包括所有的答

谢对象。

（三）正文

答谢词的正文一般包括开头、主体和结尾三部分。

1. 开头

致辞人应先对主人的盛情款待表示衷心的感谢。

2. 主体

这是答谢词的核心。首先，致辞人可以选用具有说服力的具体事例或细节，对主人所做的盛情接待与精心安排给予高度评价；其次，颂扬主人的成绩和贡献，对双方的诚意和合作成功给予充分肯定，也可以阐发此行的重要意义和影响；最后，表达自己在做客期间的所见所闻所感，或表明主人给自己留下的美好印象，进而表示巩固发展友谊或加强合作交流的意愿。

3. 结尾

致辞人再次用简短的语言表示感谢，并对双方关系的进一步发展表示诚挚的祝愿。

（四）落款

答谢词的落款应当在正文右下方，署致辞单位名称或致辞人姓名，在署名下一行的相应位置写致辞日期。若需刊载，也可在标题下方署名。

四、答谢词的写作要求

（一）内容要有对应性，可以临场补充发挥

答谢词要与主人的欢迎词、欢送词或有关致辞以及热情接待或帮助的事实相照应，有针对性地表示衷心感谢。当答谢处于对方的“欢迎词”或“欢送词”之后时，最好能引述对方的意见，并融入自己的观点。这样，不仅可以丰富致辞的内涵，而且可巧妙地融洽双方的关系，增强友好的气氛。有时，即使预先准备了答谢词，也可因情因境，临场应变发挥，紧急修改补充，以示对主人的尊重，并圆满表达自己的情谊。

（二）礼节周到，尊重对方风俗习惯

答谢方往往是在异地做客，要礼节周到、入乡随俗，可以提前充分了解当地的民情、风俗，尊重对方习惯。同时注意措辞慎重，避开对方的忌讳，以免发生误会。

（三）感情真挚，评价适度

答谢方在致谢时，态度要坦诚，感情要真挚，用语要热情洋溢、充满真情，以营造一种宾主共欢的融洽氛围。在答谢词中，可以对对方的成绩和贡献或双方的成功合作给予肯定，做出评价，但要适度，要恰如其分，把握分寸，不可故意拔高、无限升华。

（四）篇幅简短，语言要精练得体

答谢词的篇幅要力求简短，致辞要谦逊、得体、礼貌，要使用“感谢”“致谢”等词语，明确表达自己诚挚的谢意。语言要简洁精练，尽可能删除可有可无的字、词、句、段，做到辞约旨丰。

例文

答谢词

尊敬的客户：

感谢您一直对我们公司的信任和大力支持，值此春节来临之际，××媒体网对您表示最诚挚的祝福和最衷心的感谢。

在××媒体网的发展历程中，是您慷慨地给予了我们强大的力量，使我们成为中国最大的户外媒体交易平台之一；是您大方地赋予了我们不断前进的动力，让我们能够向全媒体方向发展；是您毫不吝啬地给予了我们关注以及参与，让我们能够在未来朝着正确的方向前进。真诚地谢谢您，在您的照顾与陪伴下，我们由婴儿茁壮长成青年，积累了一点点的进步，集聚了一滴滴的成就。到今天，我们不仅囊括了海量的户外资源，拥有大量优质广告位，以及丰富的广播、电视、报纸、杂志和网络等媒体资源，还囊括了微博、微信和论坛等社交媒体资源。目前，大量的媒体主和广告主不断地涌入平台，为我们注入了更多新鲜的血液。我们将全力以赴为企业节省20%投放成本，为媒体公司提供大量真实客户，搭建企业与媒体的阳光交流平台。

我们深知您是我们征途上源源不绝的信心和力量，您是我们事业兴旺发达、长盛不衰的源泉，您是我们彷徨迷茫时的指路灯。您的每一次信任，我们都会铭刻在心；您的每一次参与，我们都会激动不已；您的每一个建议，我们都会视如珍宝。或许，您觉得这些都无足挂齿，但您的每一个细微的举动都促进了我们的成长，我们每向前进一步都是您的功劳，因此我们对您充满了无法言尽的感恩之情。

我们希望在今后的日子里，您能一如既往地鼓励和支持我们。让我们一起在诚信与稳定的市场中合作共赢，取得更加辉煌的成绩。在今后的日子里，我们依然会坚定地秉承自己快乐、激情、挑战、拒绝的企业文化，坚守诚信、创新、协力、包容完美的核心价值观，不断改进不足之处，不断提升自我，踏踏实实地朝着成为全中国最大的全媒体交易平台的目标前进。

我们将集纳更丰厚的投资基金，积极扩大××媒体网的资源，创建更多高级实用的功能，营建简便完善的服务平台，为您提供更多满意的服务。我们期待您诚挚的认可，期待您宝贵的建议，期待您的积极参与。是您给了我们创造无限可能的机会，在新的一年，我们也将更加努力，为您节约更多的成本，不辜负您的期望。

亲爱的客户，一天之计在于晨，一年之计在于春。让我们继续保持高昂的热情，矫健的步伐，一起携手奔向梦想，一起谱写未来的美好篇章。

再一次感谢您对我们的帮助与支持，恭祝您大展宏图，身体健康，万事如意，阖家幸福！

第五节 邀请函

知识要点

- 邀请函是单位、团体或个人邀请知名人士、专家、合作单位或亲朋好友等参加某项活动时所发的礼仪性书信
- 邀请函具有适用范围广、态度礼貌友好和符合礼仪规范等特点
- 邀请函通常由标题、称谓、正文和落款组成
- 写作邀请函时，事项要具体明确，语言要礼貌得体，装帧设计要美观大方

一、邀请函的概念

邀请函又称邀请书、邀请信，是单位、团体或个人邀请知名人士、专家、合作单位或亲朋好友等参加某项活动时所发的礼仪性书信。邀请函是在日常的各种社交活动和国际交往中经常使用的一种实用文书，具有社会公关及礼仪功能，既体现了活动主办方的礼仪愿望和友好盛情，表现了对被邀请者的礼貌与尊重，还具有凭证作用。

二、邀请函的特点

邀请函具有以下三个方面特点。

（一）适用范围广

邀请函的使用非常灵活，单位、团体或个人都可以发出邀请函和接受邀请函。它的适用范围也非常广泛，适用于庆典、社交、学术和商务等各种场合，是为纪念、典礼、宴会、酒会、研讨会、座谈会、展销会和订货会等各种重大活动而发出的书面邀请。

（二）态度礼貌友好

作为礼仪文书，礼貌性是邀请函的显著特征，体现在内容的赞美肯定和礼貌用语的规范使用等方面。邀请函更强调双方和谐友好的交往，注重真诚情感的传递。

（三）符合礼仪规范

在一般情况下，邀请有正式与非正式之分。非正式的邀请，通常是以口头形式来表现的。相对而言，它显得要随便一些。正式的邀请，即采用邀请函的形式，既符合礼仪程序与规范，又体现了邀请者的郑重态度和对被邀请者的尊敬。

三、邀请函的结构与写法

邀请函通常由标题、称谓、正文和落款组成。

（一）标题

邀请函的标题一般只写文种“邀请函”即可，字号比通常标题要略大一些，也可以在邀请函之前加事由，如《亚太经济发展论坛邀请函》《关于参加中华民族凝聚力研讨会的邀请函》《沟通无限——中部六省城市信息化高级论坛邀请函》。

（二）称谓

称谓是对被邀请对象的称呼。通常在标题的下一行顶格处，写明被邀请单位、团体名称或个人姓名，一般不宜使用泛称或统称，以示礼貌和尊重。如果被邀请对象是个人，须在姓名前冠以“尊敬的”等敬语，后面加上有关的职务、职称等头衔，也可以用“先生”“女士”等，如“尊敬的××教授”“尊敬的××女士”。

（三）正文

邀请函的正文一般包括开头、主体和结尾三部分。

1. 开头

邀请函的开头通常是向被邀请对象致以简单的问候，如“您好”，然后简要说明举办活动的目的、缘由，也可用简洁的表述融入以下具体的邀请内容。

2. 主体

这是邀请函的核心内容，须明确告知被邀请对象参加活动的有关事宜。主体部分通常要说明礼仪活动的名称、主办单位、时间、地点、活动内容或日程安排，以及其他需要说明的事项等，表明盛情邀请对方的意愿。如果活动内容与具体安排特别详细，通常要另外附纸说明，避免邀请函写得过长。

3. 结尾

邀请函的结尾一般要以常用的邀请惯用语向被邀请对象发出诚挚得体的邀请，如“敬请光临”“欢迎光临”“恭请届时出席”等。也可以常见的祝颂语作结。

（四）落款

邀请函的落款部分，应署邀请单位名称或个人姓名，并在下一行相应位置署发函日期。正式邀请函还应加盖邀请单位公章，以示郑重。

四、邀请函的写作要求

（一）格式规范，邀请事项具体明确

写作邀请函，一定要格式规范、要素完备、称谓得体、态度热情真诚。正文的邀请事项务必周详、具体、明确，并反复校对核实，不要遗漏重要信息，使被邀请对象可以有备而来，也会使活动举办方减少一些意想不到的麻烦。

（二）语言礼貌得体，装帧设计美观大方

邀请函应根据场合、内容、对象的不同考虑措辞，行文要达雅兼备，语言既平实明了，又不失庄重雅致、礼貌得体，体现邀请人的热情与诚意。邀请函在款式和装帧设计上应美观、大方、精致，符合礼仪文书的行文要求，达到事务与礼仪的完美结合，不可用书信纸或单位的信函纸草草了事。

例文

2021 年会盛典邀请函

尊敬的________先生/女士：

时光流逝，不忘初心。××××××（公司名）倾心编织平台，您是关注和支持的主角。

新年伊始之际，××××××（公司名）满怀感激之情，兹定于 2021 年 1 月 24 日在×××××酒店举办“××××××（公司名）同梦同行”2021 年会盛典，届时将有我们精

心准备的节目和丰厚的奖品等待着您，期待您的拨冗莅临！

让我们同叙友谊，共话未来，迎接来年更多的财富、更多的喜悦！

××××公司

2021 年 1 月 6 日

相关链接

链接 1

日常生活礼仪：欢迎和欢送的礼仪

迎送客人是社会交往中常用的礼仪活动。热情友好的欢迎，能使客人心理得到满足，产生美好的第一印象；周到礼貌的欢送能给客人留下长远的美好记忆，使整个接待工作有始有终、圆满周密，取得良好的效果。

一、迎送的准备

迎送的准备主要包括以下几个方面。

（1）确定规格。迎送的规格根据应邀客人的身份、到来的目的、性质和时间长短等综合考虑决定。外事迎送遵循对等的原则，主要迎送人应与来宾的身份对等。上级机关的来宾到来，应由主要领导出面迎送。迎送的隆重程度也因规格而定。

（2）落实人员。对于隆重的接待迎送，应当建立工作小组，包括：宣传布置、礼仪队伍、食宿安排、交通工具和安全保卫等。

（3）确定场地布置、迎送程序和各种物资用品准备。

二、迎接的程序

迎接的程序主要包括以下几个方面。

（1）迎接。所有迎宾人员和欢迎队伍应提前到车站、码头、机场迎候客人。

（2）欢迎。客人走下车、船、飞机时，主要迎接人员走上前去欢迎、握手问候，这时有乐队的应当奏欢迎曲。对高级贵宾要安排献花。

（3）介绍。由礼宾工作人员将主人介绍给来宾，再由主人向来宾一一介绍前来欢迎的人员。主人介绍后，由客人向主人一一介绍随同前来的其他客人。介绍后稍事寒暄。

（4）奏国歌（对高级国宾或贵宾）。

（5）讲话。主人先致欢迎词，客人致答谢词。也可以不做讲话，散发书面讲话稿。

（6）群众欢迎。群众手持国旗、彩带欢呼欢迎口号，更隆重的可安排载歌载舞的队伍欢迎。

（7）陪车。客人坐后排右侧，主人坐后排左侧。译员坐前排司机旁边。

（8）下榻。到达目的地后，迅速安排客人到房间下榻，稍事寒暄即可告辞。

三、注意事项

迎送客人应注意以下几个方面。

（1）欢送贵宾，应在车站、机场贵宾室安排贵宾休息。

（2）安排专人办理有关手续。

（3）教育所有人员，要热情、周到、无微不至。

（4）欢送的程序大体与欢迎一样。有些环节就不再重复了。

链接 2

邀请函与请柬的区别

邀请函和请柬的适用范围大致相同，都是以书面形式邀请别人参加某项活动，都具有庄重性和礼仪性的特点。二者之间的主要区别如下。

（1）邀请函比请柬更正式，适用范围比请柬更广泛。邀请函涉及国家元首互访、大小会议、庆典和报告等社交生活的各个方面，尤其适用于比较正式的会议、晚宴和论坛等，一般发函者多是单位或团体，比较官方；请柬多用于喜庆之事，而且多为个人使用。

（2）邀请函的内容比请柬更复杂丰富，信息容量更大。邀请函除了要像请柬一样写明活动的时间、地点外，还要介绍活动举行的背景、意义，活动的具体安排等更详细的邀约内容，因而一般采用正式规范的书信体格式，落款处可以加盖公章；请柬的内容要求简洁明了，结构与表述更清晰简洁。

（3）邀请函的措辞及制作比请柬更朴实。邀请函的语言较之请柬更为平实晓畅，较少使用文言词语；邀请函可以有艺术性的装饰，也可以是一张普通的礼仪信函；请柬则制作精美，更人性化。

问题讨论

1. 请针对有关例文分析讨论祝词与贺词的异同。
2. 致答谢词时，如何使态度显得坦诚真挚？
3. 邀请函属于公文“函”吗？试分析二者的不同。

写作实践

1. ××学校社团联合会最近举办了第七届学生社团文化节，请以校团委的名义拟写一份祝词。

2. ××公司在新春佳节来临之际，准备举办一次大型迎春酒会，请代董事长拟写一份新春祝酒词。

3. 在迎新生开学典礼召开之际，请代校领导拟写一份迎新生欢迎词。

4. ××学院院长带领酒店管理系部分师生到×××大酒店参观实习，受到了酒店领导和员工的热情欢迎。×××大酒店在师生到来时举行了欢迎会，实习结束后，为师生举行了欢送会。请代酒店总经理分别拟写一份欢迎词、一份欢送词。请代××学院院长拟写一份答谢词。

第七章

会务工作文书

学习目标

会务工作文书是会议涉及的各种文书的总称，是有关会议的重要文件、档案和材料，记载会议的内容和议程。本章主要介绍开幕词、闭幕词、会议报告、会议记录和会议纪要的写作知识。通过学习，使学生掌握会务工作文书的写作方法与技巧，帮助学生规范写作会务工作文书。

第一节 开幕词

知识要点

- 开幕词是党政机关、企事业单位和社会团体的领导在会议开幕时的讲话
- 开幕词具有宣告性、指导性和鼓舞性等特点
- 开幕词通常由标题、日期、署名、称谓和正文组成
- 在写作开幕词时，要掌握会议基本精神，注意营造庄重、热烈的会议气氛

一、开幕词的概念

开幕词是党政机关、企事业单位和社会团体的领导在会议开幕时的讲话，旨在宣告会议开始，阐明会议指导思想、宗旨和重要意义，交代会议的任务、要求及有关事项，对会议的进行起着重要的指导作用。

二、开幕词的特点

开幕词具有以下三个方面特点。

（一）宣告性

开幕词是会议开始的序曲，是会议内容中必不可少的程序，标志着会议正式开始。之后，会议各项议程才能陆续展开。因此，开幕词具有宣告会议开始的特性。

（二）指导性

开幕词一般要阐明会议的目的、意义、宗旨、任务和议程安排等内容，这对引导会议朝着既定的方向顺利进行、保证会议圆满成功，有着重要的意义。

（三）鼓舞性

开幕词带有对会议召开的良好祝愿与希望，并通过向与会者介绍会议的议程和宗旨等，激励与会者的参与，调动其开会的积极性。

三、开幕词的结构与写法

开幕词通常由标题、日期、署名、称谓和正文组成。

（一）标题

开幕词的标题通常有两种写法：第一种是由会议名称和文种“开幕词”组成，如《中国戏剧家协会第四次会员代表大会开幕词》；第二种是新闻式标题，正标题揭示开幕词的宗旨或中心内容，副标题标明会议名称与“开幕词”，如《我们的文学应该站在世界的前列——中国作家协会第四次代表大会开幕词》。

（二）日期

日期标注于标题的正下方，外加圆括号。

（三）署名

在日期的正下方注明致辞人姓名。

（四）称谓

称谓要根据会议的性质和与会者的实际情况来确定。称谓应顶格书写，后面加冒号，如“各位代表、各位来宾”“朋友们”“各位嘉宾，女士们、先生们”等。

（五）正文

开幕词的正文一般包括开头、主体和结尾三部分。

1. 开头

开头以简洁的语言开门见山地宣布会议开幕，宣布会议名称要写全称，以示庄重。开头一般来说只有一句话，如“××大学第九届教职工代表大会隆重开幕”。有时还对会议召开的背景、意义、会议筹备情况、出席会议的人员情况做简要介绍，并对会议的召开表示热烈的祝贺，对与会人员的到来表示热烈的欢迎。

2. 主体

这一部分是开幕词的核心，一般包括以下内容：会议召开的意义和指导思想，会议的性质、目的及任务，会议的主要议程和安排，会议的奋斗目标及深远影响，表达对与会代表的希望和要求，并对会议做出预示性的评价。这一部分要写得条理清晰、重点突出，评议要坚定有力、充满热情、富于鼓舞力量。

3. 结尾

结尾一般包括以下内容：向有关人员表示感谢，用凝练、富有鼓舞性的语言发出号召或表示良好祝愿。其写法上常以呼告语另起一段，往往用“预祝大会圆满成功”之类的语句或以振奋人心的号召结束全文。

四、开幕词的写作要求

（一）掌握会议基本精神

开幕词中需要介绍会议的相关情况，写作人只有对会议主题充分了解，才能保证开篇语不跑题。掌握会议基本精神是写好开幕词的基础。

（二）重点突出、详略得当

写作人在写作时应该把握会议的性质，掌握会议的主题、精神，了解会议的全面情况，重点阐述会议的意义、任务和要求，而对会议本身的情况，则要概括说明，点到为止。

（三）文字简洁，语言明快、流畅

开幕词要简洁明了、短小精悍，最忌长篇累牍、言不及义；多使用祈使句，表示祝贺和希望；适当口语化，注重与会议气氛和谐融洽。

（四）营造庄重、热烈的会议气氛

开幕词除庄重、严肃外，还要语气热情友好、感情热烈，且富有号召力和鼓舞性。

例文

中国文学艺术界联合会第十一次全国代表大会

中国作家协会第十次全国代表大会开幕词

（2021 年 12 月 14 日）

铁凝

尊敬的习近平总书记，各位代表，同志们：

中国文联第十一次全国代表大会、中国作协第十次全国代表大会，在庄严的人民大会堂隆重开幕了！这是全国文艺界的一次盛会。首先，请允许我代表大会主席团和全体代表，向习近平总书记，向各位党和国家领导同志表示崇高的敬意和衷心的感谢！代表全国的广大文艺工作者，向应邀出席大会的中央和国家机关有关部委、各人民团体、中央军委政治工作部的负责同志，向参加会议的各位嘉宾表示热烈的欢迎和诚挚的谢意！

今年是伟大、光荣、正确的中国共产党成立 100 周年，是中华民族历史上具有里程碑意义的重要年份。我们深入学习党的辉煌历史，隆重庆祝党的百年华诞，认真学习贯彻习近平总书记在庆祝中国共产党成立 100 周年大会上的重要讲话和党的十九届六中全会精神，在习近平新时代中国特色社会主义思想指引下，深入生活、扎根人民，潜心创作、服务群众，以高质量的文艺创作，激发全国人民爱党爱国的澎湃热情和强大正能量。100 年来，在党的坚强领导下，文艺始终作为时代发展中的一支重要力量，发先声、起国人，鼓士气、聚民心，奉献出无数精品力作，宛如灿烂星河铭刻在人民记忆的天幕之上，为中国人民和中华民族自立自强、不断书写历史辉煌点亮了很多希望之光。迈向新征程，新时代文艺的舞台无比广阔、前景无比光明，每一位新时代的文艺工作者都感到无比骄傲和自豪。我们满怀信心地感受着时代的召唤、倾听着人民的心声，愈发坚定而自信地认识到，只有坚持党对文艺的全面领导，深刻体悟到我是谁、为了谁、依靠谁，更加自觉地把艺术之我融入人民大我，把自己的奋斗汇入民族的奋进，见历史之大势、立民族之精魂、奏时代之凯歌，才能真正担负起满足人民精神需要、增强人民精神力量的光荣责任。

党的十八大以来，以习近平同志为核心的党中央高度重视文化建设和文艺工作，做出一系列重要论述和决策部署。习近平总书记站在坚持和发展中国特色社会主义、实现中华民族伟大复兴中国梦的全局和战略高度，亲自谋划、亲自部署、亲自指导，多次发表重要讲话，做出重要指示批示，多次致信文艺工作者，在中华民族发展的历史纵深和世界文化发展的宏阔视野中科学定位中国社会主义文艺的地位和作用，全面总结我们党领导文艺工作的实践探索和丰富经验，科学提出和解答了中国文艺面临的一系列具有新的历史特点的根本命题，为新时代中国特色社会主义的文艺工作指明了前进方向、提供了根本遵循。党的十九届五中全会，明确提出到2035年建成文化强国的远景目标。党的十九届六中全会，对文化建设提出了崭新的历史性论断。在党中央的坚强领导下，在习近平总书记的关心指引下，在中华民族伟大复兴中国梦的激励鼓舞下，社会主义文艺事业展现出蓬勃的生机活力，结出了累累硕果。我们广大作家艺术家始终坚守在党和人民伟大斗争的最前沿，真切感受着时代前进的呼吸与脉搏，时刻参与着国家民族美好未来的展望与描绘，深情书写着中华儿女创造历史的豪情与壮举，生动表达着中国人民对美好生活的向往与追求。大家坚持“二为”方向、“双百”方针，坚持创造性转化、创新性发展，坚持以人民为中心的创作导向，大力培育和弘扬社会主义核心价值观，用心用情用功以丰富多彩的文艺实践讴歌党、讴歌祖国、讴歌人民、讴歌英雄、讴歌时代，努力铸就中国特色社会主义新时代的文艺高峰。

文学艺术是为国家立心、为民族立魂的工作，文化自信是一个国家、一个民族最深厚、最强大的底气。实现中华民族伟大复兴，需要坚韧不拔的伟大精神，需要文艺点亮勇毅前行的灯火。我们广大文艺工作者必须胸怀两个大局，心系国之大者，紧紧围绕社会主义文化强国远景目标和实现中华民族伟大复兴宏伟目标，自觉肩负起举旗帜、聚民心、育新人、兴文化、展形象的使命任务，坚持社会主义核心价值体系，坚定高度的文化自信，用文质兼美的优秀文艺作品生动展示新时代中国特色社会主义取得的历史性成就、发生的历史性变革和积累的新鲜经验，促进人民精神生活的共同富裕，激发起中华儿女空前的凝聚力和向心力，更好构筑中国精神、中国价值、中国力量，巩固全党全国各族人民团结奋斗的共同思想基础，为新时代开创党和国家事业新局面提供坚强思想保证和强大精神动力。

中国文联第十一次全国代表大会、中国作协第十次全国代表大会，是在文艺界和广大文艺工作者学习宣传贯彻党的十九届六中全会精神不断引向深入、掀起热潮之际召开的一次文艺界盛会。对于此次大会，党中央高度重视，文艺界倍感振奋，全社会热切关注，我们一定要把党中央的殷切希望和人民群众的美好期待铭记在心、践之于行，认真履职尽责，开好这次大会。今天，习近平总书记亲临大会，并将发表重要讲话。我们一定要认真学习、深刻领会、全面贯彻落实习近平总书记重要讲话精神，不辜负党中央信任，不辜负全国人民重托，将本次大会开成一个高举旗帜、民主团结、求实奋进、开拓创新的大会。

同志们，全国文艺界的朋友们！奋进的号角已经吹响，光辉灿烂的美好蓝图已在前方展开，新时代新征程上更加伟大的胜利和荣光等待我们去赢取。让我们更加紧密地团结在以习近平同志为核心的党中央周围，凝心聚力、砥砺前行，扎实工作、锐意进取，为建成社会主义文化强国、实现第二个百年奋斗目标、实现中华民族伟大复兴的中国梦做出新的更大贡献，以实际行动迎接党的二十大胜利召开！

预祝大会圆满成功！

资料来源：《中国艺术报》。

第二节 闭幕词

知识要点

- 闭幕词是在会议即将结束时，由党政机关、企事业单位和社会团体的主要领导向全体与会代表的总结性讲话
- 闭幕词具有总结性、概括性和号召性等特点
- 闭幕词通常由标题、日期、署名、称谓和正文组成
- 写作闭幕词时，要注意与会议基调保持一致，与开幕词前后呼应

一、闭幕词的概念

闭幕词是在会议即将结束时，由党政机关、企事业单位和社会团体的主要领导向全体与会代表的总结性讲话。闭幕词是领导对会议做出的正确评价和总结，是向与会者提出贯彻落实大会精神的希望和要求。

闭幕词与开幕词相对应，首尾呼应，显示出会议组织的严密性和有序性。致闭幕词的领导和致开幕词的领导一般不是同一个人，通常与致开幕词的领导身份相当或职级略低。

二、闭幕词的特点

闭幕词具有以下三个方面特点。

（一）总结性

致闭幕词是重要领导代表会议组织者对会议的重要内容、会议的基本精神和进程进行简要的总结并做出恰当的评价，使与会人员对会议有更加全面的了解和掌握，以便会后落实和贯彻会议的主要内容与基本精神。

（二）概括性

闭幕词应对会议进展情况、完成的议题、取得的成果、会议精神及会议的意义和深远影响等进行高度概括。因此，闭幕词一般都短小精悍，语言简洁明快。

（三）号召性

为激励参加会议的全体成员为实现会议提出的各项任务而奋斗，增强与会人员贯彻会议精神的决心和信心，闭幕词的行文要充满热情，语言要坚定有力，富有号召性和鼓舞性。

三、闭幕词的结构与写法

闭幕词通常由标题、日期、署名、称谓和正文组成。

（一）标题

闭幕词的标题通常有两种写法：第一种是由会议名称和文种“闭幕词”组成，如《湖南现代物流职业技术学院第三届学代会闭幕词》；第二种是新闻式标题，正标题揭示闭幕词的宗旨或中心内容，副标题标明会议名称及“闭幕词”，如《贵在落实——政协东台市第十二届委员会第二次会议闭幕词》。

（二）日期

日期标注于标题的正下方，外加圆括号。

（三）署名

在日期的正下方注明致辞人姓名。

（四）称谓

称谓要根据会议的性质和与会者的实际情况来确定，一般跟开幕词相一致。

（五）正文

闭幕词的正文一般包括开头、主体和结尾三部分。

1. 开头

先用概括性的语言对会议做总体评价，然后简要说明大会的经过，强调圆满地完成了预定的任务或会议胜利闭幕，并对有关工作人员为筹备、组织会议所付出的辛勤努力予以肯定和感谢。

2. 主体

主体一般包括以下三方面内容：一是概述会议的基本情况和通过的重要事项及基本精神；二是评价会议取得的成果、意义和深远影响；三是指出会议主题对今后工作的指导意义，并向与会人员提出贯彻会议决议、精神的希望和要求，增强贯彻会议精神的信心和决心。

3. 结尾

以号召性的语言表明信心，提出希望，表示祝愿等；最后郑重宣布会议闭幕。常用的结束语是“现在，我宣布：××（会议名称的全称）胜利闭幕”。

四、闭幕词的写作要求

（一）要掌握会议情况，与会议的基调保持一致

闭幕词是一些大型会议结束时，由有关领导所做的最后讲话，标志整个会议的圆满结束，所以写作时要掌握会议情况，有针对性地对会议内容予以阐述和肯定。

（二）行文要热情洋溢，语言要简洁有力

闭幕词具有总结性和号召性的特点，因此语言要简洁有力，庄重热情，富于感染力，起到激发斗志、增强信念的作用。切忌长篇大论、空话连篇。

（三）要注意与开幕词前后呼应、首尾衔接

致闭幕词是会议的最后一项重要议程，出现在会议即将结束时，因此要与开幕词前后呼应、首尾衔接，显示大会开得很圆满、很成功。

例文

走好新的赶考之路　奋进强势崛起征程

——在县十六届人大一次会议闭幕式上的讲话

（2022 年 1 月 27 日）

吴启标

各位代表、同志们：

县十六届人大一次会议是在开启第二个百年奋斗目标、实现“十四五”规划的关键之年，是在喜迎党的二十大胜利召开的特殊之年，召开的一次十分重要的会议。经过全体代表和与会同志的共同努力，已经圆满完成了各项议程，就要胜利闭幕了。大会审议通过了

政府工作报告等各项报告文件及决议，选举产生了新一届县人大常委会和县政府领导班子、县监委、县法院、县检察院主要领导和我县出席市人代会的代表。会议期间，大家以饱满的政治热情和强烈的使命担当，充分发扬民主，认真履行职责，积极建言献策，保证了大会的圆满成功。这是一次高举旗帜、继往开来的大会，是一次凝心聚力、共谋发展的大会，是一次求真务实、团结奋进的大会。在此，我代表中共滨海县委，向大会的胜利召开和新当选的各位领导、各位代表表示热烈的祝贺！向出席大会的全体代表和同志们表示衷心的感谢！同时，由于年龄原因和工作需要，部分同志不再进入新一届人大常委会和“一府一委两院”领导班子。他们在任职期间，尽心尽责、忠于职守，开拓创新、扎实工作，为我县的改革发展稳定倾注了大量的心血，做出了突出贡献。我提议，让我们以热烈的掌声，向他们致以崇高的敬意！

过去的五年，是滨海发展进程中不平凡的五年。五年来，全县上下坚持以习近平新时代中国特色社会主义思想为指导，全面贯彻党的十九大和十九届历次全会精神，深入贯彻习近平总书记对江苏省工作重要指示精神，统筹推进疫情防控和经济社会发展，“经济强”的成就更加显著（以下略）。特别是刚刚过去的2021年，我们保持奋进姿态、点燃争先激情，沿海发展如火如荼，绿色转型提质提效，城乡统筹有力有为，民生幸福可观可感，经济社会发展呈现出向上向好的良好态势。这些成绩的取得，离不开上级党委、政府的坚强领导，离不开全县上下的团结拼搏，更离不开全县各级人大和人大代表的辛勤工作。

县十五届人大及其常委会任期以来，与县委同向、与政府同力、与人民同心、与时代同步，切实履行宪法和法律赋予的各项职责，为推动全县经济社会发展和民主法治建设做了大量开拓性、创造性的工作。把对党忠诚作为信仰之基。始终坚持党的领导、人民当家做主、依法治国有机统一，持续增强“四个意识”、坚定“四个自信”、践行“两个确立”、做到“两个维护”。把推动发展作为应尽之责。（以下略）

时代催人奋进，使命激荡人心。2022年是党的二十大召开之年，也是贯彻落实党的十九届六中全会精神和省、市党代会精神的开局之年。本次人代会通过法定程序，把县委的决策部署转化为全县人民的共同意志。县人大和各位代表要把思想和行动统一到中央和省市县委决策部署上来，迎难而上、开拓创新、主动作为、务实进取，确保圆满完成人代会确定的各项目标任务，为滨海在沿海地区高质量发展中勇当排头、争做表率、凝聚强大奋进力量，下面，我再提几点希望和要求。

一、走好新的赶考之路、奋进强势崛起征程，必须在高举旗帜中勇毅前行。坚持把党的领导作为最根本的政治原则，把旗帜鲜明讲政治体现在工作全过程各方面，确保人大工作沿着正确的方向不断向前发展。要筑牢信仰之魂。心中有信仰，行动才有方向，脚下才有力量。要始终坚持用习近平新时代中国特色社会主义思想统揽人大工作，践行“两个确

立”，胸怀“两个大局”，牢记“国之大者”，坚决做到“两个维护”，不断提高政治判断力、政治领悟力、政治执行力。（以下略）

二、走好新的赶考之路、奋进强势崛起征程，必须在服务发展中担当善为。今年是我们坚定向海图强、加快崛起的关键之年，人大及其常委会要把服务全县经济社会发展作为履行职能的主题主线，把切入点找得更准、着力点抓得更实，同心同德、群策群力推动滨海发展行稳致远。要在谋划发展上献良策。紧扣建功黄海新区建设、着力夯实产业基础、建强淮河出海门户、攻坚黄河故道片区等重点领域献良策、建诤言，用心用力谋划一批打基础、强功能、利长远的重大平台载体，拿出一批有价值、有分量、可操作的调研成果，形成一批具有首创性、引领性、实效性的创新举措。（以下略）

三、走好新的赶考之路、奋进强势崛起征程，必须在为民造福中践行初心。牢记江山就是人民、人民就是江山，始终把人民放在心中最高位置，深入践行以人民为中心的发展思想，真正把工作的“风向标”贴近群众需求，让群众的“表情包”拥有更多笑脸。要倾听群众呼声，多谋为民之策。持续丰富人大代表联系人民群众的内容和形式，健全完善“双联系”制度机制，用心用情把基层和群众的呼声带上来，切实当好社情民意的收集者、群众利益的维护者，做到权为民所用，利为民所谋。（以下略）

四、走好新的赶考之路、奋进强势崛起征程，必须在高效履职中树优形象。要坚持总结、继承、完善、提高的原则，着力提升依法履职的能力水平，全面增强人大工作的整体实效。要与时俱进强素能。建立健全常态化长效化学习机制，深入学习人大业务，认真学习法律法规，系统学习前沿知识，不断增强“八种本领”、提高“七种能力”，切实提升依法履职、推动工作的能力和水平。（以下略）

人民代表大会制度是我国的根本政治制度，人大事业是党的事业重要组成部分。县委将一如既往加强和改进党对人大工作的领导，全力为人大常委会和人大代表依法履职、开展工作创造更好条件。各级党组织要充分认识人大的重要地位和作用，更加自觉把人大工作摆上重要位置，在思想上、政治上、组织上支持和推动人大工作。“一府一委两院”要认真执行人大及其常委会做出的决议决定，认真落实人大及其常委会的审议意见，认真办理代表议案和建议，大力营造尊重和支持人大开展工作的浓厚氛围。各位人大代表要切实增强“人民选我当代表，我当代表为人民”的责任感和使命感，坚持严于律己，强化品德修养，保持清廉本色，充分彰显滨海人大代表的时代风采。

各位代表、同志们！没有等出来的成功，只有干出来的精彩。历史赋予重任，人民寄予厚望，我们唯有努力拼搏才能不负时代，唯有奋勇争先才能开创未来！让我们坚持以习近平新时代中国特色社会主义思想为指导，锚定“在沿海地区高质量发展中勇当排头、争做表率”奋斗目标，同心同德、真抓实干，不畏艰险、锐意进取，奋力谱写“强富美高”

新滨海现代化建设新篇章，以优异成绩迎接党的二十大胜利召开。

资料来源：滨海县人民代表大会常务委员会网站，有删改。

第三节 会议报告

知识要点

- 会议报告是领导在会议上对工作、形势或问题做出介绍、分析、评价或总结，并发表指导意见的书面文稿
- 会议报告具有理论性、针对性、权威性和指导性等特点
- 会议报告通常由标题、日期、署名、称谓和正文组成
- 写作会议报告时，要实事求是、观点鲜明、阐述深刻、条理清楚

一、会议报告的概念

会议报告是领导在会议上对工作、形势或问题做出介绍、分析、评价或总结，并发表指导意见的书面文稿。会议报告具有交流思想、通报情况、报告工作、宣传当前党和国家的方针政策及教育、鼓舞群众等作用。许多会议报告经过大会批准通过后，成为下一阶段工作的指导性文件。

二、会议报告的特点

（一）理论性

会议报告是报告撰写者在广泛深入调研、充分占有材料的基础上，总揽全局，找准焦点，围绕实际工作中出现的问题，尤其是那些迫切需要解决的、带有普遍性的、人民群众最关心的、最直接的问题进行透彻分析，细致研究，从而抓住问题的关键，对症下药，达到推动各项工作健康开展的目的。因此，报告撰写者在分析研究中，必须依据有关方针政策，结合实际对所提问题、建议和对策等进行认真研究，反复推敲，从理论和实际相结合的角度来把握哪些是最有价值、最需要解决的问题，充分考虑所提意见的针对性、正确性、合理性、可靠性，使意见和措施能真正有助于解决实际问题。因而，会议报告既注重事实分析，又必须从理论的高度进行归纳概括，从而指导实践。

（二）针对性

会议报告的核心是对实际问题的分析和解决。它一般要总结成绩经验，说明现状和存在问题、部署工作、规划未来等。它要求在分析的基础上提出解决问题的意见或对策，具有很强的针对性，应在实际工作中行得通，推广得开，能够保证得以贯彻执行。

（三）权威性

会议报告不是以个人名义在大会上发表的讲话，而是代表一级党政机关发表的讲话，因此具有相当的权威性。报告内容是经过领导班子集体讨论通过的，体现了党政领导集体的意志。

（四）指导性

会议报告是领导针对前一阶段工作的评价、当前形势的分析和今后工作的部署等内容所发表的看法和意见，对今后的工作具有重要的指导作用。

三、会议报告的种类

根据性质和内容的不同，会议报告可分为工作性会议报告和专题性会议报告。

（一）工作性会议报告

工作性会议报告是指领导在会议上总结前一阶段的工作，分析当前形势，提出今后工作任务和要求的报告。

（二）专题性会议报告

专题性会议报告是指领导在专题会议上，对有关形势、某项工作或专门问题发表自己的看法和意见的报告。

四、会议报告的结构与写法

会议报告通常由标题、日期、署名、称谓和正文组成。

（一）标题

会议报告的标题通常有三种写法：第一种是直接式标题，即由会议名称和文种组成，如《全国体育产业工作会议报告》《在全国财政反腐倡廉建设工作会议上的工作报告》；第二种是文章式标题，即根据报告或讲话的主题，拟写一个体现会议主要精神的标题，如《当前的经济形势和今后的经济建设方针》；第三种是新闻式标题，即正标题揭示报告或讲话的主旨，副标题采用直接式标题，如《凝心聚力促转型，克难攻坚抓提升，全面推进全区经济跨越式发展——全区经济工作会议报告》。

（二）日期

日期标注于标题的正下方，一般可外加圆括号。

（三）署名

在日期的正下方注明报告人姓名。

（四）称谓

称谓可根据报告对象的身份而定，要恰当得体。写法大致有两种情况：一是只写在报告的开头；二是在报告的进程中适当穿插使用，作用是提示听众注意。每次称谓的出现，都标志着讲话进入了一个新层次。

（五）正文

会议报告的正文一般包括开头、主体和结尾三部分。

1. 开头

工作性会议报告的开头要概述前一阶段的工作情况，内容包括对工作的总体评价、任务完成情况和取得成绩的条件等，为后面的报告内容确定基调。需要提请会议审议通过的会议报告，需在开头直接交代代表谁做什么报告，并提请会议审议，如“我受××委托，向大会做报告，请予以审议”，或“我代表××向大会做工作报告，请予审议”。专题性会议报告的开头，或开门见山地提出问题，或说明面临的某项工作任务，或说明会议的指导思想，或阐述会议的重要意义。

2. 主体

根据内容和性质的不同，会议报告的主体部分的写法有所不同。

工作性会议报告的主体通常包括以下三方面的内容：一是工作情况，即简明扼要地陈述工作时间、背景、进展情况、有关政策的执行情况、工作中采取的主要措施、取得的成绩、经验和体会等；二是存在的问题，即总结工作中存在的不足和失误，并分析产生问题的主客观原因，总结教训；三是对今后工作的意见或建议，即分析当前的形势，制定方针和目标，强调工作的中心，拟定相应的措施、方法和步骤。

专题性会议报告的主体要围绕开头提出的中心论题，或进行论述、分析，或提出做好工作的措施和要求，或提出解决问题的见解和主张。专题性会议报告的类型比较多，主体内容也各不相同，因此需要合理安排主体内容，做到中心突出、论证清晰。

3. 结尾

结尾通常是发出号召或提出今后工作的奋斗目标，给人以力量，或总结全文，得出结论，表明态度，提出希望。

五、会议报告的写作要求

（一）要实事求是，观点鲜明

会议报告中，无论是对过去工作的概括总结，还是提出今后要完成的任务，都要坚持实事求是的原则。对成绩不夸大，不遗漏，不无中生有，对缺点不掩盖。提出的措施、办法要切实可行。会议报告的观点要鲜明，重点要突出，以便听众把握会议报告的要领，给他们留下鲜明深刻的印象。

（二）要有针对性，阐述深刻

会议报告是讲给听众听的，因此，起草人在起草报告前首先要明确会议的内容，了解听众的情况，从而做到有的放矢，解决实际问题。会议报告要做到充分地说明主旨，就必须从理论和事实的有机结合上分析论证，深刻阐述。

（三）要有逻辑性，条理清楚

会议报告正文大多采用小标题式或以段分层式的结构，体现出清晰的思路和严密的逻辑性。这既能突出报告的内容要点，又便于听众抓住报告要领。

例文

政府工作报告

——2022 年 1 月 20 日在山西省第十三届人民代表大会第六次会议上

省长　蓝佛安

各位代表：

现在，我代表省人民政府向大会报告工作，请予审议，并请省政协委员和其他列席人员提出意见。

一、2021 年工作回顾

过去的一年，是我省发展史上具有里程碑意义的一年。省第十二次党代会胜利召开，为“十四五”乃至更长时期全方位推动高质量发展描绘了壮丽蓝图，吹响了进军号角。在省委坚强领导下，全省上下高举伟大旗帜，牢记领袖嘱托，拥护“两个确立”，践行“两个维护”，坚持以习近平新时代中国特色社会主义思想为指导，深入学习贯彻习近平总书记视察山西重要讲话重要指示精神，全面落实省第十二次党代会精神，全方位推动高质量发展，顺利实现“十四五”良好开局，和全国一道实现第一个百年奋斗目标，全面开启向第二个百年奋斗目标进军的新征程。

一年来，我们坚持稳中求进，在攻坚克难中实现经济发展进位提质。（以下略）

一年来，我们坚决担当使命，在精准施策中奋力推动转型。（以下略）

一年来，我们践行“两山”理论，在“双碳”引领中加快绿色发展。（以下略）

一年来，我们锐意改革创新，在破解难题中增强发展动力。（以下略）

一年来，我们面向市场主体，在创优环境中充分激发活力。（以下略）

一年来，我们顺应民之所盼，在践行宗旨中增进民生福祉。（以下略）

一年来，按照党中央部署及省委安排，扎实开展党史学习教育。（以下略）

各位代表，这些成绩是在有效化解发展不平衡和不协调双重压力、有效破解供给侧改革和需求侧管理双重难题、有效应对外部竞争加剧和内生活力不足双重挑战下取得的，来之不易、难能可贵。这是以习近平同志为核心的党中央英明领导的结果，是习近平新时代中国特色社会主义思想科学指引的结果，是省委团结带领全省广大干部群众攻坚克难的结果。在此，我代表省人民政府，向全省人民，向各民主党派、工商联和无党派人士，向各位人大代表、政协委员，向驻晋部队、公安干警和中央驻晋单位，向关心支持山西改革发展的各界朋友，表示崇高的敬意和衷心的感谢！

各位代表，在转型发展上率先蹚出一条新路来，是习近平总书记为我们指引的金光大道，是新时代三晋儿女矢志不渝、久久为功的历史使命。我们必须高度重视并切实解决经济社会发展和政府工作中存在的一些突出问题，下大力气破解经济发展结构性、体制性、素质性矛盾和发展不充分不平衡不协调问题，集中力量补齐创新生态、营商环境、产业链供应链以及生态环保、安全生产、防灾救灾等领域的短板弱项，精准解决群众就业创业、教育减负、住房医疗等方面的“急难愁盼”问题，重拳整治政府系统一些干部不作为、慢作为、乱作为甚至腐败等消极现象，向责任落空、工作落虚等顽瘴痼疾开刀，牢固树立真抓实干、狠抓落实的鲜明导向，在勇蹚新路征途上担当作为、奋力前行！

二、2022 年工作安排

今年是党的二十大召开之年，是贯彻省第十二次党代会精神、全方位推动高质量发展的关键一年。

面向新的征程，我们要清醒认识到，外部环境更趋复杂严峻，百年变局加速演进，疫情仍然是最大不确定因素，我国经济发展面临需求收缩、供给冲击、预期转弱三重压力，

“双碳”“双控”刚性约束加大，这些因素交织叠加，进一步增加了做好今年工作的艰巨性和复杂性。我们更要深刻认识到，做好全年工作有很多有利因素。我国经济韧性强，长期向好的基本面不会改变，中央经济工作会议部署“七大政策”，国家大力实施中部地区高质量发展、黄河流域生态保护和高质量发展等重大战略，加快推进资源型地区高质量发展，这些都为我们带来了战略机遇和政策利好；我省正处于转型发展重要窗口期，省第十二次党代会明确了建设“三区三地”的目标定位，当前经济走势平稳健康，转型态势强劲向好，后发优势突出明显，干事创业氛围愈加浓厚，为全方位推动高质量发展创造了良好基础和有利条件。综观大势，我们更加坚信，在中华民族伟大复兴势不可挡的新时代，山西全方位推动高质量发展前景广阔。因时乘势，我们更加笃定，在省委坚强领导下，通过全省上下的共同努力，一定能办好山西的事情，不断开创新时代山西各项事业新局面！

做好今年工作，必须坚持以习近平新时代中国特色社会主义思想为指导，全面贯彻党的十九大和十九届历次全会精神，深入学习贯彻习近平总书记视察山西重要讲话重要指示精神，认真贯彻落实中央经济工作会议精神，按照省第十二次党代会和省委经济工作会议决策部署，坚持稳中求进工作总基调，立足新发展阶段，完整、准确、全面贯彻新发展理念，抢抓构建新发展格局战略机遇，按照全方位推动高质量发展的目标要求和工作矩阵，以供给侧结构性改革为主线，统筹疫情防控和经济社会发展，统筹发展和安全，继续做好“六稳”“六保”工作，保持经济运行在合理区间，持续改善民生，保持社会大局稳定，以优异成绩迎接党的二十大胜利召开。（以下略）

做好今年工作，要稳字当头、稳中求进、难中求成，突出抓好稳运行、稳能源、稳粮食、稳就业、稳市场主体、稳金融、稳安全、稳防疫、稳生态等工作，以稳促进，以进固稳。在统筹做好各项工作的基础上，重点抓好以下工作。

（一）加快推进产业转型，壮大高质量发展动能。（以下略）

（二）大力实施市场主体倍增工程，厚植高质量发展根基。（以下略）

（三）持续加力推进项目建设，积蓄高质量发展后劲。（以下略）

（四）统筹推进“一群两区三圈”建设，拓展高质量发展新空间。（以下略）

（五）全力构建良好创新生态，增强高质量发展驱动力。（以下略）

（六）强力抓好营商环境建设，打造高质量发展重要支撑。（以下略）

（七）坚定不移深化改革开放，激发高质量发展动力活力。（以下略）

（八）绿色低碳建设美丽山西，擦亮高质量发展底色。（以下略）

（九）聚力抓好民生社会事业，共建共享高质量发展成果。（以下略）

（十）推进更高水平的平安山西建设，营造高质量发展良好环境。（以下略）

三、大力提升政府治理体系和治理能力现代化水平

坚持以政治建设为统领，全面提升政府治理能力，努力建设人民满意的服务型政府。

强化政治引领。巩固拓展党史学习教育成果，加强创新理论武装，始终把学习贯彻习近平新时代中国特色社会主义思想作为第一议题，坚决捍卫“两个确立”，切实增强“四个意识”、坚定“四个自信”、做到“两个维护”，深刻把握政治和业务一体两面的辩证关系，不断提高政治判断力、政治领悟力、政治执行力，坚决有效、不折不扣贯彻落实习近平总书记重要指示批示和党中央、国务院决策部署，贯彻落实省委工作要求，在胸怀“两个大局”、践行“国之大者”中推动我省高质量发展取得新成效。

强化依法行政。贯彻习近平法治思想，深化法治政府示范创建，推进法治山西、法治政府、法治社会一体建设试点工作。树牢法治意识，增强法治思维，严格依照法定权限和程序行使权力、履行职责。做好科技创新、公共卫生、生态文明、民生、社会治理等领域行政立法工作。加强规范性文件备案审查工作。落实“三项制度”，持续推进综合行政执法改革。深入开展“八五”普法，强化公共法律服务体系建设，深化行政复议体制改革。严格执行人大及其常委会的决议决定，认真办理人大代表建议、政协提案。自觉接受人大法律监督、政协民主监督和各方面的监督。深入推进政务公开和信息公开，依法全面公开权力清单、责任清单，让权力在阳光下运行。

强化服务意识。坚持人民至上，持续开展“我为群众办实事”活动。加强经济知识、科技知识和专业知识学习，提升服务市场主体和人民群众的能力和本领。敬畏历史、敬畏文化、敬畏生态，做到慎重决策、慎重用权。弘扬“一线工作法”，深入基层开展调查研究，接地气、知民情、解民忧，以政府工作的“服务指数”换取人民群众的“幸福指数”。

强化工作落实。大力解放思想，勇于破除因循守旧的保守观念，善于用新举措开创新局面。实行“1+*N*”抓落实工作机制，分工负责、清单管理、协同配合，以科学规范的流程、明确具体的标准，形成抓落实的完整闭环。完善“13710”督办、“点穴式”督查机制，严格问效奖惩，对重点工作进行考评，完善正向激励、约谈问责和容错纠错机制，推动各项工作落地见效。

强化清正廉洁。落实全面从严治党主体责任，深入推进政府系统党风廉政建设和反腐败斗争，筑牢国资国企、地方金融、能源资源、公共资源交易等重点领域的制度防线，贯彻落实中央八项规定及其实施细则精神，着力整治形式主义、官僚主义，建设清廉政府。牢固树立过紧日子思想，坚决压减非刚性、非重点、非急需支出，把宝贵的财政资金用在民生事业和转型发展上。

各位代表，新征程催人奋进，新使命重任在肩。让我们更加紧密地团结在以习近平同志为核心的党中央周围，在省委的坚强领导下，弘扬伟大建党精神，解放思想、实事求是，

真抓实干、久久为功，全方位推动高质量发展，加快转型发展蹚新路，奋力谱写全面建设社会主义现代化国家山西篇章，以优异成绩迎接党的二十大胜利召开！

资料来源：山西省人民政府网站，有删减。

第四节 会议记录

知识要点

- 会议记录是由会议组织者指定专人，如实、准确地记录会议的组织情况和会议内容的一种书面材料
- 会议记录具有实录性、完整性、规范性和资料性等特点
- 会议记录通常由标题、会议组织情况、会议内容和结尾组成
- 写作会议记录时，要忠于事实，做到准确无误，并与会议纪要相区别

一、会议记录的概念

会议记录是由会议组织者指定专人，如实、准确地记录会议的组织情况和会议内容的一种书面材料。会议记录一般用于比较重要的会议或正式的会议，它要求真实、全面地反映会议的本来面貌。

二、会议记录的特点

（一）实录性

会议记录是会议记录人随着会议的进程同步记录的，因此，要坚持“发言者怎么说的就怎么记，会议怎么定的就怎么写”的原则，保持“原汁原味”，不允许在记录中加入记录人个人的观点，不能随意删减、增添、加工或提炼。

（二）完整性

会议记录对会议的时间、地点、出席人、主持人和议程等基本情况，对领导讲话、与会者的发言、讨论和争议、形成的决议和决定等内容，都要完整记录下来。

（三）规范性

记录人在做会议记录时，要使用单位统一的记录专用纸或会议记录本；要按照统一的

格式记录；要使用规范的记录符号；要字迹清晰；要会使用规范的速记方法记录。

（四）资料性

会议记录是分析会议进程、研究会议议程的依据；是编写会议简报和撰写会议纪要的重要资料；还可以作为原始资料编入档案长期保存，以备需要时查阅。

三、会议记录的结构与写法

会议记录通常由标题、会议组织情况、会议内容和结尾组成。

（一）标题

会议记录的标题通常由开会单位、会议名称和文种“记录”组成，形式是“××××会议记录”，如《××区干部培训中心第三次办公会议记录》《××公司第六次股东大会记录》。

（二）会议组织情况

会议组织情况主要包括如下几点内容。

1. 会议时间

会议记录上要写明年、月、日，上午、下午或晚上，×时×分至×时×分。

2. 会议地点

会议记录上要写清会议室名称。

3. 出席人

根据会议性质、规模和重要程度的不同，出席人也有所不同。如果人数不多，可一一写明姓名，如果人数较多，可只显示身份和人数，如“各院系党总支书记 10 人”“各部门代表”；如果出席人身份复杂，既有上级领导，又有本单位各部门主要领导，还有各有关人员，则要将主要人员的职务、姓名一一列出，其他有关人员则分类列出。

4. 缺席人

会议记录上列出缺席人的姓名并注明缺席原因。

5. 列席人

会议记录上写明列席人的身份、姓名。

6. 主持人

会议记录上直接注明“主持人：×××”即可。

7. 记录人

会议记录上直接注明“记录人：×××”即可。

（三）会议内容

会议内容是会议记录的主体，一般包括以下几方面内容：主持人的开场白、会议议题、会议议程、会议报告和讲话、会议讨论和发言、会议的表决情况、会议决定和决议、会议的遗留问题等。这一部分是了解会议意图的主要依据，是会议成果的综合反映，是日后备查的重要部分，要着重记录。

记录人在记录时，要按照会议的进程记录会议进行情况。先写报告人和发言人的姓名，然后记录发言的内容。会议记录方法可分为摘要式记录和详细记录两类。

1. 摘要式记录

会议记录上只记录会议要点和中心内容，多用于一般性会议。

2. 详细记录

会议记录上要完整地记录会议情况、会上的发言、不同意见、争论和会议决议等内容，尽量记录原话，做到有言必录，主要用于比较重要的会议和重要的发言。

（四）结尾

会议结束，记录人记录完毕，可将主持人宣布的散会一项记入，另起一行，写“散会”二字，也可以略去不记。最后，由主持人和记录人对记录进行认真校核后，在正文的右下方分别签名，以示对此负责。

四、会议记录的写作要求

（一）会议记录要忠于事实

对于会议组织情况和会议进行情况，记录人都必须实事求是地记录，不能夹杂任何个人情感，更不允许有意增删发言内容。

（二）会议记录要准确无误

记录人在记录时，力求把会议内容听准确、记完整。听不准或有疑问，记录人应及时核准。

（三）注意会议记录与会议纪要的区别

会议记录不是公文，而是一种如实记录会议进程和内容的书面材料；会议纪要是在会议记录的基础上，对会议的主要内容及议定的事项，经过摘要整理而形成的指导性文件。会议记录一般不公开，无须传达或传阅，只作资料存档；会议纪要通常要在一定范围内传达或传阅，要求贯彻执行。

例文

会议记录

时　　间	2020 年 6 月 17 日下午 4:30—6:00	地　　点	第三会议室
主 持 人	张××（总经理）	记 录 人	刘××（办公室秘书）
参会人员	孙××（×部门经理）、张××（×部门经理）、魏××（×部门经理）、刘××（办公室主任）及相关处室负责人		
会议内容	××公司第××次办公会议 一、讨论 （一）关于公司经济合同管理办法。 （二）关于公司资金管理办法。 （三）关于公司效益工资发放问题。 二、决议 （一）会议原则通过总经办提交的公司经济合同管理办法，会议要求总经办根据会议决定进一步修改完善，发文执行。 （二）会议认为计财处提交的公司资金管理办法有利于加强公司资金管理，提高资金使用效率，保障安全生产需要。会议原则通过该办法，计财处修改完善后发文执行。 （三）会议决定对已经下文明确的干部、职工执行新的岗位工资标准，没有下文明确的干部、职工暂维持不变。待三个月考核明确岗位后，一律按新岗位标准发放。 散会。 主持人：张×× 记录人：刘××		

第五节 会议纪要

知识要点

- 会议纪要适用于记载会议主要情况和议定事项
- 会议纪要具有纪实性、纪要性和指导性等特点
- 会议纪要通常由标题、正文和落款组成
- 写作会议纪要时，要内容客观真实、重点突出、条理清晰、简明精练

一、会议纪要的概念

会议纪要适用于记载会议主要情况和议定事项。2012年发布的《党政机关公文处理工作条例》（中办发〔2012〕14号）将“会议纪要”改为“纪要”，为统一表述，本节仍采用“会议纪要”。

会议纪要的作用体现在：一是向上级汇报会议情况，以便上级了解情况，指导工作；二是向下级传达会议精神，以便沟通情况、交流经验、统一认识，更好地执行会议的决议。

二、会议纪要的特点

会议纪要具有以下三个方面特点。

（一）纪实性

会议纪要是指根据会议的宗旨，按照会议记录、会议文件材料和会议的活动情况分析归纳，综合加工整理而成的，反映会议基本情况和主要精神的纪实性文件。纪实性是会议纪要的基本特点，也是撰写会议纪要的基本原则。

（二）纪要性

这是会议纪要与会议记录的显著区别。它不是把会议中涉及的所有问题都写出来，而是精其髓、概其要，用极为简洁精练的文字高度概括会议的基本议程、重要情况、研究决定的重大问题和最后形成的决议。行文简明扼要，不要堆砌材料。

（三）指导性

会议纪要所涉及的事项是由与会者讨论并通过的，要求与会各方共同遵守和贯彻执行，它的下发对于进一步推动工作的开展起着指导作用。

三、会议纪要的种类

根据性质和内容的不同，会议纪要可分为办公会议纪要、专题会议纪要和联席会议纪要等。

（一）办公会议纪要

办公会议纪要是指用以传达办公会议所研究的工作、议定的事项和布置的任务，要求与会单位和有关方面共同遵守、执行的会议纪要。

（二）专题会议纪要

专题会议纪要是指专门记述会议讨论、研究情况与成果的会议纪要。

（三）联席会议纪要

联席会议纪要是指不同单位、团体为了解决彼此有关的问题而联合举行会议，在此会议上形成的会议纪要。

四、会议纪要的结构与写法

会议纪要通常由标题、正文和落款组成。

（一）标题

会议纪要的标题通常有三种写法：第一种是由会议名称和文种组成，如《全国民事审判工作会议纪要》《全国城市规划工作会议纪要》《全国普通高校艺术教育工作研讨会纪要》；第二种是由发文机关、会议名称和文种组成，如《××市供电局办公会议纪要》《××省公安厅处长会议纪要》；第三种是由主标题和副标题组成，如《抓住机遇扩大开放——沿长江五市对外开放研讨会纪要》。

（二）正文

会议纪要的正文一般包括开头、主体和结尾三部分。

1. 开头

开头一般要写明会议的组成情况，包括会议召开的时间、地点、主持单位，与会人员及会议的议题等，有的还可以写出会议程序或概述会议总的情况。

2. 主体

主体记载会议主要情况和议定事项，可采用以下三种方法进行叙述。

（1）归纳概括法。归纳概括法是把会议的基本情况、讨论研究的主要问题、与会人员的认识、议定的有关事项等分门别类进行阐述和说明。这是一种普遍的写法，它有利于突出主要内容、分清主次。

（2）分项叙述法。分项叙述法是将会议的主要内容和议题分成几个大问题，进行分项阐述。这种写法条理清楚，一目了然。

（3）发言提要法。发言提要法是把与会人员具有典型性、代表性的发言加以整理，提炼内容要点和精神实质，然后按照发言顺序或内容类型，分别加以说明，如实反映与会人员的意见。这种写法可以尽量保留发言人谈话的风格，比较客观、具体。

3. 结尾

结尾部分一般写会议号召和希望，或突出会议的意义，还可写明主办单位对贯彻会议精神的一些要求。有的会议纪要不写专门的结尾。

（三）落款

正文后落款处，应签署发文机关名称和成文日期。

五、会议纪要的写作要求

（一）真实准确地反映会议的各项内容

会议纪要必须如实地反映会议的主要过程、基本精神和会议内容，忠实于会议实际。凡是写入会议纪要的内容，都必须有据可查。撰写者要对会议的有关材料认真加以研究，准确地把握会议主旨和议定事项，它不能离开会议实际再创作，不能人为拔高、深化和填平补齐，否则，就会失去其内容的客观真实性，违反会议纪实的要求。

（二）突出重点，条理清晰，简明精练

会议纪要作为会议情况和会议结果的扼要反映，不能照抄会议记录。行文时，一是要择其要点，取其精华，围绕会议主旨及主要成果来整理、提炼和概括。重点应放在介绍会议成果，而不是叙述会议的过程，切忌记流水账。二是要对不够系统的零乱材料加以归纳

整理，使之有条有理、清晰明白。

（三）使用会议纪要的习惯用语

会议纪要常以“会议”为第三人称，记叙会议内容。因此，主体部分应使用“会议认为”“会议提出”“会议决定”“会议要求”“会议希望”“会议号召”“与会者认为”等作为层次或段落的开头语。

例文

昆山市政府第1次常务会议纪要

2022年1月11日上午，市长陈丽艳主持召开市政府第1次常务会议，审议《昆山市“十四五”农业农村现代化发展规划》《昆山市卫生健康事业“十四五”发展规划》《昆山市气象发展“十四五”规划》《推进昆山杜克大学国际合作教育样板区建设实施方案》。会议议定以下意见。

一、审议《昆山市“十四五”农业农村现代化发展规划》

（一）原则同意《昆山市“十四五”农业农村现代化发展规划》。由市农业农村局根据会议讨论意见做进一步修改完善后，按程序发文实施。

（二）要深入学习贯彻习近平总书记对做好“三农”工作的重要指示精神，深刻理解农业农村现代化对于“勾画现代化目标”的特殊重要意义。要牢牢把握发展总目标，坚持以乡村振兴战略为引领，抓住多项国家级农村改革试验任务机遇，以更大的魄力、更明确的目标、更有力的举措，推动农业高质高效、乡村宜居宜业、农民富裕富足，确保2022年率先基本实现农业农村现代化。

（三）要以缩小城乡发展差距、促进共同富裕为主攻方向，发展特色农村集体经济，健全城乡融合发展体制机制和政策体系，以城乡一体化消除城乡二元结构，实现乡村振兴和产城融合之间的互促均衡发展；市农业农村局要发挥好牵头作用，强化统筹谋划和顶层设计，用好农业农村预算经费，以项目化形式推动规划落地；各区镇、各部门要落实好推进共同富裕的主体责任，坚持尽力而为、量力而行，加强农村普惠性、基础性民生建设，让农民共同分享现代化成果。

二、审议《昆山市卫生健康事业“十四五”发展规划》

（一）原则同意《昆山市卫生健康事业“十四五”发展规划》。由市卫健委根据会议讨论意见做进一步修改完善，并征求相关市政府领导意见后，按程序发文实施。

（二）“十三五”时期，由于疫情防控需要，卫生健康事业实现了大跨步发展，既体现在财政资金在卫生健康方面投入的增加，也体现在社会、家庭、个人不同层面卫生健康意识的提升。“十四五”时期，要统筹谋划卫生健康事业发展，让群众在家门口就能获得高水平医疗服务，实现更高品质的生活。

（三）要强医疗、看好病，充分借助外力，加强与上海医疗机构的紧密合作，强化名师、名医、名团队的引领作用，导入更多高质量医疗资源，引育高水平医卫人才队伍；要重预防、治未病，树立大健康理念，发挥中医特色优势，有效增强全民体质，同时要加强区域医疗资源合作共享，提升医疗康养水平；要强规划、优布局，结合完善城市公共功能，全面提升医疗机构软硬件水平，增强城市对人才的吸引力；要强服务、促发展，学习借鉴现代企业管理制度，提升现代化医院运营管理水平，实现社会效益和经济效益的有机统一，同时要统筹卫生健康事业与小核酸和生物医药产业集群发展，实现双向服务、相互促进。卫生健康系统以及各区镇、各部门要时刻绷紧疫情防控这根弦，切实巩固来之不易的疫情防控成果。

三、审议《昆山市气象发展“十四五”规划》

（一）原则同意《昆山市气象发展“十四五”规划》。由市气象局根据会议讨论意见做进一步修改完善后，按程序发文实施。

（二）要坚持实用性原则，加快建设新一代天气雷达系统先知工程，深化与中科院大气物理研究所合作，进一步提升气象监测软硬件实力。市气象局要加强与生态环境部门联动，协助做好省控空气质量监测站点设置科学性论证。

（三）要强化极端天气和气象灾害精准预警，提高气象数据质量及应用水平。要把气象工作融入城市精细化管理、生态文明建设、乡村振兴、防灾救灾、城市安全等工作中，增强城市韧性。

四、审议《推进昆山杜克大学国际合作教育样板区建设实施方案》

（一）原则同意《推进昆山杜克大学国际合作教育样板区建设实施方案》。由昆山杜克大学发展促进中心根据会议讨论意见做进一步修改完善后，做好后续上报和落实工作。

（二）要敢想敢为，以更大视野谋划国际合作教育样板区建设，主动链接昆山、长三角、全国以及全球资源为我所用。要坚持双向赋能，积极帮助昆山杜克大学抢抓国际合作教育样板区建设机遇，做大规模，拓宽合作领域，同时要组织发动企业，加强互动交流，深化校地合作，特别要用好“卓越学者计划”等吸引国际人才的绿色通道，汇聚全球高水平科研人才。市工信局要会同市发改委加强研究，充分利用昆山杜克大学的科研创新优势，更好地服务昆山产业创新集群建设。

（三）要完善相关工作机制，深化武汉大学与昆山杜克大学之间的交流合作，积极加强对上沟通汇报，力争建立省市县三级协同工作机制，助力昆山杜克大学打造国际合作教育样板区。

出席：（以下略）

列席：（以下略）

昆山市人民政府办公室

2022 年 1 月 16 日

资料来源：昆明市人民政府网站，有删改。

相关链接

链接 1

会务工作流程

会议从筹备到善后，有一系列会议秘书工作（也叫会务工作），它是通过秘书部门按一定程序化的安排来实现的。会务工作做得好坏，直接影响会议质量和会议效果。会务工作一般来说可分为会前准备工作、会中服务工作、会后整理工作三个阶段。

一、会前准备工作

主要包括：①拟订会议方案；②确定会议主题与议题；③确定会议名称；④确定会议规模与规格；⑤确定会议时间与会期；⑥明确会议所需设备和工具；⑦明确会议组织机构；⑧确定与会者名单；⑨选择会议地点；⑩安排会议议程和日程；⑪制发会议通知；⑫制作会议证件；⑬准备会议文件材料；⑭安排食住行；⑮制订会议经费预算方案；⑯布置会场；⑰会场检查。

二、会中服务工作

主要包括：①报到及接待工作；②组织签到；③引导座次；④会场管理工作；⑤会议协调工作；⑥做好会议记录；⑦会议信息工作；⑧编写会议简报；⑨做好会议值班保卫工作；⑩做好后勤保障工作。

三、会后整理工作

主要包括：①安排与会人员离会；②撰写会议纪要；③会议的宣传报道；④会务总结工作；⑤催办与反馈工作；⑥会议文书的立卷归档。

链接 2

会场布置的方法

会场布置是会务工作的一项重要的内容。会场的大小和地点是否合适，会场的整体布局是否合理，设备是否齐全，会场营造的气氛是否与会议主题相符，都会对会议的效果产生直接的影响。

一、会场布置的方式

（一）相对式

主席台与代表席采取面对面的形式，突出主席台的位置，分为礼堂形、教室形、弦月形，适合大型会议。

（二）全围式

不设专门的主席台，所有与会者均围坐于一起，围坐成的形状可以是圆形、椭圆形、长方形、多边形，适合日常工作会议。

（三）半围式

介于相对式与全围式之间，设有主席台，但在其正面和两侧安排代表席，形成半围的形状，这样既突出了主席台的地位，又有融洽的氛围，分为马蹄形、T 字形、拱桥形，适合中小型工作会议。

（四）分散式

将会场分为若干个中心，每一个中心都有一个主桌，这种方式分为圆桌形、方桌形、V 字形，适合联欢会、茶话会等。这种座位格局在一定程度上既能突出主桌的地位和作用，又给与会者提供多个交流的机会，气氛较为轻松和谐。

二、会议座位安排

（一）主席台座次的排列

台上层级最高的领导就座于主席台前排中央，其他人员按职务高低依先左后右顺序排列。主持人的座位依其职位大小确定，不一定要坐在最后边。报告会或联席会，主席台的座次一般采取报告人和主办单位负责人或联席的各单位负责人相间排列的办法安排。

（二）会场座次的排列

会场座次一般有以下三种安排方法：横排法，即按照会议人员名单，以姓氏笔画或单位名称笔画为序，从左至右横向依次排列；竖排法，即将横排法中从左至右改为从前至后纵向排列；左右排列法，即将横排法中从左至右改为以主席台为中心，向左右两边交错排列。

三、会场气氛的营造

（一）会标

将会议的全称以醒目的标语形式悬挂于主席台前上方，即为会标。会标能体现会议的庄严性，激发与会者的积极参与感。

（二）会徽

会徽即能体现或象征会议精神的图案标志，一般悬挂于会场前上方中央位置。会徽可以是组织已定徽标，如党徽、国徽、团徽和警徽等，也可以向社会公开征集，如北京2008年奥运会会徽“中国印”。

（三）灯光

要注意灯光的亮度，一般主席台上的灯光要比台下代表席的灯光亮。

（四）色调

应注意会场内色彩的搭配和整体基调，选择与会议内容相协调的色调，如红、粉、黄、橙色亮丽明快，使人感觉热烈辉煌，适合庆典类会议；蓝、绿、紫色庄重典雅，使人感觉严肃端正，适合一般工作会议。

（五）旗帜和标语

重要的会议宜在会场内外插一些旗帜以烘托气氛；简洁明快的标语口号能振奋与会者精神，强化会议主题。

（六）花卉

适当的花卉能给人以清新活泼之感，既能点缀会议氛围，又能减轻与会者长时间开会的疲劳。可根据会议种类的不同而选择不同的花卉，如一般性会议多选择月季、扶桑等花卉，可以使人心情愉快，气氛轻松；比较庄重的会议适宜摆放君子兰、棕榈和万年青等，使人镇静，不易冲动。

问题讨论

1. 开幕词与闭幕词的主体内容有何不同？
2. 撰写会议报告时，应注意什么？
3. 怎样才能处理好开幕词与会议报告的关系？
4. 怎样整理会议记录？
5. 写作会议纪要应注意什么？

写作实践

1. 中国共产主义青年团××××大学第七次代表大会将于近日召开，请代拟一篇开幕词。

2. 阅读下面的材料，请以××学院团委书记的名义，结合材料拟写一篇大会闭幕词。

2014 年 12 月 28 日，××学院召开第九届学生代表大会，全面总结 2014 年学生会、团委会工作，选举产生新一届学生会和团委会。这次大会，是在学院领导的亲切关怀下，在院团委、学生工作处的悉心指导下召开的，这是全体学生政治生活中的一件大事，是振奋精神、开拓进取的一次盛会。

大会主席团由各系学生分会主席等 10 人组成，与会代表包括 38 名学生干部代表、80 名班级学生代表以及新一届学生会的 60 名候选人。

大会共有 9 项议程，主要议题包括：审议通过《与时俱进共建和谐校园》学代会工作报告，审议通过学生干部选举办法及学代会提案总结报告，公布经本届学代会征集归纳的 6 项提案，大会差额选举产生 42 人的第十届学生会及团委会。

3. 假设你是××学院第九届学生会主席，本年度即将结束，学院将于近日召开学生代表大会，要求学生会主席向大会做会议报告。请根据以下材料，结合相关信息撰写这篇会议报告。

学生会工作要点包括：①继续协助团委开展以“建文明校园，做文明学生”为主题的活动；②成立校园督导队，加强对在校学生的纪律检查工作，建立良好的校园环境与秩序，使学生养成文明习惯；③举办第四届大学生网页设计大赛；④举办大学生文化艺术节；⑤筹建外联社。

学生会要认真领会学校领导的指示精神，结合自身实际，在工作中贯彻“以人为本”的理念，与时俱进、开拓创新、脚踏实地，建设有××学院特色的学生会，高质量、高水平地完成各项工作，切实履行自身职责。

4. 请为本班近期召开的一次主题班会做会议记录。

第八章

信息传播文书

学习目标

信息传播文书是指借助相关手段或方式，有目的地将某些信息传播给公众，从而达到宣传或传播目的的专用文书。本章主要介绍广告文案、消息、企业主页、倡议书、建议书和主持词的写作知识。通过学习，使学生掌握信息传播文书的写作方法和技巧，为学生将来走上工作岗位写作信息传播文书打下良好的基础。

第一节 广告文案

知识要点

- 广告文案是指广告活动中有着特定要求的语言文字形式
- 广告文案具有真实性、艺术性和创意性等特点
- 广告文案通常由标题、正文、随文和广告语组成
- 写作广告文案时，要准确规范、言简意赅、讲究手法、把握受众心理

一、广告文案的概念

广告是由商品经营者或服务提供者借助一定的媒介手段，公开而广泛地向公众传递某一信息或宣传某一事项时采用的一种方式。广告文案，又称广告文稿，是指广告活动中有着特定要求的语言文字形式。广告文案有狭义和广义之分。广义的广告文案是指通过广告语言、形象和其他因素，对既定的广告主题、广告创意等内容进行的具体展现，包括标题、

正文、口号的撰写和对广告形象的选择、搭配要求等。狭义的广告文案则指表现广告信息所需的语言与文字部分，主要指标题、正文、随文和广告语等。本节所讲的广告文案主要指狭义的广告文案。

二、广告文案的特点

广告文案具有以下三个方面特点。

（一）真实性

真实性是广告文案的生命所在。广告文案用语言文字等形式反映广告的全部主题和内容，所以，广告文案里的表达内容务必真实可信，宣传虚假的广告内容是违法行为。我国《广告法》对广告的真实性和制造虚假广告都提出了明确的要求和规定。

（二）艺术性

广告就是通过一定的艺术形式进行生动形象的宣传，所以，广告文案的创作也要运用语言艺术、造型艺术等，通过各种表达技巧，使文字具有美感和感染力，使得公众在享受中被征服。

（三）创意性

创意是一个广告的核心，直接关系到广告活动的成功与否。广告创意就是通过形象塑造、艺术手段和文字撰写等，共同创造出为主题服务的意境。一个有创意的广告，要努力寻找出它的与众不同之处，加强对商品或服务的发掘，抒发独特的情调，完美地展现出宣传对象的个性，满足公众的审美需求。

三、广告文案的种类

（1）根据所涉行业的不同，广告文案可分为食品广告文案、医疗广告文案、药品广告文案和金融服务广告文案等。

（2）根据广告目标的不同，广告文案可分为品牌形象广告文案、商品广告文案、公益广告文案和公关广告文案等。

（3）根据广告表现形式的不同，广告文案可分为文字广告、物像广告和图文广告等。

（4）根据发布媒体的不同，广告文案可分为印刷媒介广告文案、 广播媒介广告文案、电视媒介广告文案和网络媒体广告文案等。

四、广告文案的结构和写法

广告文案通常由标题、正文、随文和广告语组成。

（一）标题

标题在每一则广告中传达的信息是最为重要或最能引起公众注意的，一般位于广告文案的醒目位置。标题可以起到表现主题、说明含义、强化诱导、促成消费的作用。

1. 标题的类型

（1）单行标题。单行标题是指广告标题只有一行文字，一般直接表明产品的名称、品牌，或点明意义、表明特性等。例如，

喝孔府家酒，做天下文章（孔府家酒广告）

排出毒素，一身轻松（排毒养颜胶囊广告）

（2）双行标题。双行标题一般由引题和正题组成。引题可以交代背景、渲染气氛和引起话题等，正题是将该广告的主题、诉求和观点等直接表达出来。例如，

引题：在高速公路上

正题：只有福特关心您（香港福特六合检修广告）

（3）三行标题。三行标题一般由引题、正题、副题组成。引题可以交代背景、场合和渲染气氛等，正题主要表达该广告的主题、诉求和观点等，副题一般主要是承接主题，可对主题思想做补充说明等。例如，

引题：万科城市花园告诉你

正题：不要把所有的鸡蛋都放在同一只篮子里

副题：购买富有增值潜力的物业，您明智而深远的选择（万科房地产公司武汉城市花园楼盘广告）

广告标题，不论采用哪种形式，在写法上都必须与主题相符，做到题文一致、画龙点睛，此外，还应简明扼要，富有创意。

2. 标题的表现形式

（1）悬念式标题。这种标题常是通过制造悬念，激起消费者对产品进一步了解的欲望。例如，

您的挚友是否不太顺心？（中国电信礼仪电报广告）

下雨时，你唯一能想起的名字（三角雨衣公司广告）

（2）承诺式标题。这种标题常常直接向消费者提供某种利益承诺，具有很大的吸引力。例如，

只要按下快门，剩下的事情由我们来做（柯达相机广告）

GE带来美好生活（通用电器广告）

（3）提问式标题。这种标题常以提问的方式引起消费者的好奇，从而引发其对产品的关注和思考。例如，

吃喝都一样，为啥偏我胖？（大印象减肥茶广告）

谁？……谁占了我的便宜？（中国电信广东分公司手机服务平台广告）

（4）叙述式标题。这种标题常以概括性的语言说明产品特性或企业整体形象等，给消费者留下总体印象。例如，

双汇冷鲜肉，开创中国肉类品牌（双汇冷鲜肉广告）

（5）标语式标题。这种标题常以简洁而又富有号召力的标语口号作为广告标题，能起到很好的传播作用。例如，

成就非凡——马爹利XO（马爹利XO广告）

非常共鸣——健力士啤酒（健力士啤酒广告）

此外，广告标题还有对比式、新闻式和诗歌式等多种表现形式。

（二）正文

正文是对广告信息进行展开说明，对诉求对象进行深入说明的语言或文字内容。在正文中，可以对商品进行解释和证实，也可以对企业、商品、服务的特点及功能进行介绍和说明。广告正文的写作主要有以下几种表现形式。

1. 主观表白式

这种方式常常是广告主体以第一人称的口吻对产品的特色、性能和品质等进行表述。例如，

我们能在全球广泛地存在，根源在于我们的出版物具有全世界的感染力。我们的杂志在世界各地以当地语言发行。作为全世界阅读最广泛的杂志，《读者文摘》有39个版本，以15种语言出版，包括阿拉伯文、中文、印地文和朝鲜文。每个月世界上超过1亿人阅读我们的原作及当地和国际版本的精选本。

《读者文摘》年销售量4 000万册，可以列为世界上最大的书籍出版商之一，并且我们还是最大的音乐制品出版商和全球销售商之一。想成为一个成功的全球出版商，你必须了解当地市场，讲当地的语言，遵从当地人的生活习惯。这就是《读者文摘》所有出版物在全球畅销的原因。这也值得我们自豪。

我们通过杂志、书籍的出版发行及音像产品、旅游和金融业务，成为向全世界提供知识和娱乐领域的领先者。我们还直接或者通过《读者文摘》基金会大力支持向青年人提供

艺术和文学学习计划。

《读者文摘》，我们影响全球 1 亿人。

——美国《读者文摘》企业广告文案

2. 客观陈述式

这种方式常常是以朴素直白的语言陈述有关产品的功能、特点、规格和成分等信息。例如，

全铝 V8V VT 发动机，最大功率 403 马力，峰值扭矩 565 牛 · 米，0—100 公里/小时加速仅为 6.8 秒，全铝全电子六速自动变速箱（手自一体），Full Time 全时四轮驱动系统，Air-Ride/Auto Ride 自动感应式空气悬挂，Auto-Leveling 车体自动平衡控制系统，StabiliTrak 车身稳定系统，ROM 防止侧倾翻滚系统，可视倒车辅助系统，8 气囊 360 度安全防护前后排区分多媒体娱乐系统。

——凯迪拉克汽车 ESCALADE 凯德雷广告文案

3. 代言式

这种方式常常是选用一部分有社会影响力或人气旺盛的演艺人员、运动员和科技人员等为产品做代言。例如，

装房子，买家具，我只来居然之家。（居然之家广告代言人）

——居然之家广告文案

4. 对白式

这种方式常常是利用广告剧情角色之间的对话传递产品或服务的信息。例如，

巴士站篇

女：永远有多远？

男：只要心在跳，永远就会很远很远……

女：你心跳蛮快的嘛。

男：这是个秘密，因为你是我的优乐美。

女：甜蜜地笑。

学校篇

女：你喜欢我什么啊？

男：我喜欢你的优雅、快乐，又美丽。

女：你是在说优乐美奶茶啊。

男：你就是我的优乐美啊。

——优乐美奶茶系列广告文案

5. 故事式

这种方式常常是将广告写成一个完整的故事，通过故事情节，塑造人物形象，并让产品或服务在故事的发展中扮演重要角色，将广告诉求自然融入故事之中。例如，

镜头一：机场全景。东方航空公司的一架飞机正慢慢着陆。

镜头二：特写。飞机在镜头前穿过，“东方航空”的字样、标志出现，从右到左。

镜头三：追拍飞机着陆。

镜头四：机舱内。旅客们陆续站起，离开机舱。一位中年男士站起来，面带笑容走向镜头。

镜头五：机舱内旅客在缓慢移动，男士看机舱外的人，在寻找……

镜头六：镜头透过机舱，推近出口处，一位年轻女士带着一个小女孩在等人。

镜头七：男士手提行李箱，走向女士，拥抱妻子，把女儿举起。放下女儿，男士在衣服口袋里找东西——送女儿的礼物。

镜头八：男士面部特写，找不到礼物，男士沮丧、不安。他把礼物丢在机舱里了。

镜头九：这时，一位空姐手拿男士落在机舱里的礼物送还给男士。

镜头十：特写。男士惊喜的表情，女儿高兴的笑脸，妻子喜悦的心情……

镜头十一：飞机起飞。从左到右，出现“东方航空公司”字样。

画外音：东方服务，无微不至。

——东方航空公司广告文案

此外，广告正文还有很多表现形式，如小品式、歌曲式等，正文里也常会出现多种表现形式的交叉使用，使得广告更具表现力和吸引力。

（三）随文

随文，又称附文，是在广告正文之后向公众传达企业名称、地址信息、联系方式及提供的服务等的文字说明。广告随文通常由企业标识、商品标识、联系方式、权威机构认证标识、获奖证明资料和服务承诺等几部分组成。广告随文的写作主要包括以下几种类型。

1. 信息型

这种随文只包含联系购买的信息，如商品标识、企业名称及联系方式等。例如，

××××集团有限公司

生产地址：××××××××××

免费服务热线：×××××××

邮编：××××××

E-mail：××××××××××

2. 信息与劝导结合型

这种随文既包含购买信息，又比较含蓄地表达出劝导与敦促消费者购买的目的。例如，

即日起至本月底，凡购买任意一款“×××家用净水器”的客户，立享总价八折优惠，并赠送十年主机保修的优惠服务，名额有限，先到先得。

联系电话：×××××××

联系人：×××

3. 信息与表态结合型

这种随文既包含了购买信息，又表达出广告主体的良好意愿。例如，

×××动感单车愿您远离亚健康，拥有好身材！

浙江金华×××运动健身器材有限公司

地址：浙江省金华市××××××××路

联系电话：×××××××

联系人：×××

（四）广告语

广告语，又称广告口号，是为了加强受众对企业、商品或服务的印象，在广告中长期、反复使用的一种简明的口号文字。广告语主要有以下几种表现形式。

1. 突出商品品牌

这种广告语侧重于利用消费者熟悉的产品品牌进行宣传，突出品牌效应。例如，

如果失去联想，人类将会怎样？（北京联想集团广告）

年年鲜橙多，家家欢乐多（统一鲜橙多广告）

2. 表现产品特点

这种广告语侧重于突出产品本身的特点或闪光点。例如，

滴滴香浓（麦氏咖啡广告）

不同的酷，相同的裤（李维斯牛仔裤广告）

3. 宣传经营理念

这种广告语侧重于宣传产品企业的服务或企业经营理念等。例如，

驾驶乐趣，创新无限（宝马汽车广告）

健康拉近距离（亚洲制药广告）

4. 体现人文关怀

这种广告语侧重于和消费者进行情感上的沟通，从而获得消费者的心理认同，突出人文关怀。例如，

阳光活力早享受（伊利早餐奶广告）

让我们快乐健康（喜之郎奶茶广告）

五、广告文案的写作要求

（一）点明主题，准确规范

准确规范是广告文案中最基本的要求。要实现对广告主题和创意的有效表现和对广告信息的有效传播，广告文案的语言就要求表达规范完整，语义要明确，避免产生歧义或误解；不可滥用“最佳”“最高级”“享誉全球”之类的赞誉之词；语言尽量要通俗化、大众化。

（二）简明精练，言简意赅

广告文案在语言文字的使用上要简明扼要，精练概括；要以尽可能少的文字表达出广告的精髓，实现有效传播。此外，简明精练的文案，有助于吸引公众（受众）的注意力和快速记忆。

（三）讲究手法，力求新颖

广告本身需要标新立异，所以广告文案的写作就要求讲究手法。从表现形式上，广告要尽量突出商品的鲜明特点；从语言表达上，要尽量通过形象生动的语言感染受众，但同时也要注意遵守汉字的规范性。

（四）把握受众心理

广告文案要能够深入人心，冲击受众的心灵，能够使受众感觉到“看见就是需要的”，感受到广告的冲击力和震撼力。

例文

深圳世界之窗

深圳世界之窗是以弘扬世界文化精华为主旨，集文化、娱乐、休闲为一体的大型文化主题公园。它坐落在美丽的深圳湾畔，占地 48 万平方米。景区内按游览内容分为亚洲区、欧洲区、现代科技园区、世界雕塑园等九大景区，景点 130 多个。每一景点都有按不同比

例仿建的世界经典建筑，精巧别致，惟妙惟肖。

景区内有国际街商业服务，供游人小憩和购物。在这里，游人不仅可以品尝到世界各地的美食，还可以欣赏到各国精美的工艺品。夜幕降临，华灯初上，景区内一派迷人的异国情调，令人流连忘返。景区内由世界民族歌舞和民俗节目组成的狂欢之夜艺术大巡游，更是将游园活动推向高潮。

深圳世界之窗，以其丰富的文化内涵，精美绝伦的景观项目，缤纷动感的体验参与，为中外游人再现了一个美妙世界。

广告语：世界之窗　精彩汇聚

单位：深圳世界之窗有限公司

电话：×××××××

传真：×××××××

第二节 消息

知识要点

- 消息是以准确简洁的文字对新近发生的具有新闻价值和重大意义的事实做出及时报道的一种纪实性文书
- 消息具有真实准确、新鲜及时和简明扼要等特点
- 消息通常由标题、电头与署名、导语、主体、背景和结语组成
- 写作消息时，内容要新鲜准确，篇幅要短小精悍，语言要通俗生动

一、消息的概念

消息是以准确简洁的文字对社会生活或重大政治活动中新近发生的具有新闻价值和重大意义的事实做出及时报道的一种纪实性文书，它是目前应用最广泛的一种报道形式。

二、消息的特点

消息具有以下三个方面特点。

（一）真实准确

真实准确是消息的生命和根基。消息中所涉及的人物、时间、地点、事件、过程或者数据、资料、背景、细节等，都必须真实可信，绝不能夸张虚构，歪曲事实。

（二）新鲜及时

消息的价值在于新鲜快速。消息只有新才能引起读者的重视。消息就是要把新事件、新经验和新问题等及时报道给读者，这样才有价值、有意义，给人以启迪。

（三）简明扼要

简明扼要与新鲜及时是相适应的，同时也是消息这个文种的一大特色。概括而不流于抽象，简短而不陷于疏漏，内容集中而精练。

三、消息的种类

消息可分为简明消息、动态消息、综合消息、经验消息和评述消息。

（一）简明消息

简明消息又称简讯、快讯或“一句话新闻”。它是指对重大突发性事件或社会各领域的要事做出的简明报道。这种消息篇幅短小，一般对细节、过程不做过多要求。

（二）动态消息

动态消息是指及时反映国内外正在发生的或新近发生的新闻事实的简短报道。这种消息内容单一、文字简短。

（三）综合消息

综合消息是围绕一个主题，把不同时间、不同地点的事实，经过综合、归纳、概括、提炼而成的，是许多动态消息的总结和综合。

（四）经验消息

经验消息是反映事物发展变化的阶段性、经验性或典型性的报道。这种消息揭示事物的本质，具有指导性和启发性。

（五）评述消息

评述消息又称记者评述或新闻评述。它是以国家的方针政策为依据，阐述重大事件，揭示问题本质。这种消息要求观点正确。

四、消息的结构和写法

消息通常由标题、电头与署名、导语、主体、背景和结语组成。

（一）标题

消息的标题是对消息内容的高度概括和浓缩，是消息的重要组成部分。构成消息的标题有引题、正题、副题三部分。

引题，又称眉题，通常交代消息的背景或原因等，起引导和铺垫的作用，引题位于正题之上，字号小于正题；正题，也称主题，揭示消息的核心内容和主要思想，常用黑体大字；副题，又称辅题，位于正题之下，字号最小，用于揭示消息的事实结果，或做正题的补充说明等。

按照不同的组合方式，消息的标题有单行标题、双行标题和多行标题。

1. 单行标题

单行标题只有一个正题，是对消息的内容高度概括，要求做到醒目、简明。例如，

中国力争2030年前在“一带一路”沿线建立30台核电机组

2. 双行标题

双行标题有两种形式：一种是由引题和正题组成；另一种是由正题和副题组成。例如，

放弃大城市和高待遇　为灾后重建奉献青春（引题）

全国众多大学毕业生“毁约”去灾区就业（正题）

3. 多行标题

多行标题包括引题、正题和副题，一般用于内容较多、篇幅较长、意义重大的消息。例如，

吞吐各地证券　迎送海外行家（引题）

上海形成全国最大的证券交易市场（正题）

去年日交易量达800亿元，占全国大半（副题）

总之，消息的标题力求言简意赅、平易亲切、富有吸引力。标题采用哪种形式，要酌情而定。

（二）电头与署名

电头是消息的重要标志。它有两种形式：一是由消息来源、消息时间和“电”字构成，如“新华社北京4月3日电”，时间只标月日；二是由消息来源构成，如“本报讯”等。

消息的署名大都位于电头之后、导语之前，以“（记者×××）”的形式出现，有的也

把署名位于正文之后右下角。

（三）导语

导语是消息的开头部分。导语用极其简洁的语言把消息中最主要的事实和思想概括出来，使读者迅速了解报道的中心内容。常见的导语类型有以下六种。

1. 叙述式导语

采用直接叙述的方法，将新闻事实的时间、地点、人物和事件等，简明扼要地写出来。例如，

2016年9月，中国非制造业商务活动指数为53.7%，比8月小幅上升0.2个百分点，连续7个月在53.0%以上景气区间平稳运行，表明非制造业继续保持稳中有升的发展态势。

2. 描写式导语

简洁生动地描绘出所报道消息中的某一精彩画面，突出人物或事件的特点，给读者留下深刻的印象。例如，

每当夜幕降临，×××镇×××村的文化广场上便热闹起来，二胡优美的旋律，演员们有滋有味的唱腔和孩子们的嬉笑声不时传来。前来看演出的大爷大妈们高兴地说："文化广场让咱老百姓乐呵有了去处了。"全区100多个文化广场上，几乎天天洋溢着欢乐的笑声。

3. 提问式导语

在消息的开头，将主要内容用读者关心的方式提出，然后加以解答，这种方式可以引起读者兴趣和思考。例如，

市政工程建设中如何解决令人头疼的"马路拉链"问题？×××市实行了市政建设召集人制度，加强统一管理和协调，并严格规定新建或翻建的马路5年内不得随意挖掘，同时加强监督检查，杜绝"马路拉链"现象。

4. 评论式导语

在消息的开头，先对本消息发表评论，然后阐述具体事实，这样可以充分揭示消息的本质和意义，以引起重视。例如，

收费与否，不应是衡量一家博物馆成败的关键，参观人数的多寡才是关键。当经济实力不相上下时，比的就是像博物馆那样的软实力。若要国民为博物馆骄傲，博物馆必须首先成为国民文化生活中密不可分的一部分。门票不是大忌，也不应成为障碍。

5. 引语式导语

引用文件、新闻中的关键语句，或消息中人物深刻而富有意义的话语，或诗歌、名言等作为导语。例如，

“杰出科学家和科技人才是国家科技事业发展的决定性因素。”在此期间举行的两院院士大会上，院士们对创新人才培养问题进行了热烈讨论。

6. 对比式导语

将现在和过去的事实进行对比，把消息的主要问题凸显出来。例如，

记者近日走进莲花乡大石沟镇，只见道路宽阔平坦，绿树红花相映，家家户户环境优美。昔日那烟雾缭绕，乱堆乱放、蚊蝇滋生的脏乱差时代一去不复返了。这都是该乡开展城乡环境综合治理，建设节能生态环保新农村试点所取得的成果。

（四）主体

消息主体是消息的骨干部分，也是消息的展开部分。它承接导语，用足够的、典型的、有说服力的材料对新闻内容作具体全面的陈述，以体现全篇的主题思想。概括地讲，主体就是表述和说明新闻主题的主要部分。

在一则消息中，主体部分通常是由一个或几个自然段组成的。一般情况下，主体的前几个自然段解释和深化导语中所涉及的内容，随后的几个自然段则提供同一主题的新的事实，补充新的新闻要素和提供背景。主体部分常见的结构如下。

1. 倒金字塔结构

倒金字塔结构是最为常见的消息写作的主体结构。基本格式是：首先，写一个新闻事件中最有新闻价值的部分；其次，在报道主体中按照事件各个要素的重要程度，依次递减写下来，最后面的是最不重要的，犹如倒置的金字塔。例如，

新华社波恩 3 月 20 日电　来访的中国国家女子足球队 20 日晚在波恩附近的欧斯基尔辛与德国国家女足进行了一场友谊赛，结果双方以 2∶2 握手言和。

这场比赛，中德两队各占半场优势，各在占优势的半场攻入两球。上半场，德国队占据了主动，几乎是压着中国队打，她们凭借身材和体力上的优势频频向中国队发起进攻。当比赛进行到 22 分钟时，德国队队员多·菲策恩一记漂亮的头球攻破了中国队的大门。刚过一分钟，德国队队员玛·迈内尔特再接同伴的传球踢进对方的球门。德国队上半场以 2∶0 领先。下半场，中国队的面貌焕然一新，中国队组织有方，传球迅速，失误少，推进快，打得德国队喘不过气来，开场刚几分钟，中国队就将球送进德国队的大门，十几分钟后，再一次攻破对方大门。

2. 正金字塔结构

此种写作方式刚好与“倒金字塔结构”相反，是以时间发生顺序作为行文结构的写作方式，依序分别介绍开端、过程、结果，采用渐入高潮的方式，将新闻重点摆在文末。例如，

新华社银川7月20日电　中共中央总书记、国家主席、中央军委主席习近平近日在宁夏考察。夏日的塞上江南，古风新貌，生机盎然。7月18日至20日，习近平在宁夏回族自治区党委书记李建华、自治区政府代主席咸辉陪同下，来到固原、银川等地，深入农村、企业、革命传统教育基地，就落实“十三五”规划、推动经济社会发展、推进脱贫攻坚工作进行调研考察。

18日上午，习近平从固原市六盘山机场一下飞机，就驱车1个多小时来到西吉县将台堡，瞻仰红军长征会师纪念碑，参观红军长征会师纪念园、纪念馆……18日下午，习近平在固原市冒雨考察了两个村的脱贫攻坚工作……

19日上午，习近平来到银川市金凤区新城清真寺……19日下午，习近平在银川考察了宁浙创业园和宁东能源化工基地……

考察期间，习近平听取了宁夏回族自治区党委和政府工作汇报，对宁夏经济社会发展取得的成绩和各项工作给予肯定。他希望宁夏在西部大开发中不断闯出新路、创造美好前景。

习近平强调，到2020年全面建成小康社会，任何一个地区、任何一个民族都不能落下。要认真落实党中央决策部署，贯彻新发展理念，主动融入国家发展战略，进一步解放思想、真抓实干、奋力前进，努力实现经济繁荣、民族团结、环境优美、人民富裕，确保与全国同步建成全面小康社会。

此外，消息在实际的写作中，也常常是两种结构交叉使用，主要视结构安排的需要而定。

（五）背景

背景，就是背景材料，包括历史背景、社会背景和人物背景等，是对消息中事实产生的环境、条件、原因及与周围事物联系的说明。通过揭示背景材料，可以了解事情的来龙去脉，增加消息的广度和深度。

背景可以写在结尾部分，也可以穿插于主体之中，但不宜过多，否则会喧宾夺主。

（六）结语

结语是消息的最后一部分内容，往往是最后一段，用于阐明事实的意义，使读者加深理解和感受。常见的结语方式如下。

1. 总结式

总结式即在结尾处做概括总结。例如，

甘当人梯，提携后学，这是我国科技界的光荣传统。院士们纷纷表示，要积极发现人才、举荐人才、培养人才，在培养创新型人才方面发挥应有的作用。

2. 评论式

评论式即在结尾部分对报道事实加以评论。例如，

动员社会力量合力治污就应当这样新招迭出。当前社会各界已经越来越多从环保角度评判社会经济的发展，社会各界也都有参与治污的强烈愿望。在这种情况下，各级党委政府研究构建保障群众知情权的制度平台，引导社会各界理性参与，监督环境治理，污染才能无处藏身。

3. 展望式

展望式即对消息的发展方向和结果做出判断和预测。例如，

据悉，下一步两市将进一步转变发展理念，创新体制机制，搭建合作平台，健全完善高效的区域合作推进机制和协商机制，着力推进规划、市场体系、文化建设和社会管理等重点领域的一体化进程。建立两市主要领导年会、日常工作联络和相关部门业务合作等制度机制，加强各自市域内中心城区之间、行业之间、部门之间的合作，从决策、协调、执行三个层面推进两市经济建设、政治建设和文化建设等，努力形成全方位、宽领域、多层次区域一体化发展新格局。

五、消息的写作要求

（一）内容要新鲜准确

消息要报道新事件、新情况、新经验和新问题等，有很强的时间性，所以，报道要迅速及时，确保内容新鲜不过时。而且，消息的内容一定要核对无误，确保真实准确，一是对事实的认识要准确，二是对事实的表达要准确。

（二）篇幅要短小精悍

写作消息提倡篇幅要短小精悍，力求篇幅简短而内容丰满。尽量一事一报，少说空话，也可以直截了当、开门见山陈述事实。

（三）语言要通俗生动

消息的语言要简洁明快，力求凝练通俗、形象生动，使之兼具可读性和趣味性。

例文

中国传媒大学与人民网合作促就业

人民网北京4月22日电（记者何淼）中国传媒大学赴人民网“访企拓岗”暨“以传媒促就业”专项行动启动仪式21日在人民网举行。启动仪式上，中国传媒大学党委书记、校长廖祥忠与人民网党委书记、董事长、总裁叶蓁蓁签署了双方就业育人合作备忘录。

中国传媒大学与人民网在众多领域保持着密切合作，取得了“红色云展厅”融媒体传播项目等一系列丰硕成果。今年，全国高校毕业生规模首次突破千万。就业是最大的民生。帮助大学生树立正确就业观，实现更加充分、更高质量就业，是媒体义不容辞的责任。人民网将不断整合资源、持续推进大学生就业“护航计划”，为毕业生汇集龙头企业岗位信息，帮助提供各地创新创业优惠政策，创造更多优质岗位资源。双方将以此次专项行动为重要契机，携手探索高校就业育人新模式。

廖祥忠表示，中国传媒大学作为“双一流”重点建设高校，承担着为党育人、为国育才的职责使命。就业是民生之本，这次和人民网一道，发挥传媒社会责任，推动构建“以传媒促就业”新平台，也是传媒大学作为“双一流”高校服务国家重大战略的题中应有之义。选择把人民网作为“访企拓岗”行动第一站，有着特殊考虑和重要意义。此次合作，将汇聚双方的平台优势、智力优势、人才优势、传播优势，通过课程育人、活动育人等方式，共同打造就业观引领的“驱动器”，帮助毕业生把好人生方向，找准人生定位，打好人生底色。希望人民网“传播内容认知国家重点实验室”和中国传媒大学“媒体融合与传播国家重点实验室”继续保持“全面、紧密、双赢、可持续”的合作关系，为我国媒体融合领域打造出服务国家战略、系统设计、科学布局的学术共同体，建设国家级媒体融合领域的科研创新平台和高精尖人才培养平台。

人民网党委委员、监事会主席唐维红，党委委员、副总编辑孙海峰，中国传媒大学党委副书记李众，党委常委、副校长王晖，党委常委、宣传部部长、校长助理杨懿及相关部门负责人出席启动仪式。

资料来源：人民网。

第三节 企业主页

知识要点

- 企业主页是指企业网站的首页，即被访问网站的第一页，也称为企业的形象页面，是企业的网上门面
- 企业主页具有运用多媒体、突出个性化、良好的导航性和简洁性等特点
- 企业主页的内容通常包括基本内容和其他常见内容两部分
- 设计企业主页时，要注意媒体手段的运用要适度，主页中必须有文字说明，主页设计要美观实用

一、企业主页的概念

企业主页是指企业网站的首页，即被访问网站的第一页。主页也叫 Homepage，已是互联网广大用户熟悉的词语。如果说域名是企业在互联网上的“户口”，那么企业主页就是代表企业形象，在互联网上通行的“名片”。因此，企业主页也称为企业的形象页面，是企业的网上门面。随着电子商务的迅速发展，各企业都十分重视网站的建立，逐渐提高网页的设计水平，尤其是主页的制作，因为它是企业向外发布商务信息的载体。

二、企业主页的特点

企业主页具有以下四方面特点。

（一）运用多媒体

建立电子商务网站，是一种商业行为，首先必须设法吸引和维持浏览者对网站主页的注意力，多媒体的运用必不可少，因此图文并茂是主页的主要特点。

主页里“图”的设计包括动画设计和图像设计。动画的特点是耀眼醒目，有良好的动态广告效果，一般可在网页中采用几幅动画。图像的特点是真实直观，对于有代表性的商品可以用图片展示，效果更好。图片虽然直观，但不能取代文字，因此，文本仍然是主页里使用最多的一种信息表达方式。

（二）突出个性化

企业主页是企业在互联网上的门面，在一定程度上也反映了企业文化的特点。为给浏览者留下深刻的印象，主页一般都具有鲜明的个性，在文字、布局、结构、色彩的设计上都会有独特的风格，使浏览者对企业有一个直观印象和总体把握。

（三）良好的导航性

企业一般都想在网站上尽可能多地反映企业的信息和服务，因此，一个网站往往有数十页、数百页，甚至更多页数的内容，那么主页就承担着非常重要的导航作用，它就像一本书中的目录或索引。企业在主页里，要对其内容进行科学合理的分类，提炼出关键的词、句，以菜单或卡片的形式，清晰准确地展示出来，帮助用户很快地了解网站，找到自己需要的内容。同时，这些菜单或索引都是链接按钮，可直接快速地实现站点内外信息之间的跳转。良好的导航是对顾客优质的服务。

（四）简洁性

企业主页的篇幅不宜过长，因此，文字或图片都切忌堆砌不必要的内容或编排过于复杂，一般都遵循简洁概括的原则，既便于企业放置更多的内容，又可使浏览者一目了然，很快找到自己需要的内容。

三、企业主页的内容和格式

（一）企业主页的内容

1. 基本内容

（1）网站名称和标志。网站名称和标志指企业在网上的名称和标志，一般都采用图文并茂及动态链接的形式。

（2）企业口号。企业口号指企业为宣传品牌而使用的富有表现和号召力的短语。

（3）内容分类与导航。内容分类与导航指索引卡或目录文字，用于对网站众多内容进行科学合理的分类，便于用户查询。

（4）企业最新推荐。企业最新推荐指向用户的特别推荐，如企业产品、网站更新内容特别信息等。

（5）最新消息。最新消息指新闻内容，以本企业为主，让用户动态地、更深层次地了解公司的发展、产品及服务。

（6）友好链接。友好链接是指设置相关知名网站的链接按钮。友好链接既体现出与相关网站的友好联系，也为用户跳转站点、获取更多信息提供了方便。

（7）相关链接。相关链接是指企业在主页上，对其他子页内容，根据需要提炼出有意义的词汇或短语，进行链接设置，既避免过多的细节内容占用主页空间，又便于用户浏览。

（8）通信联络资料。通信联络资料是指企业列出有关电子邮件地址，公关或营业部门的通信地址、电话传真号码，以便用户方便联系。

（9）版权信息。版权信息是指企业简短标出关于主页内容的版权声明，还可以用链接方式带出另外载有详细使用条款的页面，以避免非重要的信息占用主页容量。

2. 其他常见内容

（1）网站地图。设置这个按钮，可链接到网站地图页，便于用户对网站的链接关系有一个总体了解。

（2）总负责人简介。这部分文字简短，其目的是利用名人效应或体现友好界面。

（3）用户登录及新用户注册。

（4）搜索引擎。

（5）主页更新日期。

（6）问卷调查。

（7）招聘信息。

（8）购物车。

（9）折扣及免费品信息。

（10）娱乐信息。

（11）产品目录。

（12）证明（顾客对产品、服务的赞扬，部门的认定等）。

（13）栏目主持人或雇员介绍。

（14）常见问题（用户关于产品及服务的常见问题）。

以上这些主页内容大多只设链接按钮，相关细节内容则在链接的页面上。为了确保重要内容易于查找，网站主页可在不同的位置重复设置同一页面的链接。

（二）企业主页的格式

企业主页和其他网页不同，它的设计比较注重个性化，而且网站的内容纷繁多样，所以主页的设计没有一个固定的模式，本文只是介绍一些常见的主页，简要地概括它们的页面布局：一般大致划分为上、下、左、右、中五个部分，如图 8-1 所示。

<table>
<tr><td>企业网站
名称、标志</td><td colspan="2">企业主题句子、图片或广告</td></tr>
<tr><td rowspan="2">内容分类</td><td>导航菜单</td><td rowspan="2">友情链接
……</td></tr>
<tr><td>企业新闻
产品信息
特别信息
……</td></tr>
<tr><td colspan="3">联系方式
版权声明</td></tr>
</table>

图 8-1　企业主页的页面布局

由于主页是在计算机上逐屏显示，一打开主页，左侧和上边的内容就首先进入浏览者的视野，而右边和下侧的内容往往需要滚动屏幕才可以看到，因此，重要的内容一般都放在上边和左侧来显示。中间位置一般安排企业新闻、产品信息等。当然，这样的布局并不是固定的，可以根据不同情况进行调整。

企业主页要求设计美观，所以要合理运用文字、图像、色彩和布局等多种艺术手段，还要考虑用户使用方便快捷等因素，否则会影响用户浏览和查询的兴趣与情绪。

四、企业主页的写作要求

（一）企业主页文本的编写要求

1. 布局合理

布局合理包括两方面：一是信息分类准确、层次清晰；二是结构美观完整。企业在制作主页时，首先，要安排好结构，确定主页所包括的内容；其次，要对内容进行合理分类归纳；最后，再按照易于浏览和体现风格的需要进行编排，力求合理完美。

2. 中心突出

主页文本应突出体现企业的特点，使浏览者看到主页就能够明白企业的主要业务，这对于一些小企业来说很重要。要做到这一点，企业就应该突出介绍自己的业务范围和特点，生动全面地展示企业的活动和精神面貌。

3. 文字简洁

主页文字不能太长，否则会影响浏览查找的速度，因此，主页文字的编写要求简明扼要，通常以词汇短句为主，不宜出现长篇大论。

（二）企业主页的编排要求

1. 媒体手段的运用要适度

主页的设计切忌浮夸虚饰或流于形式，以免影响页面的视觉效果，还会淹没主题。另外，过多的图像、视频文件还会影响传输速度，耗费时间。

2. 主页中必须有文字说明

图表可以弥补文字的不足，但绝不能取代文字。在制作主页时，必须将图表所反映出的重要信息用文字重复表达一次。

3. 主页设计要求美观实用

个性化的主页设计可以吸引浏览者的注意力，但过度花哨会适得其反。因此，企业在制作主页时，除了要考虑个性化，更要考虑美观实用，以便更快捷地为客户提供有价值的信息。

第四节 倡议书

知识要点

- 倡议书是指公开提出某种建议，以期引起人们响应，共同完成某项任务或开展某项公益活动的一种专用书信
- 倡议书具有倡议对象的广泛性、倡议号召的不确定性和倡议范围的公开性等特点
- 倡议书的正文一般包括倡议的背景和目的、内容和要求、决心和希望三部分
- 写作倡议书时，内容要具有一定的先进性、可行性，语言要具有一定的鼓动性

一、倡议书的概念

倡议书是个人或集体公开提出某种建议，以期引起人们响应，共同完成某项任务或开展某项公益活动，树立良好社会风尚所使用的一种专用书信。一切单位和个人有所倡议时，均可发出倡议书。

二、倡议书的特点

倡议书是公开地发动群众开展活动的一种手段，具有以下特点。

（一）倡议书的对象具有广泛性

倡议书不是对某个人、某一团体或某一单位而言的，它往往面向广大群众，或对一个部门的所有人发出，或对一个地区的所有人发出，甚至向全国人民发出，所以倡议书的对象具有广泛性。

（二）倡议书的号召具有不确定性

倡议书是要求广大群众响应的，只是向广大群众发出号召，提出倡议，但实际上有关人员可以表示响应，也可以不表示响应，因此，倡议书对倡议对象不具有很强的约束力，倡议书的号召力也具有一定的不确定性。

（三）倡议书的范围具有公开性

倡议书就是一种广而告之的书信。它就是要让广大人民群众知道、了解，激起更多的人响应，以期在最大的范围内引起共鸣，从而激发广大人民群众的参与意识，使广大人民群众都参与某项活动。因此，倡议书的范围具有公开性。

三、倡议书的结构与写法

倡议书通常由标题、称谓、正文和落款组成。

（一）标题

倡议书的标题通常有三种写法：一是直接标明文种，即《倡议书》；二是由倡议内容和文种组成，如《诚信考试倡议书》；三是由倡议者名称、倡议内容和文种组成，如《山西财政税务专科学校诚信考试倡议书》。

（二）称谓

倡议书可依据倡议的对象而选用适当的称谓，如“广大的青少年朋友们”“亲爱的同学们”等。有的倡议书也可不用称谓，而在正文中指出。一般顶格写在第二行开头。

（三）正文

倡议书的正文一般包括以下三方面的内容。

1. 倡议的背景和目的

在背景和目的部分，要交代清楚倡议活动的原因，以及倡议活动的各种背景事实，并申明发布倡议的目的、意义。只有交代清楚这些要素，人们才会理解和信服，才会自觉地行动，倡议书的发出才能引起广泛的响应，才能吸引更多的群众参与倡议活动。

2. 倡议的内容和要求

这是正文的重点部分。倡议的内容一定要具体化。倡议开展怎样的活动，做哪些事情，步骤和要求是什么，都要具体。只有具体化，人民群众才容易参与倡议活动，倡议活动才能取得广泛的社会效果。倡议的具体内容一般要分条列项写作，这样才会清晰明确，一目了然，让人民群众容易参与与执行。

3. 倡议的决心和希望

在结尾，倡议书通常要表明倡议者的决心和希望，或者写出某种建议。倡议书一般不在结尾写表示敬意或祝愿的话。

（四）落款

落款即在正文的右下方写明倡议者单位、集体名称或个人姓名，并署倡议日期。

四、倡议书的写作要求

（一）倡议的内容要具有一定的先进性

倡议的内容要符合时代精神，与国家的路线方针政策相一致。只有选择符合可持续发展及和谐社会的要求、选择广大人民群众比较关心的社会问题发出倡议，使倡议的内容具有一定的时代性与先进性，倡议才会有坚实的政策基础与广泛的民意基础，才会具有一定的社会意义，倡议的活动才会取得巨大的成功。

（二）倡议的内容要具有一定的可行性

倡议书提出的内容与要求，既要具有一定的先进性，又要具有一定的可行性。具有先进性，倡议活动才有一定的社会效果与社会意义；具有可行性，倡议活动的目标才可能成。广大人民群众通过自己的努力，可以完成倡议的要求，达到倡议的目标，才会积极地投身到倡议活动中来。

（三）倡议书的语言要具有一定的鼓动性

为了获得广大群众的广泛响应与支持，倡议书一定要措辞贴切，情感真挚，语言富有激情与鼓动性。只有这样，才能感染、感动广大人民群众，参与倡议活动，从而取得较好的社会效果。

例文

全民参与植树造林共建生态美好家园倡议书

全市广大人民群众、各界朋友们：

春回大地、万木吐绿，我们即将迎来第43个植树节！

植树造林是造福子孙后代的大事，是每个公民应尽的义务，是加强生态建设、维护生态安全的重要举措，也是践行党的群众路线教育实践活动的具体体现。为全力做好2021年春季造林绿化各项工作，建设宜居宜业的生态家园，市委、市政府决定，从3月1日开始，在全市范围内组织开展“植树造林月”活动，努力实现“道路林荫化、农田林网化、村庄园林化、岗坡花果化、林业产业化”的总体目标，掀起春季植树造林新高潮。为此，我们向全市人民发出如下倡议。

一、积极倡导绿色文明，大力宣传全民义务植树的公益性、义务性和法定性，做一名倡导全民义务植树的“绿色传播者”。

二、自觉履行公民植树义务，踊跃参加各种形式的义务植树和造林绿化活动，每人每年植树3～5棵，有条件的单位和村庄要达到“1人1亩林”要求。从争做美化环境的“绿色建设者”。

三、积极参与单位绿化、庭院美化建设，开展植树种草养花活动，通过“见缝插绿”“室内布绿”“墙上挂绿”等多种形式，增加绿色植被，美化人居环境，做一名多养一盆花、多添一份绿的“绿色先行者”。

四、关爱绿色生命，爱惜绿化成果，倡导文明生活，自觉保护身边的一草一木，不践踏草坪，不攀摘树枝花朵，不侵占绿地林地，做一名爱绿、护绿的“绿色护卫者”。

五、关心林业、支持林业、发展林业，积极投身创建国家森林城市建设工程，主动为绿化美化出点子、提建议，做一名建设美丽家园的“绿色谋划者”。

春天是生机勃发的时节，春天是播种希望的时节，春天是放飞绿色梦想的时节！让我们迅速行动起来，踊跃参加全民义务植树活动，人人争当“植绿、护绿、爱绿、兴绿”的践行者，为将高碑店打造成为环京津地区新的增长极、保北中心城市做出应有的贡献。

××市绿化委员会

2021年2月21日

第五节 建议书

知识要点

- 建议书是个人、单位为了开展工作、完成任务，进行某项活动时，向有关领导或有关部门提出意见、建议所使用的一种常用文书
- 建议书具有文本性、可塑性和不确定性等特点
- 建议书一般由标题、称谓、正文、结语和落款五部分组成
- 写作建议书时，要从实际问题出发，内容要明确具体，思路要清晰明了，语言要得体适宜

一、建议书的概念

建议书也叫意见书，是个人、单位和有关方面为了开展工作、完成任务，进行某项活动时，向有关领导或有关部门提出意见、建议所使用的一种常用文书。建议书是群众发表意见、提供建议的一种工具。

二、建议书的特点

建议书具有以下三个方面特点。

（一）文本性

建议书是向有关部门或上级领导提建议时使用的一种书信。它没有公开倡导具体实施的特点，而只是作为一种想法被提出来，具有较强的文本性特点。

（二）可塑性

建议书是必须被有关部门、领导批准认可后才能被实施的，所以建议书具有较强的可塑性，它不是最终的定文形式，它可以被修改，被增删，甚至被弃之不用，这要依据具体的情况来定。

（三）不确定性

建议书是向有关领导或部门提出建议，是否被采纳要由有关领导或部门决定。

三、建议书的种类

根据内容和性质的不同，建议书可分为项目建议书和意向建议书。

（一）项目建议书

项目建议书是指向客户推荐服务或产品的文书，主要目的是向客户证明所实施的项目能满足他们的需求，解决他们的问题。因此，项目建议书是有效的市场销售工具，是公司在竞争中取胜的手段，其目的在于赢得商务合同。

（二）意向建议书

意向建议书是向相关部门或者个人提出某种意向的建议的一种文书。其写作的目的是交流和办事，使意向便于理解和接受。

四、建议书的结构和写法

一般来说，建议书由标题、称谓、正文、结语、落款五部分组成。

（一）标题

建议书的标题有两种常见形式：一是可写“建议书”或“建议”；二是可以在“建议”之前写上建议的事由（事由+建议），如“关于建立教工之家的建议”；也有不写标题的，写不写标题要根据实际情况而定。

（二）称谓

建议书称谓要求注明受文单位的名称或个人的姓名，要在标题下隔两行顶格写，后加冒号。

（三）正文

正文是建议书的主体部分。建议书的正文一般包括开头、主体、结尾。

（1）开头。开头一般交代清楚发文的缘由，一般的格式为：现状、问题、重要性等+目的+“建议如下”。

（2）主体。主体的一般写作方法是，从材料中直接提炼或者依据问题原因等找到问题的解决办法。

（3）结尾。建议书的结尾一般会提出落实要求，提出自己希望采纳的想法，但同时应谨慎虚心，不说过头的话，不用命令的口气。例如，以上建议望有关部门认真落实。

（四）结语

结语一般是表示敬意或表示祝颂。例如，用“此致 敬礼”表示对受文单位的敬意。

（五）落款

落款要署上提建议的单位名称或个人姓名，并署成文日期。

五、写作要求

（一）要从实际问题出发

提意见、写建议，要经过实地观察、调查研究、摸清事实后，根据具体问题、实际需要和可能的条件去写，而不能凭空想象，不着边际地写。

（二）内容要明确具体

建议书的核心部分是所提建议的内容。因此，写建议书不管是分条开列，还是不列条款，都应当把建议的内容写具体、写清楚，语言要简练，言简义明地把具体的办法、具体的措施准确地、一目了然地写出来。只有这样，领导、机关、单位和个人在考虑和采纳的时候才容易落到实处。切忌说空话、套话，不要抽象、笼统。

（三）思路要清晰明了

建议书的正文部分一般先摆情况，讲理由，然后具体地提建议，最后是再次表明自己的态度，发出建议。

（四）语言要得体适宜

所提意见和建议应当比较准确、合理，并且要掌握一定的分寸。意欲晓之以理，首先动之以情，这样提意见容易被接受，从而达到写作目的。

例文

给全国中小学生在疫情防控期间居家学习生活的建议

当前，在以习近平同志为核心的党中央坚强领导下，全国教育系统正在全力做好疫情防控工作。在这段特殊的疫情防控期间，家长应该如何陪伴孩子度过？如何缓解和调节孩子以及自己的情绪？如何与孩子们共度一段有意义的亲子时光？如何借助疫情给孩子上一堂生动的社会生活课，更好地促进孩子成长？教育部中小学心理健康教育专家指导委员会针对疫情期间中小学生的居家学习生活，分别给全国广大家长和中小学生提出了建议。

今年春节假期，同学们的生活被一场突如其来的新冠肺炎疫情打乱了，精心策划的旅行计划被迫调整，期盼良久的亲朋好友聚会遗憾取消，连平日里最基本的户外活动都变成了奢望。同学们都收到了延期开学的通知，暂时只能待在家里学习和生活，这一系列的变化，或许让同学们一时感到很不适应。在这个非常时期，希望同学们能够保持乐观心态，科学面对疫情，积极应对困难，让自己变得更加坚强，更加勇敢，获得成长和进步！为此，教育部中小学心理健康教育专家指导委员会为全体中小学在疫情期间居家生活学习提出以下建议。

建议 1：保持健康生活方式，做好个人清洁卫生。在疫情期间遵照少出门，戴口罩，勤洗手的原则，主动隔离，保持个人和居家的清洁卫生。要保持作息规律，保证睡眠时间，合理膳食均衡营养，增强自己的免疫力和抗病毒能力。

建议 2：坦然面对情绪变化，理解和接纳负面情绪。在疫情压力下，同学们可能会出现焦虑、恐慌、愤怒和烦躁等各种不良情绪，这是人面对应激事件的正常心理反应，是机体自我保护的体现，越是压抑和否认，就越是容易被情绪支配。面对负面情绪，同学们不必过于敏感和紧张，也无须否定自己的感受，积极理解和接纳负面情绪的存在，才能更好地调节。

建议 3：科学看待疫情防控，学习情绪调整方法。通过官方渠道了解防疫信息、有关科学知识以及疫情防控措施，积极配合疫情防控工作，做到不信谣、不传谣。学会一些简单的心理调节方法，如“深呼吸放松法”“肌肉放松法”等来维护情绪稳定，也可以通过运动、音乐、倾诉来转移注意力，增加积极体验。

建议 4：开展室内锻炼活动，保持良好身体状态。结合自己的兴趣和生活条件自主选择活动方式，每天开展 1 小时左右的室内运动，如进行垫上俯卧撑、仰卧起坐、平板支撑，还可以跳健身操、转呼啦圈、踢毽子等。适当的运动不仅可以消除疲劳，提高大脑中的血氧含量，并且能够促进大脑活动，既健身又悦心。

建议 5：密切亲友互动交流，做到隔离不隔心。在家里可以利用电话、短信、微信等线上沟通平台与同学交流、与亲友保持联系。相互鼓励与支持不仅能够减轻孤独感，也能增强战胜疫情的信心，并增进彼此的情谊。

建议 6：培养新兴趣新爱好，让生活变得丰富。同学们可以列出平日里一直想做但没时间做的事情，比如烹饪、学乐器、绘画、阅读、养植物等，制成“愿望清单”，按照优先级勾选出在家就可以实现的愿望，培养健康的兴趣爱好；可以按照家长和老师的推荐，选择适合自己的课外读物、视频资源、电视节目等，利用网络平台在知识海洋中畅游，让宅在家中的假期成为储藏知识的好时光。

建议 7：控制电子产品使用时间，做到合理有度。在家长的指导下，同学们可以适当使用手机等电子产品，但不可时间过长，也不能影响正常作息；可以与家长确定好双方每天使用手机和网络的时段、时长等，共同遵守你们制定的规则，从每一天做起。

建议 8：积极与父母沟通交流，做力所能及的家务。同学们可借助居家防疫这一时机，多与父母沟通交流，在充分表达自身的感受和需要的同时，也积极理解和支持父母，通过恰当的方式增进与父母的感情；主动做一些力所能及的家务劳动，如打扫卫生、整理房间、洗衣做饭等，提高自己的生活自理能力和劳动技能，帮助家长减轻负担。

建议 9：听从学校和老师安排，适应居家学习环境。延迟开学期间，同学们可以根据学校安排，通过网络课程、空中课堂等方式居家学习，并借此机会提高自我学习管理的能力；可以通过网络等途径学习时间管理方法，也可以通过自己设定“上课铃”和“下课铃”等方式找到课堂上课的感觉，还可以和同学约定时间共同学习，互相督促，一起进步。

建议 10：学习典型人物和事迹，增强心理正能量。在这场疫情防控阻击战中，有无数各行业的工作者牺牲了自己的休息时间，放弃了与家人团聚的机会，冒着被感染的危险，坚守在各自的岗位上，默默地守护着大家的安全。同学们要学习在党中央的坚强领导下全国人民众志成城抗疫情的伟大精神，不断增强爱党爱国爱人民爱社会主义的真情实感，更加懂得生命的意义，更加珍惜美好生活。

同学们！让我们携起手来，共同迎接春暖花开的那一天！

资料来源：教育部网站。

第六节 主持词

知识要点

- 主持词是主持人用于说明活动主旨，引导、推动活动展开，串联和衔接前后内容，总结和概括活动情况的文稿
- 主持词具有周密性和创新性等特点
- 主持词通常由开场白、串词和结束语组成
- 写作主持词时，开场白要和活动的主题相契合，串词要灵活推进、前后衔接，结束语切忌粗疏草率

一、主持词的概念

主持词是主持人用于说明活动主旨，引导、推动活动展开，串联和衔接前后内容，总

结和概括活动情况的文稿。

二、主持词的特点

主持词具有以下两个方面特点。

（一）周密性

撰写人撰写主持词，必须提前准备，尽早介入，要了解会议或活动的整体情况，掌握全部内容，如会议或活动的主题、目的、到会领导、参加人员、发言顺序等；对于如何开场、如何串联、如何形成高潮、如何结束，都要认真准备，周密策划。

（二）创新性

主持词的写作没有固定格式，它的最大特点就是富有个性。不同内容的活动和节目，主持词所采用的形式和风格也不相同。庄重、严肃的活动要选择平稳、厚重的主持词；庆典活动、文艺活动要选择欢快、亲切、生动、富有鼓动性的主持词。除会议的主持词需要一定的程式外，其他活动和节目的主持词应力求形式新颖和语言鲜活。

三、主持词的结构与写法

主持词通常由开场白、串词和结束语组成。

（一）开场白

好的开端是成功的一半。良好的开场白对于确定主题基调、表明宗旨、营造气氛、沟通情感是十分重要的。

（1）开场精彩，营造气氛。例如，

女：乘着改革开放的春风，神州大地描绘民族复兴的画廊！

男：迈着与时俱进的步伐，华夏子孙高唱继往开来的篇章！

女：跨越新的千年，人民正沐浴世纪曙光！

男：带着新的希望，祖国正走向新的辉煌！

这是国庆晚会的开场白，句末押韵的齐整形式为文本增添了气势和力量，铿锵有力的语言也为晚会的开场定下了高昂的基调。

（2）沟通情感，引起共鸣。例如，

主持人：不要说，我们已两鬓斑斑。我要告诉大家，我们只有 20 岁，刚刚扬起生命的风帆。不要说，我们已经步入晚年，我要告诉大家，我们的青春刚刚开始，像朝霞一样火红鲜艳。面对大海，波涛是我们奔腾的情怀；仰望长天，红日是我们永恒的信念……

这是厦门老年大学成立二十周年庆典的开场白，字里行间传达出老年人老当益壮的乐观精神，鼓励老年人重新扬起生命的风帆。隽永的文字充满温情，极大地慰藉了老年人脆弱而敏感的心，引起了老年人的强烈共鸣。

（二）串词

主持人串词就是贯穿在会议或活动中的语言脉络，可以承上启下，调节气氛，增加氛围，为会议或活动锦上添花。好的串词要与主题环环相扣，并在节目的名称和内容上发挥出语言特有的渲染之势，可以让节目更加生动，活动更加完美。

（1）承上启下，烘托气氛。例如，

尼格买提：谢谢，谢谢这每一张面孔，谢谢每一份付出，谢谢每一分热爱，让我们相信明天一定会更好。朋友们，庚子鼠年，已经接近尾声。辛丑牛年正向我们奔来，又一个崭新的中国时间将在凯歌声中鸣点。

龙洋：庚子鼠年留下的是在脱贫攻坚的路上一个都没少、一个都没掉队的张张笑脸，留下的是全面小康社会的千年梦圆。

张韬：辛丑牛年迎来的是阔步新征程的壮美画卷，咬定青山不放松，我们又将向着新的宏伟目标继续出发。

尼格买提：愿新的一年，阳光满路，温暖如初。接下来，一起欣赏歌曲《灯火里的中国》，欢迎张也、周深。

这是 2021 年中央电视台春节联欢晚会上的一段串词，既承接了上一个节目小品《阳台》，同时用极富感染力的语言烘托、渲染了气氛，顺便抛砖引玉引出下一个节目。

（2）灵活推进，渲染蓄势。例如，

主持人：烟花的造型和色彩，如同我们的想象，丰富而饱满：初春的似锦繁花，仲夏的云霞艳阳，深秋的金菊红枫，隆冬的万里银装。烟花如万马奔腾的潮水，后浪推前浪，一浪高一浪；时而如双龙戏水，时而如白练横江，时而如蛟龙脱锁，时而如月影银涛……人们心中的梦，心中的歌，心中的理想，都凝聚在那尽情燃放的烟花里！

这是第十届中国国际投资贸易洽谈会文艺晚会的烟火表演环节主持人的一段串词。这段串词运用了恰到好处的修辞手法，渲染出烟花瞬息万变、神秘莫测的动态美感，华丽隽永的语言耐人寻味，同时借烟花之美隐喻人们心中的美好理想，赋予了烟花饱含情感的艺术形象。

（三）结束语

一场活动的结束必须有精彩动人的结束语才算画上完美的句号。因此结束语要与开场白遥相呼应，对整个活动给予肯定。另外还可表达对美好今朝的赞颂及灿烂明天的渴望，对主办方表示感谢。在感谢之余，说一些亲切温婉的话语，拉近所有人的距离，让人们对整个活动留下深深的回味。

（1）巧于结尾，令人回味。例如，

女：过去的一年，我们有泪水，更有欢乐；过去的一年，我们有汗水，更有掌声。当冬天又翱翔着矫健的雄鹰，当春天又拥抱大地，充满希望与挑战的2022年正微笑着向我们走来。

男：新年有新的畅想，新年有新的希望。在新的一年里，我们将继续追求创新，探索实践；在新的征程中，我们将努力奋斗自强，勇往直前。

女：新年是新的乐章，用我们的行动，用我们的真诚，用我们的奉献，迎接充满希望的2022年。

男：这里欢歌笑语，这里满堂融融，这里畅想未来，这里放飞梦想。让我们记住这美好的时光，让我们驾着“腾飞”的翅膀，共同去迎接崭新的2022年！

女：在这里，有默默耕耘的辛勤园丁，有孜孜以求的莘莘学子。

男：在这里，散发着油墨的清香，跳动着青春的脉搏。

女：在这里，有我们对生活的激情，更有我们对未来的渴望。

男：因为，我们始终相信，明天会更好！

合：××学校庆元旦文艺演出到此结束，祝大家元旦快乐，万事如意，心想事成。

这是一所学校的庆元旦文艺晚会主持词结束语，主持人用“园丁”“学子”“油墨”“青春”等字眼道出了书香校园充满希望的明天，令人回味无穷！

（2）振奋人心，留下余韵。例如，

任鲁豫：难忘今宵，我们将欢乐的记忆收藏。

李思思：难忘今宵，我们将真挚的希望点亮。

尼格买提：告别今宵，一个朝气蓬勃斗志昂扬的时代不断蒸蒸日上。

马凡舒：告别今宵，一个勤劳勇敢自强不息的民族即将再创辉煌。

撒贝宁：告别今宵，一个坚忍不拔欣欣向荣的中国就要全新起航。

任鲁豫：朋友们，新的一年让我们更加紧密地团结在以习近平同志为核心的党中央周围，以虎虎生威的雄风，生龙活虎的干劲，气吞万里如虎的精神埋头苦干、勇毅前行，为实现第二个百年奋斗目标，为实现中华民族伟大复兴的中国梦做出新的、更大的贡献。以优异的成绩迎接党的二十大的胜利召开。今宵神州同怀抱。

众人（齐）：明年春来再相邀！

这是 2022 年中央电视台春节联欢晚会主持词结束语，五位主持人用铿锵有力、振奋人心的语言为我们留下了充满希望的余韵。

四、主持词的写作要求

（一）开场白和活动的主题相契合

主持人的开场白要精彩，要和活动的主题相契合，精彩的文案只有紧扣主题才能发挥出最大的魅力。

（二）串词要灵活推进、前后衔接

主持词的串词既要起到承前启后、灵活推进的作用，又要为即将推出的节目做好铺垫，使前后衔接，融为一体。

（三）结束语切忌粗疏草率

主持词的结尾要调动各种技巧和手段，或掀起高潮，或给人以鼓舞和欢笑，或给人留下回味和思考，切忌粗疏草率。

例文

2021 年中央电视台春节联欢晚会主持词

开场白：

任鲁豫：玉鼠追冬去，金牛送春来。

尼格买提：全国和全世界的观众、听众朋友们，随着辛丑牛年的款款来临，中国中央广播电视总台 2021 年春节联欢晚会在这里和您见面啦！

李思思：即将辞别的旧岁，极不平凡，我们在风雨中前行，经历了太多太多。

张韬：这一年我们哭过、笑过、拼过，这一年，我们每个人都了不起。

龙洋：浮云难蔽日，雾散终有时。

任鲁豫：今晚在这阖家团圆、辞旧迎新的时刻，我们要向所有的中国人，深情地道一声：你们

众人（齐）：辛苦了！

李思思：朋友们，我们的晚会正在通过央视综合频道、综艺频道、中文国际频道、国防军事频道、少儿频道、农业农村频道、4K 超高清频道和 8K 超高清试验频道，以及央广

音乐之声、经典音乐广播、文艺之声、中国交通广播、华语环球广播和大湾区之声、南海之声等同步直播。

尼格买提：与此同时，央视频、央视新闻新媒体、央视网、央广网、国际在线、云听等新媒体平台同步播出。总台英语、西班牙语、法语、阿拉伯语、俄语频道和 43 种外语新媒体将联动全球 170 多个国家和地区的 600 多家媒体对春晚进行直播和报道。

龙洋：通过这些传播平台，我们晚会的盛况将在同一时刻传遍神州大地，传遍五洲四海。

张韬：通过这些传播平台，我们要向全国各族人民、向港澳台同胞，向全世界的华侨华人送去新春的祝福。

任鲁豫：大家

众人（齐）：过年好！

节目串词（节选）：

一、

任鲁豫：谢谢！俗话说：年到家，喜盈门。

李思思：辞旧迎新之夜，我们给您报喜了！

任鲁豫：庚子鼠年，我们全部脱贫，全面小康。

李思思：庚子鼠年，我们用大爱书写了抗疫史诗。

任鲁豫：庚子鼠年，我们还战胜了严重的洪涝灾害。

李思思：庚子鼠年，“十三五”圆满收官，“十四五”全面擘画。

任鲁豫：这一年，可以说是大事多多，喜事连连呀！

李思思：因此啊，我们也可以自豪地说，向辛丑牛年交上了一份可以载入史册的答卷。

任鲁豫：新的一年，我们要用为民服务孺子牛、创新发展拓荒牛、艰苦奋斗老黄牛的三牛精神继续拼搏奋斗！

李思思：接下来我们要为大家请出的是三位属牛的演员，他们分别是王一博、关晓彤和来自中国香港的刘德华，让我们一起

两人（齐）：牛起来！

二、

任鲁豫：亲爱的朋友们，在这样一个万家团圆的夜晚，我们不禁会回想起 2020 年全国人民共克时艰的日日夜夜。因为突如其来的新冠肺炎疫情，我们当中有很多很多人没有能够回家，没有能够和家人吃上一顿团圆饭。

李思思：他们当中有白衣天使、人民子弟兵、有科研人员、社区工作者、志愿者、工程建设者和快递小哥。这其中，有古稀老人，当然更多的是 90 后、00 后的年轻人。他们

以生命负使命，用挚爱护苍生，以实际行动诠释了什么叫作新时代最可爱的人。

任鲁豫：除了这些人，还有千千万万封闭在家的普通人。他们响应党和政府的号召，用深明大义、顾全大局的奉献，为我们带来了守望相助的感动。

李思思：接下来朋友们要欣赏到的小品《阳台》，讲述的就是这段封闭时期的小区生活。

任鲁豫：要为大家演出的有尚大庆、佟大为、王丽坤、秦昊、王砚辉。

李思思：李文启、黄晓娟、王圣迪、孙茜、娄艺潇。掌声有请！

……

结束语：

任鲁豫：今宵的守岁，我们喜气洋洋。

李思思：今宵的团圆，我们欢乐吉祥。

尼格买提：我们和玉鼠再见，感慨万千。

龙洋：我们向金牛报到，金春你早。

张韬：我们在春天里，向春天问好。

任鲁豫：开局“十四五”，开启新征程。

李思思：我们油已加满，整装待发。

尼格买提：我们劲已鼓足，绝不服输。

龙洋：山再高，往上攀，总能登顶。

张韬：路再长，往前走，定能到达。

任鲁豫：我们在春天里，为祖国和人民祝福。

李思思：惟愿山河锦绣、国泰民安。

尼格买提：惟愿和顺致祥、幸福美满。

龙洋：旧岁已展千重锦，新年更进百尺杆。

张韬：举目已觉万山绿，宜趁东风马蹄疾。

任鲁豫：朋友们，让我们更加紧密地团结在以习近平同志为核心的党中央周围，同心同德，顽强奋斗，乘风破浪，扬帆远航，奋进在全面建设社会主义现代化国家的新征程上，为实现第二个一百年的奋斗目标，为实现中华民族伟大复兴的中国梦而

众人（齐）：努力奋斗！

任鲁豫：亲爱的朋友们，2021 年的春节联欢晚会要跟您说声再见了，再次祝福大家新春快乐，明年的春晚

众人（齐）：再见！

资料来源：2021 年中央电视总台春节联欢晚会，有删减。

相关链接

链接 1

消息和通讯的区别

消息和通讯都属于新闻体裁，都具有新闻性，强调所报道的人物和事件；要具有新闻价值，都必须真实，不能进行艺术虚构，这是二者的相同之处。它们的不同之处如下。

第一，从篇幅上看，一条消息一般只写一件事情，通讯则是在一个主题之下，报道事实的全过程，涉及比较多的人物和事件。

第二，从表现手法上看，消息通常用叙述的手法，而通讯是采用叙述、描写、抒情、议论相结合的手法。

第三，从结构上看，消息一般有比较稳定的结构形式，而通讯的结构形式灵活多变。

第四，从时间要求上看，消息的时效性比较强，要迅速及时，而通讯的时间性要求不如消息明显。

链接 2

企业主页设计的要求和技巧

一个企业主页设计的好坏，直接影响企业在客户以及消费者心目中的地位。企业主页设计就代表了这家企业的形象，而形象是大众评价一个企业的最重要的指标，所以一定要在企业主页设计上下足功夫。企业主页的设计应注意以下几点。

第一，公司的定位和特色要明确标注。任何一家公司的网站，先要告诉用户“我们是做什么的”，这不仅是公司的发展目标，同时也告诉浏览者公司的业务、发展方向、同行中的定位和档次等。这样，用户才会根据自己的需求去挖掘网站的内容。

第二，Banner 的设计要合理讲究。Banner 是整个企业主页的核心，它告诉用户企业网站有什么内容，所以 Banner 的设计要讲究，这样用户才更容易找到想要的内容。Banner 的设计要结合企业的行业特征、企业文化，甚至企业 logo 的颜色、图形等，合理设计。

第三，导航条的设计要合理便捷。导航条的设计安排要合理，在用户使用最合适的地方设计不同的导航条，让用户方便寻找和浏览自己需要的信息。

第四，企业主页网站打开的速度要快速。网站打开的速度直接影响用户的体验，同时，和企业友情交换链接的网站的品位也体现了企业网站的品位，所以，在友情链接的交换设计上要下功夫。

总之，企业主页的设计布置，是一项精细而消耗精力的事，企业一定要结合自身的产品和服务，打造出让用户满意的企业网站。

问题讨论

1. 广告正文的写作主要有几种类型？请举例分析你平时所看到的广告分别属于哪种类型？

2. 写作消息时，如何抓住消息中的“新闻点”？

3. 企业主页制作中，如何选择背景颜色、文本颜色和链接颜色？

4. 以“诚信考试”为题的倡议书，正文应写什么内容？

5. 请结合建议书的分类，尝试阅读不同类型的建议书，并探究其写作格式和内容。

6. 不同类型的晚会主持词语言风格有哪些不同？

写作实践

1. 根据以下材料拟写一份完整的广告文案。

某护肤产品可以满足如下诉求点：清洁力可深入毛孔；皮肤科医生大力推荐；可以有效改善暗黄肤色；不含任何激素成分；可以有效延缓肌肤衰老；除皱功效明显；不含任何杂质。

请甄选几个主要的诉求点，以此定位，完成一份广告文案的写作。

2. 请指出下列文字突出了消息的哪些特点。

消息一：当年美国总统尼克松访华时，飞机于 1972 年 2 月 21 日 11 时 27 分在北京机场着陆。

美国电视台立即播出；2 分钟后，美联社最先发出消息；3 分钟后，法新社发出消息；4 分钟后，路透社发出消息；5 分钟后，合众国际社发出消息……

消息二：今年春节后民工潮预计将达到 700 万人……

消息三：当年，里根总统遇刺，现场一片混乱、惊慌。拍下这一镜头的是黑人记者汉克·布朗。当第一枪打响时，别人都本能地弯下腰，他却镇定地扛着摄像机……半小时后，在全国播放。

3. 请将以下资料加以分析提炼，完成一份企业主页的设计与制作。要求主题突出，布局合理。

××省××装饰材料有限公司是一家集开采、研发、生产、销售、施工、服务于一体的硅藻泥壁材专业生产型企业，注册商标为“××”，品牌释义为“×××××”。

××装饰材料有限公司与中国建筑材料科学研究总院建立长期重点技术合作，2014 年 3 月成功挂牌上市，成为中国硅藻泥行业首家股交中心挂牌上市企业。公司总部设于北国春城，下设硅藻泥生产基地 2 个，地板生产基地、施工培训基地、技术研发中心各 1 个，截至 2020 年 3 月，该公司销售网络覆盖全国近 30 个省、区、市的 400 多个大中城市，开设××纯天然硅藻泥专卖店 800 家以上，品牌囊括建筑装饰工程、纯天然硅藻泥、硅藻砖、净醛石、艺术壁材、自洁功能型外墙材料、三层·多层实木复合地板、纯硅藻泥地板等系列环保装饰装潢材料。

该公司一直以“一切为了健康”为品牌理念，以“成为健康事业领航者”为企业使命，以“健康全人类”为企业发展愿景，以“建设人类绿色美好的家居环境”为品牌己任，建绿色家居航母，树百年品牌形象！

近年来，该公司正以迅猛的速度发展成为环保壁材行业的翘楚品牌。迄今为止，全国上百家终端形象店服务中国各大区域，行业实力规模已稳居中国硅藻泥十大品牌殊荣。

该公司竭诚欢迎大家加盟。该公司一直本着以加盟商的利益为大，抱着互惠互利合作双赢的政策为加盟商服务，共同实现创业梦想。

公司加盟热线：400×××××××。

4. 根据所学知识，为开展某项社会公益性活动，写一份倡议书。

5. 阅读下面的材料，根据要求写作。

2019 年 12 月 11 日，浙江省教育厅、省委网信办、省发展和改革委员会等 14 个部门联合出台《浙江省中小学生减负工作实施方案》。该方案指出：适度合理的学业压力是学生开发智力、激发潜力、锻炼能力的必要条件，是必需的，我们也是鼓励的；但过重的学业负担会严重损害学生的身心健康和全面发展，我们必须旗帜鲜明地予以反对和制止。该方案要求全省中小学不对外公开考试成绩和排名；中小学生个人考试成绩及位次允许家长获知，但学校不得以任何方式在校内外公开发布。学校不得举行或变相举行过分强化应试教育的中考、高考“誓师大会”。

6. ××大学准备举办“中华经典诗词诵读大赛”，请为本次大赛写一份主持词的开场白和结束语。

第九章

商务协约文书

学习目标

商务协约文书是在商务往来中，双方或多方经过谈判而形成的规定相互权利义务关系或表达其他谈判成果的文书材料。商务协约文书以法律认可的形式保证双方或多方信守承诺，履行各自应该履行的义务，保证了协约双方相互协作的顺利实现。本章重点介绍合同、意向书、协议书、招标书、投标书的写作知识。通过学习，使学生了解商务协约文书的特点及写作规律，掌握商务协约文书的写作方法与技巧，进而帮助学生解决今后在商务活动中的实际问题。

第一节 合同

知识要点

- 合同是指平等主体的自然人、法人和其他组织之间设立、变更、终止民事权利义务关系的协议
- 合同具有立约人限定性、协商互利性和约束性等特点
- 合同通常由标题、首部、正文、附则和尾部组成
- 订立合同时，内容要合法，条款要完备，表述要准确

一、合同的概念

合同也被称为契约，是现代法律制度中最重要的法律概念之一，是指平等主体的自然

人、法人和其他组织之间设立、变更、终止民事权利义务关系的协议。依法订立的合同受法律保护。

合同作为一种协议，必须由双方当事人协商一致才能成立。合同当事人做出的意思表示必须合法，这样才能具有法律约束力。合同中所确立的权利义务，必须是当事人依法可以享有的权利和能够承担的义务，这是合同具有法律效力的前提。

二、合同的特点

合同具有以下三个方面特点。

（一）立约人具有限定性

合同订立人必须是具有法律行为能力者。未成年者、精神病患者、醉酒者和被剥夺政治权利的人，以及丧失语言思维能力的人不能作为立约人。

（二）协商互利性

订立合同时，当事人任何一方不得把自己的意志强加给对方。各方当事人必须平等相待，协商一致，本着自愿、公平、诚信的原则，订立互利互惠的合同。

（三）约束性

依法成立的合同，受法律保护，具有法律约束力，当事人应按条约履行自己的义务，不得擅自变更或者解除合同。否则，应当承担违约责任。

三、合同的种类

（1）根据约定时间的不同，合同可分为短期合同、中期合同、长期合同。

（2）根据形式的不同，合同可分为表格式合同、条款式合同、表格条款结合式合同。

（3）根据内容和效力范围的不同，合同可分为买卖合同、供用（水电气）合同、赠予合同、借款合同、租赁合同、建设工程合同、运输合同、技术合同、保管合同、委托合同和居间合同等。

四、合同的结构与写法

合同通常由标题、首部、正文、附则和尾部组成。

（一）标题

合同的标题即合同名称，一般由合同内容和合同组成，如《装修合同》《买卖合同》《借款合同》。有的标题还需写明标的物，如《农产品订货合同》。

（二）首部

合同的首部一般包括签订合同单位（人）的名称、合同编号、签订地点与时间等。

签订合同单位（人）的名称位于标题的左下方，顶格写“立合同单位”或“立合同人”，然后并列写上双方当事人的单位全称或个人姓名。为了行文方便，在名称后用圆括号注明“以下简称甲方”“以下简称乙方”，或“买方”“卖方”，或“供方”“需方”。不可写“我方”“你方”，以免引起混乱和误解。例如，

订立合同双方：

供货单位：××××服装厂（以下简称甲方）

购货单位：××××商厦（以下简称乙方）

合同编号与签订时间等在合同标题的右下方，分行并列写明合同的编号以及签订的时间、地点等。例如，

供货合同

合同编号：2020—009

签订时间：2020 年 8 月 10 日

签订地点：××××商厦

（三）正文

正文是合同的主体部分，主要内容是对双方的权利和义务进行设定，一般包括开头和主体两部分。

1. 开头

开头也称引言，表明签订合同的目的或依据。常见的表述如“为了……经双方协商，订立下列条款，以资共同遵守”，或“根据《中华人民共和国合同法》及有关政策规定，经双方协商同意签订本合同，以资共同遵守”。根据不同的合同内容，这部分在写法上可有适当变化。

2. 主体

主体部分是双方协定的基本条款，即当事人应当承担的义务与享受的权利。根据《合同法》的规定，合同的主要条款包括如下内容。

（1）标的。标的是合同当事人双方权利和义务共同指向的对象，是合同必备的最基本

条款，如货物、劳务、工程项目、劳动成果（指经济活动要达到的目的）等。

标的可以是有形物，也可以是无形物或经济行为。有形物指能够被人类控制和支配的生产、使用、占有和交易的物质，如借款合同的标的是货币和有价证券等。无形物指人类智力劳动的成果，如技术合同中的“技术”，科技成果的“专利权”“知识产权”等。经济行为指合同主体为达到一定的经济目的所进行的活动，包括完成一定的工作，提供一定的劳务等，如高校与保洁公司之间的合同等。

（2）数量和质量。数量和质量是衡量标的的指标，是标的的具体体现。数量是指标的计量，是以数字和计量单位来衡量标的的尺度。质量是标的在质的方面的规定，是标的内在素质和外观形态优劣的标志。数量和质量是计算价款和酬金的依据。

（3）价款或酬金。价款或酬金是取得对方的产品、劳务或智力成果所支付的代价。它以货币数量来表示，如每月工资 1 500 元。承包费用 150 万元，承包期 15 年。价款报酬要约定单价总价，单价总价分别约定。涉及不同品种的货物，每一品种的价格要分别注明，不能只写合同的总价款。

（4）履行的期限、地点和方式。履行期限，指合同履行的时间界限，包括交货的期限和付款的期限等。履行地点和方式，指当事人完成承担义务的地点和方式，这应根据当事人双方的约定而定。履行地点，指在什么地方履行各自承担的义务，如提货、送货、代办托运。履行方式，比如产品买卖合同中，是一次交清还是分期交付；是由供方送货还是需方自提；如果代办托运，选何种运输工具、哪条线路，需不需要派人押运等都应写进合同。涉及分期付款、分批交货的，一定要把每一次、每一批的数量写清楚，而且计量单位一定要明确。

（5）违约责任。违约责任是指对不按合同规定履行义务的制裁措施，这是维护合同双方合法权益的保证。不履行合同应付违约金和赔偿金等，如供方逾期、需方中途退货等都应付违约金、赔偿金；货送错地方，也要自付运费等。

（6）解决争议的方法。这部分主要写明当事人约定的合同争议解决办法。解决争议办法有协商、调解、申请仲裁和向人民法院提起诉讼等多种方式。

（四）附则

合同的附则主要是对合同的有效性方面的说明，包括合同的有效期、签订份数、保存方式和未尽事宜等。如有表格、图纸或其他附件，应在正文后面标注“附件”字样，然后使用序码依次写清附件的名称和份数。例如，

本合同经双方当事人签字后生效。

本合同一式____份，合同双方各执____份保存。

本合同未尽事宜，经双方商定均可补充，对于补充的条文与本合同具有同等效力。

（五）尾部

合同尾部包括署名和日期。

1. 署名

署名即双方当事人单位名称、法定代表人的签名，并加盖公章或合同专用章。用印要端正、清晰。

2. 日期

以签订合同的日期为准。签约日期关系到合同的效力，必须写清楚。表格式合同常将签订时间、地点写在标题右下方。

五、合同的写作要求

（一）内容要合法

根据《合同法》的规定，如果合同的内容不合法，那么合同就视为无效合同。因此，订立合同须以《合同法》为依据，符合国家法律法规和政策。

（二）条款要完备

合同条款应完备具体，合同一经签订就具有法律约束力，因此不能有缺失遗漏。合同条款越具体，越有利于合同的履行。如购销合同应明确到产品规格、产品质量、技术标准、包装要求、价款、运输方式、交货日期和地点、何种货币结算等，有“章”可循，方能有备无患。

（三）表述要准确

签订合同时，用词造句要准确无误，甚至“咬文嚼字”，对可能出现的争议、偏差要考虑周到，并在条款中加以明确，避免歧义。“大概”“可能”“左右”等模糊词语要尽量避免使用。此外，标点符号的应用也要准确。

例文

租房合同

出租方：____（以下简称甲方）

承租方：____（以下简称乙方）

甲、乙双方就房屋租赁事宜，达成如下协议：

1. 甲方将位于____市____街道____小区____号楼___号的房屋出租给乙方居住使用，租赁期限自____年____月____日至____年____月____日，计____个月。

2. 本房屋月租金为人民币_____元，按月结算。每月月初_____日内，乙方向甲方支付全月租金。

3. 乙方租赁期间，水费、电费、取暖费、燃气费、物业费，以及其他由乙方居住而产生的费用由乙方负担。租赁结束时，乙方须交清欠费。

4. 乙方同意预交____元作为保证金，合同终止时，当作房租冲抵。

5. 房屋租赁期为，从____年____月____日至____年____月____日。在此期间，任何一方要求终止合同，须提前三个月通知对方，并偿付对方总租金___的违约金；如果甲方转让该房屋，乙方有优先购买权。

6. 因租用该房屋所发生的除土地费、大修费以外的其他费用，由乙方承担。

7. 在承租期间，未经甲方同意，乙方无权转租或转借该房屋；不得改变房屋结构及其用途，由于乙方人为原因造成该房屋及其配套设施损坏的，由乙方承担赔偿责任。

8. 甲方保证该房屋无产权纠纷；乙方因经营需要，要求甲方提供房屋产权证明或其他有关证明材料的，甲方应予以协助。

9. 如发生纠纷，双方协商解决，协商不成，任何一方可向当地人民法院提起诉讼，请求司法解决。

10. 本合同一式____份，甲、乙双方各执____份，自双方签字之日起生效。

甲方：　　　　电话：　　　　　　　　乙方：　　　　电话：

身份证号：　　　　　　　　　　　　　身份证号：

　　年　　月　　日　　　　　　　　　　　年　　月　　日

第二节 意向书

知识要点

- 意向书是指在正式签订条约、达成协议之前，当事人双方或多方之间表达初步设想的意向性文书
- 意向书具有内容的协商性、目的的意向性和作用的临时性等特点
- 意向书通常由标题、正文和落款组成

➤ 写作意向书时，态度要平等相待，语言要富有弹性，内容要合理合法

一、意向书的概念

意向书是指当事人双方或多方之间，在对某项事物正式签订条约、达成协议之前，表达初步设想的意向性文书。意向书为进一步正式签订协议奠定了基础，是“协议书”或“合同”的先导性文书，多用于经济技术领域的合作。

二、意向书的特点

意向书具有以下三个方面特点。

（一）内容的协商性

意向书不具有法律效力，是双方初步协商的产物，但具有促使双方进一步协商而签订合同的导向作用。

（二）目的的意向性

意向书的文字比较灵活，条款也比较原则，对关键问题不像合同那样需要做出具体、准确的表述，只表达原则性意向。

（三）作用的临时性

意向书是阶段性的产物，只在初步接触以后到签订协议或合同这一段时间起作用。一旦签署了协议或合同，意向书也就完成了它的历史使命。临时性、短期性是意向书的显著特点。

三、意向书的种类

（1）根据内容的不同，意向书可分为购销意向书、基建意向书、信贷意向书、培训意向书、加工意向书和经营意向书等。

（2）根据形式的不同，意向书可分为条文式意向书、表格式意向书和条文表格结合式意向书等。

四、意向书的结构与写法

意向书通常由标题、正文和落款组成。

（一）标题

意向书的标题通常有两种写法：一是由意向内容和文种组成，如《模具加工合作意向书》；二是由文种直接作为标题，如《意向书》。

（二）正文

意向书正文一般包括前言、主体和结尾三部分。

1. 前言

主要写明双方全称，因何事进行了协商以及合作的指导思想，包括签订意向书的目的、意义，有时可以写明意向书签订的日期、地点等。之后用“双方达成如下意向”等惯用语导出主体。

2. 主体

主要写明双方的意图，初步协商后达成的倾向性认识和比较认同的事项。可参照合同的条款按序排列。或写明生产的规模设想，或写明技术交流的合作构想，或写明产品的销售意图。对于经济效益的估计和以后各方将要开展的工作等均要以精练概括的文字写清楚，各条款内容要相对完整，条款间的界限要明了清楚。另外，要注明意向书的份数，下次洽谈的内容、时间和地点等。

3. 结尾

写明“其他未尽事宜，在签订正式合同时予以补充”等惯用语，以便留有余地。

（三）落款

落款，即双方签名盖章和日期签署。

五、意向书的写作要求

（一）态度要平等相待

意向书双方既不能迁就对方，也不能把自己的要求无原则地强加给对方，意向书应忠实表达双方意愿。

（二）语言要富有弹性

意向书的表述比较原则、笼统，特别是不要随便使用肯定性的词句，要多采用商量的语气，多使用富有弹性的词语，语言平和、灵活，如用“尽可能”“适当”“可”等，绝不能随便使用“必须”“应当”“否则”之类的用语。不把关键问题尤其是数据写得太具体太精确。

（三）内容要合理合法

意向书是签订合同的先导，因此内容要合理合法，符合法律法规。

例文

合作办学意向书

××学院（以下简称甲方）

北京××信息技术有限公司（以下简称乙方）

甲乙双方本着相互合作、共同发展、实现双赢的原则，于2020年12月12日在北京就合作办学事宜进行协商，达成如下意向。

1. 利用乙方信息技术优势，甲方与乙方共同开展计算机软件技术、平面设计专业的招生、教学、管理和就业等工作。

2. 乙方于2021年5月31日前对甲方投入人民币20万元至50万元，协助支持甲方在平面媒体中成为地区突出品牌学校。

3. 乙方宣传的同时，可依据甲方需要，将甲方部分现有非计算机类专业同时推广，促进甲方暑期招生工作的开展。

4. 乙方可为甲方提供乙方在北京地区的就业渠道及合作后新开拓的就业渠道。

5. 乙方工作人员可应甲方需要进行工作沟通和内容协助，共同分享经验。

6. 乙方操作过程中所使用的标准化管理体系，可提供甲方参考。

7. 对于甲方计算机专业毕业学员可直升入北京××培训中心，乙方承诺在北京为甲方学员推荐就业。

8. 本意向书一式贰份，双方各执壹份，具有同等效力，由双方代表签字，加盖公章后生效。

9. 本意向书具有参考或记录作用，不具备任何法律效力，双方将根据合作项目的落实情况，在认为必要时正式签订合作协议。

甲方（盖章）：××学院　　　　乙方（盖章）：北京××信息技术有限公司

代表（签字）：　　　　　　　　代表（签字）：

日期：　　年　月　日　　　　　日期：　　年　月　日

第三节 协议书

知识要点

- 协议书是当事人双方（或多方）经过协商而签署的具有法律效力的契约性文书
- 协议书具有使用范围广泛、内容原则宽泛和执行时效灵活等特点
- 协议书通常由标题、首部、正文和尾部组成
- 写作协议书时，内容要合规合法，表述要具体明了，双方要平等协商

一、协议书的概念

协议书是当事人双方（或多方）为了解决或预防纠纷，或确立某种法律关系，实现一定的共同利益、愿望，经过协商达成一致后，签署的具有法律效力的契约性文书。协议书对双方当事人都具有约束力，也可以保障各自的合法权益。

二、协议书的特点

协议书具有以下三个方面特点。

（一）使用范围广泛

协议书既可以在国家机关、社会团体、企事业单位之间使用，也可以在个人与单位之间、个人与个人之间使用，广泛应用于社会生活的方方面面。

（二）内容原则宽泛

协议书是双方共同协商的原则性意见，协议书签订以后，往往就有关具体问题，还需要签订合同加以补充、完善。

（三）执行时效灵活

协议书执行时效灵活机动，可以是几年，也可以长达十几年。

三、协议书的种类

根据作用的不同，协议书可分为意向式协议书、补充修订式协议书、合同式协议书。

（1）意向式协议书。制作于合同签订之前，为合同签订提供依据参考，是签订合同的“前奏”或“序曲”。

（2）补充修订式协议书。制作于签订合同之后，即补充修订已签订合同中条款的不足，是合同签订后的“尾声”。

（3）合同式协议书。凡是在《合同法》规定的 15 种合同形式之外的其他合作形式，均可使用协议书的形式来表现。

四、协议书的结构与写法

协议书通常由标题、首部、正文和尾部组成。

（一）标题

协议书标题一般由表明协议书性质的事由和文种组成，如《拆迁协议书》《合作办学协议书》《就业协议书》。

（二）首部

首部在标题的左下方，正文之前，并列写明签订协议的双方（或多方）当事人单位名称和法定代表人姓名。为了行文方便，习惯上规定一方为甲方，另一方为乙方，如有第三方，可简称为丙方，并在名称或姓名后面用括号注明。在协议书中不能用我方、你方、他方作为代称。

（三）正文

协议书的正文一般包括前言、主体和结尾三部分。

1. 前言

前言主要写明双方签订协议的目的、原因、依据和双方“信守”的表态，然后可以使用惯用语，如“现就有关事项达成协议如下”等导入主体部分。

2. 主体

主体是协议的主要条款，要求对协议的有关事项做出明确、全面的说明，尤其要着力写好协议双方（或多方）的权利和义务。一般应分条列项具体说明，包括双方议定的事项、各自承担的义务、享受的权利、所应得到的报酬、履行条款期限、违反条款的责任处理等，具体项目与合同相似。

3. 结尾

结尾要写明协议一式几份，并标注协议的附件以及有效期限。

（四）尾部

尾部包括协议双方单位名称、法定代表人姓名以及签订协议的日期，并须加盖印章。

五、协议书的写作要求

（一）内容要合规合法

由于协议是一种契约活动，一旦签订，就具有法律效力，因此内容必须遵守国家法律法规，符合国家政策要求，任何单位和个人都不能以协议为名进行违法活动。

（二）表述要具体明了

协议书和合同一样，要求表达用语清晰、明了，不能语义含糊、出现歧义。

（三）双方要平等协商

协议必须是出于当事人的真正自愿，在双方自由表达意志的基础上，经过充分协商而达成的。同时协议要体现协作的精神，遵循等价有偿原则，符合价值规律的要求。

例文

购房协议书

售房方（甲方）：　　　　　　　　身份证号：

购房方（乙方）：　　　　　　　　身份证号：

关于乙方向甲方购房事宜，双方经协商，达成协议如下：

1. 甲方将其拥有独立产权的位于北京市____区____街道的房屋（房屋所有权证编号：____，建筑面积____平方米）以人民币____仟____佰____拾____万____仟____佰____拾____元（￥　　）出售给乙方，乙方愿意以上述价格向甲方认购该房，并以购得的上述房屋向　　银行申请购房抵押贷款，以支付甲方应收的房款。

2. 甲方承诺：

（1）向乙方申请购房贷款银行或贷款银行认可的机构提供符合要求的房屋资料以备查核。

（2）保证对出售的房屋拥有独立产权。如果该房屋为共有房屋，则必须取得其他所有共有人的同意出售书面文件。

（3）保证该出售房屋未予出租，因出租所产生的任何问题由甲方承担并负责解决。

（4）自签订本协议起，保证将该房屋按约定价格售给乙方，其间不得反悔或将房屋出售给第三人。

（5）按照前述业务的需要，及时签订各项合同文件和办理各种手续。

（6）在办理产权过户时，应依要求将房屋产权资料交付贷款银行或贷款银行认可的机构持有。

3. 乙方承诺：

（1）向贷款银行或贷款银行认可的机构提供符合要求的资料以备查核，并依规定支付费用。

（2）保证按原约定价格向甲方购买前述房屋，并及时将贷款所得支付甲方之售房款。

（3）将所购房屋向贷款银行申请抵押贷款。

（4）按照前述业务需要，及时签订各项合同文件和办理各种手续，并承担各项费用。

（5）在办理房屋过户时，应依要求将房屋产权资料交付贷款银行或其认可的机构持有。

4. 本协议以乙方向贷款银行申请购房抵押贷款获得批准为正式生效条件，如果贷款银行认为乙方的借款申请不符合条件而不予批准，则甲、乙双方可以解除本协议，甲方若向乙方收取定金，应如数退还给乙方。

5. 如果贷款银行批准的贷款金额不足申请贷款额的 70%，则乙方有权解除本协议。否则，乙方应履行本协议的有关规定。

6. 违约责任

（1）如果甲方违约，拒绝将房屋出售给乙方，应向乙方赔偿因此受到的损失。

（2）如果乙方违约，贷款申请获准后没有向甲方购买房屋，应向甲方赔偿因此受到的损失。

7. 本协议的订立、履行、接触、变更和争议的解决适用中华人民共和国法律。

8. 本协议自双方签字盖章之日起生效。

9. 本协议一式肆份，双方各执壹份，由乙方交贷款银行或其认可的机构壹份。

10. 特别约定：

甲方：（签字盖章）　　　　乙方：（签字盖章）

年　月　日　　　　年　月　日

第四节 招标书

知识要点

- 招标书是招标单位按照规定条件发出招标信息，邀请投标人前来投标的一种专用文书
- 招标书具有具体性、规范性和竞争性等特点
- 招标书通常由标题、正文、尾部和附件组成
- 写作招标书时，内容和措辞要周密严谨、简洁清晰、注意礼貌

一、招标书的概念

招标书又称招标通告、招标启事，是招标单位按照规定条件发出招标信息，邀请投标人前来投标的一种专用文书。招标书是招标单位利用投标者之间的竞争，达到优选买主或承包方的目的，从而利用和吸收各方优势所形成的书面文件。招标书一般通过大众传媒公开，因此也被称为招标广告。

二、招标书的特点

招标书具有以下三个方面特点。

（一）具体性

招标书对征招项目、要求和技术质量指标等内容的表达具有具体性，因此描述要简洁有序、准确明了，不能模棱两可、含糊不清，不允许使用“大概”“大约”等无法确定的词语，否则会造成理解上的偏差。

（二）规范性

招标书是具有法律效力的文件，因而招标书内容必须符合国家法律法规、国际惯例和行业规范等。

（三）竞争性

招标书发布的目的就是引入竞争者参与投标，因而从投标者中选优的做法决定了招标

书具有竞争性，所以招标书不能含有歧视性条款，要体现公平竞争。

三、招标书的种类

（1）根据招标范围的不同，招标书可分为国际招标书、国内招标书。

（2）根据招标内容的不同，招标书可分为工程项目招标书、大宗商品交易招标书、企业承包或租赁招标书、技术项目引进或转让招标书、劳务招标书和科研课题招标书等。

四、招标书的结构与写法

招标书通常由标题、正文、尾部和附件组成。

（一）标题

招标书的标题通常有三种写法：一是由招标单位名称、招标项目名称和文种组成，如《××××学校印刷品服务招标公告》；二是由招标内容、文种组成，如《道路维修改造招标公告》；三是只写文种名称的标题，如《招标书》《招标公告》。

（二）正文

招标书的正文一般包括引言、主体两部分。

1. 引言

要写清楚招标的项目名称、目的和依据等，以便给投标者一个完整清晰的印象，文字要简洁精练。

2. 主体

这是招标书的核心，要详细写明招标的内容、要求及有关事项。主体部分要翔实交代招标方式（公开招标、内部招标、邀请招标）、招标范围、招标程序、招标内容的具体要求，双方签订合同的原则、招标过程中的权利和义务、组织领导和其他注意事项等内容。这一部分通常采用分条叙写的方式，层次要清楚，表达要明确，以便使投标者权衡利弊、抓住机遇，适时投标。

（三）尾部

招标书的尾部应签具招标单位的名称、地址、联系人电话和电子邮箱等，以便投标者参与投标时进行联系沟通。需要注意的是，如果是面向国际的招标，还需写明招标范围所包括的国家和地区以及使用的货币、付款方式等，以确保招标的顺利进行。

（四）附件

有些专门化的内容，如项目的具体数字、工期一览表、设计和勘探资料及有关项目的各类说明书等，通常作为附件列于文后或作为其他招标文件另发。

五、招标书的写作要求

（一）周密严谨

招标书是签订合同的依据，是一种具有法律效力的文件，内容和措辞要力求周密严谨。

（二）简洁清晰

招标书没有必要长篇大论，只要把所讲的内容简要介绍，突出重点即可，切忌堆砌罗列。

（三）注意礼貌

招标书要遵守平等、诚恳的原则，措辞要诚恳，语气要平和。

例文

×××职业学院学生教材公开招标公告

×××职业学院就“学生教材”采购项目进行公开招标采购，诚邀符合资质的投标人参加密封投标。

一、项目编号：2019—0012

二、项目名称：学生教材

三、预算金额及报价方式：预算金额 2 000 000 元，本次采购以折扣报价

四、招标内容

1. 本次招标共一包：投标人不得将每包的内容拆开投标，所投包内项目必须完全响应本招标文件所列示内容。

第一包

序　号	货物名称	数　量	单　位	备　注
1	学生教材	1	批	

注：上述表格中未特别标注为“进口产品”字样的，均必须采购国产产品。所采购的货物、服务必须符合国家的强制性标准。

2. 范围包括：货物的供应、运输和售后服务等。具体报价范围、采购范围及所应达

到的具体要求，以本招标文件中商务、技术和服务的相应规定为准。

3. 交货时间：合同签订后按照甲方要求时间供货。

4. 交货地点：×××职业学院指定地点。

5. 付款方式：按照合同约定内容在本学期末以最终供货数量如实结算。

五、参与投标的供应商应具备的资格条件

1. 具有独立承担民事责任的能力。

2. 具有良好的商业信誉和健全的财务会计制度。

3. 具有履行合同所必需的设备和专业技术能力。

4. 具有依法缴纳税收和社会保障资金的良好记录。

5. 具有法定教材经营资格（具有新闻出版管理部门或文化系统颁发的中华人民共和国出版物发行或经营许可证）。

6. 投标人在近三年内无违纪违法经营记录（因行贿、盗版等行为被公共媒体曝光或被行业主管部门处罚等）。

7. 法律、行政法规规定的其他条件。

六、供应商索取招标文件须携带的资料

1. 营业执照副本。

2. 税务登记证（国税、地税）副本。

3. 组织机构代码证副本。

4. 法定代表人身份证。

5. 如不是法定代表人，请出具法人身份证复印件、法人授权委托书及委托人身份证复印件。

6. 社会保险缴纳证明（投标截止日期前 2018 年或 2019 年最后一次投标人缴纳社会保险金证明）、纳税证明（投标截止日期前半年内任意一个月投标人纳税证明）。

7. 具有法定教材经营资格的证明。

（以上资料均须提供加盖单位公章的复印件 1 套备案）

七、招标文件发布时间及地点

1. 发布时间：2019 年 6 月 24 日至 2019 年 7 月 13 日。

（北京时间 9：00—11：00，14：30—16：30，节假日除外）

2. 发布地点：×××职业学院。

八、投标文件递交截止时间

投标文件递交截止时间：2019 年 7 月 14 日上午 9:00 前（北京时间）。

（投标截止时间之后送达的投标文件无效）

九、开标时间及地点

1. 开标时间：2019年7月14日上午9:00（北京时间）。

2. 开标地点：××市××路××号教学楼201会议室。

十、联系人及联系方式

采购单位：×××职业学院教务处

联 系 人：×××

电　　话：×××××××

联系地址：××市××路××号

采购组织部门：×××职业学院校产处

联 系 人：×××

电　　话：×××××××

联系地址：××市××路××号

第五节 投标书

知识要点

- 投标书是投标单位按照招标书的条件和要求，向招标单位提交的报价及有关事项说明的文书
- 投标书具有针对性、求实性和合约性等特点
- 投标书通常由标题、称谓、正文、落款和附件组成
- 写作投标书时，内容要集中明确，语言要周密严谨，编制要讲求时效

一、投标书的概念

投标书是投标单位按照招标书的条件和要求，向招标单位提交的报价及有关事项说明的文书。投标书要求密封后邮寄或派专人送到招标单位，故又称标函。它是投标单位在充分领会招标文件，进行认真考察和调查的基础上编制的投标文书，是对招标公告提出要求的响应和承诺，是提供给招标人的备选方案。

二、投标书的特点

投票书具有以下三个方面特点。

（一）针对性

投标书的内容是按照招标书提出的项目、条件和要求准备的，因此，投标书具有很强的针对性。投标者要根据招标人提出的要求和标准编制投标书，这样才能获取中标的机会。

（二）求实性

投标书对投标项目的分析、对己方的介绍、拟采取的措施和承诺等都具有求真求实的特性。投标者必须实事求是，真实地展示自己的资格、能力、条件，不夸大、不虚构。

（三）合约性

投标书以追求合作、签署合同为目的，因此，一旦双方确立各项条件条款，只要不违背我国现行的法律法规，那么这些条件条款就具备合约的性质，招投标双方都必须认真执行。

三、投标书的种类

（1）根据投标方人员组成的不同，投标书分为个人投标书、合伙投标书、集体投标书、全员投标书和企业投标书等。

（2）根据性质和内容的不同，投标书分为工程建设项目投标书、大宗商品交易投标书、企业租赁投标书和劳务投标书等。

四、投标书的结构与写法

投标书通常由标题、称谓、正文、落款和附件组成。

（一）标题

投标书标题通常有四种写法：一是由投标单位、投标项目和文种组成，如《××××建筑公司承建××大厦改扩建项目工程投标书》；二是由项目和文种组成，如《道路维修改造工程项目投标书》《××商品标函》；三是由投标单位和文种组成，如《×××单位投标书》；四是只写文种，如《投标书》《投标说明书》。

（二）称谓

称谓即受文单位名称，在标题下隔行顶格书写招标单位名称，末尾加冒号。

（三）正文

投标书的正文一般包括前言和主体两部分。

1. 前言

简明扼要交代投标人投标的目的、依据或指导思想，表明投标意愿，开宗明义，提纲挈领。

2. 主体

这一部分是投标书的核心，要紧紧围绕招标文件的要求进行表述，充分展现投标人的实力和竞争能力，从而取得竞标成功。投标书的内容通常包括：扼要介绍投标现状、具备的投标条件、目前完成的工作，以及中标后的承诺、提出总报价限价、完成招标项目时间、明确质量标准和保障措施等。其中，项目标价应写明完成招标项目的总金额、单位金额以及完成项目的分解金额等；完工时间要写的得明确具体，即总计需要多少天，到什么时间完成或交货；同时还要明确项目的质量标准以及保证质量的有效措施，这部分采用的数据和提出的措施必须真实准确、切实可行。

（四）落款

投标书落款要写明投标者单位名称、地址、邮编、联系人姓名、电话及电子邮箱等，注明投标时间，加盖单位印章。

（五）附件

投标书的附件根据需要和实际情况而定。附件内容可包括：资格审查文件、工程量清单、投标报价表、分项标价明细表、材料清单、技术规格、有关图纸和表格、担保单位的担保书等。

投标书的正文和附件是相互配合的，如果投标书的内容不是很复杂，大部分内容可在正文中表述清楚，附件内容就可减少；如果投标书整体内容很多，都写入正文，就会影响正文内容的清晰度，显得层次不清，这时可用多个附件形式承载其内容。正文和附件的内容布局，需要撰写人根据情况而定。

五、投标书的写作要求

（一）内容要集中明确

投标书要紧紧围绕招标文书提出的条件、要求，制订准确具体的投标方案并予以说明。投标过程要严格遵守国家法律法规，执行国家颁布的技术规范和质量标准。

（二）语言要周密严谨

投标书作为一种具有法律效应的文件，语言使用要力求严密，不允许使用“大概”“大约”等无法确定的词语，不需要委婉陈述。否则，会造成理解上的差异。

（三）编制要讲求时效

投标单位必须确切把握时机，讲求时效，要在规定时限内编制并适时提交投标文书，确保投标有效，实现投标目的。不然，时过境迁，就会贻误良机，使中标的愿望落空。

例文

投标书

××××××：

一、根据已收到的××造船有限公司二期工程海洋工程平台项目工程的招标文件，遵照《××市建设工程招投标管理暂行办法》的规定，我单位经考察现场和研究上述工程招标文件的投标须知、技术规范、图纸、工程量清单和其他有关文件后，愿以人民币（大写）×××万元的总价，按上述技术规范、图纸等的条件承包工程的施工、竣工和保修。

二、一旦中标，我方保证在2020年5月1日开工，并于2021年4月30日竣工。

三、除非另外达成协议并生效，你方的中标通知书及本投标文件将构成约束我们双方的合同。

四、我方明白发包方不一定要接纳最低的投标价的投标或收到的任何投标，也不会解释选择否决任何投标的原因与理由。

五、我方金额为人民币×××万元的投标保证金在接受招标文件时已同时递交。

六、我方确定本投标已考虑发包方或其招标代理单位已向我方发出的关于招标文件的修改通知。

投标单位：××公司（盖章）

单位地址：××××××

邮政编码：××××××

法定代表人：×××（签字）

电话：××××××

开户银行：××××××

银行账号：××××××××××××××××××

2020年3月1日

相关链接

链接1

《中华人民共和国民法典》

《中华人民共和国民法典》被称为“社会生活的百科全书”，是新中国第一部以法典命名的法律，在法律体系中居于基础性地位，也是市场经济的基本法。《中华人民共和国民法典》共7编、1 260条，各编依次为总则、物权、合同、人格权、婚姻家庭、继承、侵权责任，以及附则。通篇贯穿以人民为中心的发展思想，着眼满足人民对美好生活的需要，对公民的人身权、财产权、人格权等做出明确翔实的规定，并规定侵权责任，明确权利受到削弱、减损、侵害时的请求权和救济权等，体现了对人民权利的充分保障，被誉为“新时代人民权利的宣言书”。2020年5月28日，十三届全国人大三次会议表决通过了《中华人民共和国民法典》，自2021年1月1日起施行。婚姻法、继承法、民法通则、收养法、担保法、合同法、物权法、侵权责任法、民法总则同时废止。

链接2

意向书或备忘录属于合同吗？

企业在商务活动中经常会遇到签订意向书或备忘录的情况，那么意向书和备忘录是否也属于合同呢？要弄清这个问题，首先就要弄清什么是意向书和备忘录。意向书是在双方正式签订协议之前，表达初步设想的意向性文书。意向书是为进一步正式签订协议打基础的。备忘录最早来源于外交上的往来文书，是外交往来文书的一种。目前企业主要以备忘录记录双方在磋商过程中对某些事项达成一定程度的理解与谅解及一致意见，作为今后进一步磋商达成最终协议的参考，并作为今后双方交易与合作的依据。

问题讨论

1. 试比较合同、意向书与协议书的异同。
2. 招标有哪些程序，在招标过程中需要制作哪些文书？

写作实践

1. ×××电力公司与×××变压器公司经过协商，欲购买×××型号的变压器两台，每台价格××万元，要求对方两个月内将产品送到××市火车站，运费由对方负担，产品在一年内实行三包，收货时按装箱单验收，对方应负责免费安装；合同签订之日甲方付给对方××万元预付款，余款交货时一次付清。对于详细技术参数要求，双方达成了一个技术协议作为合同补充。请依据上述情况拟写一份经济合同，未提及部分可适当扩充。

2. ×××现有资金30万元，想创办一个印刷厂，进行市场调查后，发现资金缺口较大，最后决定与朋友合作共同投资、管理这个项目，双方协商后达成合作意向。请代拟一份合作意向书。

3. 张××是大四毕业生，为了积累经验，前往×××公司实习。双方商定，张××在×××公司实习三个月，每个月休息两天，实习期间遵守×××公司的规章制度；×××公司为张××安排业务员岗位，月薪1 680元，包吃住。请为他们双方拟写一份实习协议。

4. 某高校需要购置80台电脑，建设两个机房，现面向社会公开招标，请拟定招标书。

第十章

决策分析文书

学习目标

决策分析文书是参与经济活动的各类团体在工作中使用到的对市场发展现状、人才资源调配和企业未来走向等起决策指导作用的文书。本章重点介绍市场调查报告、市场预测报告、经济活动分析报告、可行性研究报告的写法。通过学习，使学生明确决策分析文书的基本格式，熟练掌握写作方法与技巧，提高在经济活动中分析问题和解决问题的能力。

第一节 市场调查报告

知识要点

- 市场调查报告是根据市场调查、收集、记录、整理和分析市场对商品的需求状况信息，以书面形式反映市场调查内容及工作过程，揭示市场运行的规律、本质并提供调查结论和建议的报告
- 市场调查报告具有针对性、真实性、典型性和时效性等特点
- 市场调查报告通常由标题、正文、附件和落款组成
- 写作市场调查报告时，要求材料客观真实、实事求是，调查资料和观点相统一，突出市场调查的目的，语言简明、准确、易懂

一、市场调查报告的概念

市场调查报告，就是根据市场调查、收集、记录、整理和分析市场对商品的需求状况信息，以书面形式反映市场调查内容及工作过程，揭示市场运行的规律、本质并提供调查结论和建议的报告。市场调查报告是市场调查研究成果的集中体现，其撰写的好坏将直接影响整个市场调查研究工作的成果质量。

二、市场调查报告的特点

市场调查报告具有以下四个方面特点。

（一）针对性

市场调查报告是决策机关决策的重要依据之一。决策需要了解市场的不同方面，调查也必须根据需求的不同有针对性地进行，调查报告也必须有的放矢。

（二）真实性

市场调查报告必须从实际出发，通过对真实材料的客观分析，才能得出正确的结论。

（三）典型性

主要表现为两点：一是对调查得来的材料进行科学分析，找出反映市场变化的内在规律；二是报告的结论要准确可靠。

（四）时效性

市场调查报告要及时、迅速、准确地反映、回答现实经济生活中出现的新情况、新问题，突出“快”“新”二字。

三、市场调查报告的种类

（1）根据所涉及内容的不同，市场调查报告可分为综合性市场调查报告和专题性市场调查报告。

（2）根据调查对象的不同，市场调查报告可分为关于市场供求情况的市场调查报告、关于产品情况的市场调查报告、关于消费者情况的市场调查报告、关于销售情况的市场调查报告和有关市场竞争情况的市场调查报告等。

（3）根据表述手法的不同，市场调查报告可分为陈述型市场调查报告和分析型市场调查报告。

四、市场调查报告的结构与写法

从严格意义上说，市场调查报告没有固定不变的格式。不同的市场调查报告写作，主要依据调查的目的、内容、结果及主要用途来决定。一般而言，市场调查报告通常由标题、正文、附件和落款组成。

（一）标题

市场调查报告的标题一般由市场调查内容和文种组成，如《××市居民住宅消费需求调查报告》《关于化妆品市场调查报告》《××产品滞销的调查报告》。标题必须准确揭示调查报告的主题思想，要求简单明了、高度概括、题文相符。

（二）正文

市场调查报告的正文一般包括前言、主体和结尾三部分。

1. 前言

前言是市场调查报告的开头部分，一般说明市场调查的目的和意义，介绍市场调查工作基本概况，包括市场调查的时间、地点、内容和对象，以及采用的调查方法、方式。也有的调查报告在前言中先写调查的结论是什么，或直接提出问题等，能增强读者阅读报告的兴趣。

2. 主体

这是市场调查报告中的主要内容，决定调查报告的质量高低和作用大小。主体部分要客观、全面阐述市场调查所获得的材料、数据，说明问题，得出结论，或做深入分析、评论等。具体包括以下三方面内容。

（1）情况介绍。市场调查报告的情况介绍，即对调查所获得的基本情况进行介绍。调查者用叙述和说明相结合的手法，将调查对象的历史和现实情况，如市场占有情况，生产与消费的关系，产品、产量及价格情况等表述清楚。在具体写法上，可以按问题的性质将其归结为几类，采用设立小标题或者撮要显旨的形式；也可以时间为序，或者列示数字、图表或图像等加以说明，力求做到准确和具体，富有条理性，为分析和建议提供依据。

（2）分析预测。市场调查报告的分析预测，即在对调查所获基本情况进行分析的基础上对市场发展趋势做出预测，它直接影响有关部门和企业领导的决策行为。调查者要采用议论的手法，对调查所获得的资料条分缕析，进行科学的研究和推断，并据以形成符合事物发展变化规律的结论性意见。用语要富于论断性和针对性，做到析理入微、言简意明。

（3）营销建议。这部分是市场调查报告写作目的和宗旨的体现，调查者要在上文情况介绍和分析预测的基础上，提出具体的建议和措施，供决策者参考。要注意建议的针对性和可行性，能够切实解决问题。

3. 结尾

结尾主要是形成市场调查的基本结论，也就是对市场调查的结果做一小结。有时还要提出对策措施，供有关决策者参考。

（三）附件

有的市场调查报告还有附件，附件内容一般包括有关调查的统计图表、有关材料出处和参考文献等。

（四）落款

落款即署名和日期。通常在正文右下方写明撰写报告的单位名称或个人姓名，并标注完整的年月日。如果标题下方已写明日期，文末可省略。

五、市场调查报告的写作要求

（一）材料力求客观真实、实事求是

调查报告必须符合客观实际，引用的材料、数据必须是真实可靠的。要反对弄虚作假，或迎合上级的意图，挑他们喜欢的材料撰写。总之，要用事实来说话。

（二）要做到调查资料和观点相统一

市场调查报告是以调查资料为依据的，即调查报告中所有观点、结论都以大量的调查资料为根据。调查者在撰写报告的过程中，要善于用资料说明观点，用观点概括资料，二者相互统一；切忌调查资料与观点相分离。

（三）要突出市场调查的目的

调查者撰写市场调查报告，必须目的明确、有的放矢。任何市场调查都是为了解决某一问题，或者为了说明某一问题。市场调查报告必须围绕市场调查的上述目的来进行论述。

（四）语言要简明、准确、易懂

调查报告是给人看的，无论是企业负责人，还是其他一般的读者，都不喜欢冗长、乏味、呆板的语言，也不精通过于专业的术语，因此，撰写调查报告语言要力求简单、准确、

通俗易懂。

例文

关于××市酒类市场及餐饮市场的调查报告

为了深入了解本市居民在酒类市场的消费情况，特进行此次调查。调查由××市××大学承担，调查时间是2019年7月至8月，调查方式为问卷式访问调查。本次调查选取的样本总数是2 000户。各项调查工作结束后，该大学将调查内容予以总结，其调查报告如下。

一、调查对象的基本情况（以下略）

二、调查内容

（一）酒类产品的消费情况

1. 白酒比红酒消费量大

分析其原因，一是除了消费者自己消费白酒以外，用于送礼的较多，而红酒主要用于消费者自己消费；二是商家做广告也多数是白酒广告，红酒的广告很少。这直接导致白酒的市场大于红酒的市场。

2. 白酒消费多元化

（1）购买因素比较鲜明。调查资料显示，消费者关注的因素依次为价格、品牌、质量、包装、广告、酒精度，这样就可以得出结论，生产厂商的合理定价是十分重要的，创名牌、求质量、巧包装、好广告也很重要。

（2）顾客忠诚度调查表明，经常换品牌的消费者占样本总数的32.95%，偶尔换的占43.75%；对新品牌的酒持喜欢态度的占样本总数的32.39%，持无所谓态度的占52.27%，明确表示不喜欢的占3.4%。可以看出，一旦某个品牌在消费者心目中形成，是很难改变的，因此，厂商应在树立企业形象、争创名牌上狠下功夫，这对企业的发展十分重要。

（3）动因分析。这主要在于消费者自己的选择，其次是广告宣传，然后是亲友介绍，最后才是营业员推荐。不难发现，怎样吸引消费者的注意力，对于企业来说是关键；怎样做好广告宣传，消费者的口碑如何建立，将直接影响酒类市场的规模。对于商家来说，营业员的素质也应重视，因为其对酒类产品的销售有着一定的影响。

（二）餐饮地点及习惯情况的调查

本次调查主要针对一些饮食消费场所和消费者比较喜欢的饮食进行。调查表明，消费者认为最好的酒店不是最佳选择，而最常去的酒店往往又不是最好的酒店，消费者最常去的酒店大部分是中档的，这与本市居民的消费水平是相适应的，现将几个主要酒店比较如下。

（1）消费者大多选择在自己工作或住所的周围，有一定的区域性。虽然在酒店的选择上有很大的随机性，但也并非绝对如此，例如，长城酒楼、淮扬酒楼，也有一定的远距离消费者惠顾。

（2）消费者追求时尚消费，如对手抓龙虾、糖醋排骨、糖醋里脊、宫保鸡丁的消费比较多，特别是手抓龙虾，在调查样本总数中约占 26.14%，以绝对优势占领餐饮类市场。

（3）近年来，海鲜与火锅成为市民饮食市场的两个亮点，市场潜力很大，目前的消费量也很大。调查显示，表示喜欢海鲜的占样本总数的 60.8%，喜欢火锅的约占 51.14%，在对季节的调查中，喜欢在夏季吃火锅的约有 81.83%，在冬天的约为 36.93%，火锅不但在冬季有很大的市场，在夏季也有较大的市场潜力。目前，本市的火锅店和海鲜馆遍布街头，形成了居民消费的一大景观和特色。

（4）以上地点是本市居民主要餐饮场所。在这些场所，居民主要会选用本地品牌白酒、啤酒，需求量一般依就餐规模、人数、节日不同而有高低差异，白酒价格和饭菜价格基本持平，啤酒价格为饭菜价格的 60%。

三、结论

（1）××市的居民消费水平还不算太高，属于中等消费水平，城市居民的月平均收入在 3 500 元左右，相当一部分居民还没有达到小康水平。

（2）居民在酒类产品消费上主要是用于自己消费，并且以白酒居多，红酒的消费比较少，用于个人消费的酒品，无论是白酒还是红酒，其品牌以家乡酒为主。

（3）消费者在买酒时多注重酒的价格、质量、包装和宣传，也有相当一部分消费者持无所谓的态度，对新牌子的酒认知度较高。

（4）对酒店的消费，主要集中在中档消费水平上，火锅和海鲜的消费潜力较大，并且已经有相当大的消费市场。

酒类市场调研组

2019 年 8 月 30 日

第二节 市场预测报告

知识要点

➤ 市场预测报告就是市场调查者在市场调查的基础上，综合调查的材料，用科学的方法估计和预测未来市场的趋势，从而为有关部门和企业提供信息，以改善经营

管理，促使产销对路，提高经济效益的一种文书

- 市场预测报告具有预见性、科学性和针对性等特点
- 市场预测报告通常由标题、正文、附件和落款组成
- 写作市场预测报告时，对预测的介绍要明确，要阐明预测所用方法，材料与内容要建立有机联系，语言要准确

一、市场预测报告的概念

市场预测报告就是市场调查者在市场调查的基础上，综合调查的材料，用科学的方法估计和预测未来市场的趋势，从而为有关部门和企业提供信息，以改善经营管理，促使产销对路，提高经济效益的一种文书。此类报告与市场调查报告的区别主要在于，市场调查报告侧重于调查过程的严密性、逻辑性和系统性，而市场预测报告侧重于预测的预见性、科学性和针对性。

二、市场预测报告的特点

市场预测报告具有以下三个方面特点。

（一）预见性

市场预测报告的本质是对市场未来的发展趋势做出预见性的判断，它是在深入分析市场既往历史和现状的基础上的合理判断，目的是将市场需求的不确定性极小化，使预测结果和未来的实际情况的偏差概率达到最小化。

（二）科学性

市场预测报告在内容上必须占据充分翔实的资料，并运用科学的预测理论和预测方法，以周密的调查研究为基础，充分搜集各种真实可靠的数据资料，找出预测对象的客观运行规律，得出合乎实际的结论，从而有效地指导人们的实践。

（三）针对性

市场预测的内容十分广泛，每一次市场调查和预测，只能针对某一具体的经济活动或某一产品的发展前景，因此，市场预测报告的针对性很强。选定的预测对象越明确，市场预测报告的现实指导意义就越大。

三、市场预测报告的种类

（1）根据预测范围的不同，市场预测报告可分为宏观市场预测报告和微观市场预测报告。

（2）根据预测时间的不同，市场预测报告可分为长期预测报告、中期预期报告和短期预测报告。

（3）根据预测方法的不同，市场预测报告可分为定量预测报告和定性预测报告。

四、市场预测报告的结构与写法

市场预测报告通常由标题、正文、附件和落款组成。

（一）标题

市场预测报告的标题一般由市场预测内容和文种组成，如《2014 年中国餐饮市场分析与 2015 前景预测报告》《关于××品牌实木家具在太原市的市场推广预测报告》。

（二）正文

市场预测报告的正文一般包括前言、主体和结尾三部分。

1. 前言

这一部分要求以简短扼要的文字，说明预测的主旨，或概括介绍全文的主要内容，也可以将预测的结果先提到这个部分来写，以引起读者的注意。

2. 主体

市场预测报告的主体是市场预测报告的核心部分，一般包括现状、预测和建议三部分。

（1）现状。预测的特点就是根据过去和现在预测未来。因此，写市场预测报告，首先要从收集到的材料中选择有代表性的资料和数据，说明经济活动的历史和现状，为下文预测分析提供依据。

（2）预测。利用资料数据进行科学的定性分析和定量分析，从而预测经济活动的趋势和规律，是市场预测报告的重点所在。这部分应该在通过调查研究或科学实验取得资料数据的基础上，对材料进行认真分析研究，再经过判断推理，从中找出发展变化的规律。

（3）建议。为适应经济活动的发展变化，为领导决策提供有价值的、值得参考的建议，是写市场预测报告的目的。因此，这个部分必须根据预测分析的结果，提出切合实际的具体建议。

3. 结尾

结尾部分可以总结预测结论，提出展望，鼓舞人心，或照应前言或重申观点，以加深认识。

（三）附件

附件主要包括图、表等数据材料，以及其他具体的辅助材料。

（四）落款

落款即署名和日期。通常在正文右下方写明撰写报告的单位名称或个人姓名，并标注完整的年月日。如果文前已写明日期，文末可省略。

五、市场预测报告的写作要求

（一）对预测的介绍要明确

市场预测报告中，要明确预测的时间、地点、范围、对象。因为没有放之四海而皆准的预测，一切都将随时间、地点、条件、对象的变化而变化。

（二）阐明预测所用方法

预测所采用的方法需要在正文之前交代清楚。这是因为每一种预测方法都有它的长处，也都有它的局限与不足。言明自身的预测方法，可使预测报告的阅读者知晓报告的缺欠所在。

（三）材料与内容要建立有机联系

任何预测都是来源于认真的调查，撰写人在写作中，从实际内容到文字表述，应特别注意材料与内容之间建立起有机的、非人为的联系。这样，市场预测报告才具有可信性，才能被人们所接受。内容与预测之间的牵强附会，自然缺乏说服力，文字表述上的含混不清，会使阅读者顿生疑窦，不敢轻易接受报告中的预测结果。

（四）语言要准确，表意要清晰确定

预测报告的科学性和针对性决定了其写作上的严谨性，所以报告的语言要准确到位，表意要清晰确定，以免读者产生歧义。切忌使用具有不确定性的语言，或者是文学性的语言。

例文

中国餐饮市场分析与前景预测报告

××协会发布的《中国餐饮市场分析和前景预测报告》显示，目前，我国国民经济在新常态下保持增长平稳、结构优化、质量提升、民生改善的态势。在此良好的宏观经济背景下，全国餐饮市场出现企稳回升的势头，向新常态下可持续发展阶段迈进。

一、全国餐饮业发展与市场运行特点

1. 餐饮市场发展概况

（1）整体市场稳中回暖。（以下略）

（2）区域市场大部好转。（以下略）

（3）行业景气用工需求均低迷。（以下略）

2. 餐饮行业发展特点

（1）政策优化继续促进行业发展。（以下略）

（2）大众需求旺盛带动市场回升。（以下略）

（3）餐饮企业多管齐下各显神通。（以下略）

（4）餐饮 O2O 大热改变消费模式。（以下略）

（5）本土品牌与国际巨头存差距。（以下略）

二、餐饮市场前景预测

当前中国经济正处于从投资型驱动向消费型驱动转型的换档期，第三产业占比不断提升，城镇化规模和质量稳步推进，餐饮业充满发展潜力和机会。不过，竞争加剧、企业微利已成为餐饮行业无法改变的事实，并将长期维持。全行业仍需摆正思想认识，在新常态下顺应形势练内功，创新驱动谋发展。

1. 行业发展环境将得到进一步优化

中央对于深化改革的决心是不容置疑的，深化改革将具有空前的广度、力度和深度。继去年商务部出台《加快发展大众化餐饮的指导意见》后，中央继续以坚定的决心，通过一系列调控政策，优化餐饮产业结构，加快制定支持大众化餐饮发展的财政、税收、金融政策，清理不合理收费，减轻企业负担，营造良好发展环境，为加快发展大众化餐饮保驾护航，从而实现保障和改善人民生活、扩大内需、促进就业的现实需要，推动餐饮业向现代生活服务业转型升级，促进餐饮业可持续健康发展。

2. 新常态新形势新发展

针对消费者消费偏好、消费习惯、消费方式的新变化，以及市场需求的新要求，餐饮服务大众化、个性化、多元化成为市场主体。而且，餐饮企业应在追逐“盈利”的同时，找回“产品和服务”这一餐饮行业的本质。消费者在一波一波强烈的宣传攻势下逐渐回归理性，利用互联网进行噱头营销已经不起推敲，提高产品和服务质量、加强自身管理水平依然是增强企业竞争力的正理。此外，在餐饮 O2O 飞速发展的今天，餐饮企业还应适时调整商业模式和服务模式，与时俱进，以立于不败之地。

餐饮业逐步进入“修炼内功，提高管理水平，常态化下可持续发展”的阶段，整个餐饮产业组织也将显现出“三小三大”的新特征，即小店面大后台、小产品大市场、小群体大众化。

3. 企业扩张势头逐渐恢复

前两年餐饮市场陷入最艰难困境，餐饮企业也随之收缩，扩张速度放缓，有的甚至关闭部分业绩不佳的门店。阵痛期过后，企业开始摩拳擦掌，国内餐饮企业以及国际知名品牌都计划逐步加快新开店步伐，有些还打算拓展区域市场、扩大版图布局，还有些餐饮品牌计划在海外市场树立品牌形象。

4. 资本引进来，中餐走出去

随着中国餐饮市场逐渐回归理性，资本市场纷纷涉足对国内餐饮。并且，越来越多的国际餐饮企业也开始关注中国餐饮，希望可以进一步发掘中国大陆市场。在引入资本的同时，中国餐饮还在加速“走出去”，通过海外交流考察、赴海外投资开店、参与中餐烹饪技艺国际交流展示和参加国际烹饪技艺赛事等一系列活动，积极向世界宣传推广中华餐饮文化。

目前，中国餐饮业已进入巩固行业转型成效，迈向餐饮收入新阶段的关键时期。走满足大众需求、适应市场变化、提升盈利水平的理性发展之路，就是餐饮业未来发展的“新常态”。

资料来源：联商网，有删改。

第三节 经济活动分析报告

知识要点

- 经济活动分析报告是金融企业根据相关数据材料，对经济领域或企业的经济活动状况进行分析考察，对企业财务状况、理财过程和经营成果做出正确的评价，为报表使用者提供决策依据的一种书面报告

- 经济活动分析报告具有分析性、说明性和目的性等特点
- 经济活动分析报告通常由标题、正文和落款组成
- 写作经济活动分析报告时，要做到情况清楚、表现多样、语言简练、数字准确

一、经济活动分析报告的概念

经济活动分析报告是金融企业根据会计报表计划指标、会计核算和统计资料等数据材料，对经济领域或企业的经济活动状况有重点、有针对性地进行分析考察，对企业财务状况、理财过程和经营成果做出正确的评价，为报表使用者提供决策依据的一种书面报告。经济活动分析报告具有评价过去的经营业绩、衡量目前的财务状况和预测未来的发展趋势的作用。

二、经济活动分析报告的特点

经济活动分析报告具有以下三个方面特点。

（一）分析性

经济活动分析报告要将各种数据进行定量、定性、定时的分析，还要从不同的侧面、角度对宏观和微观的、全面和局部的、有利和不利的因素进行深入的分析和比较说明，综合地反映出一个时期的经济、金融形势，以及银行或工商企业的经营活动情况。

（二）说明性

报告中必须对所涉及的经济现象、特征、指标和数据等进行详细的说明，以此揭示经济活动的变化规律，为银行工作者提供管理的依据。

（三）目的性

写分析报告的最终目的在于准确地指出经济活动存在的得失，从中寻找提高银行经济效益的最佳途径，使经济活动沿着正确的方向发展。

三、经济活动分析报告的种类

（1）根据分析时间的不同，经济活动分析报告可分为事前、事中、事后分析报告。

（2）根据金融业务性质的不同，经济活动分析报告可分为经济、金融形势的分析报告，工商企业的经济活动分析报告，银行资金活动的分析报告和银行财务状况的分析报告等。

四、经济活动分析报告的结构与写法

经济活动分析报告没有固定格式，结构安排也相对比较灵活，由经济活动分析的目的、需要决定。经济活动分析报告通常由标题、正文和落款组成。

（一）标题

全面分析报告的标题，一般要写明单位、时间、分析内容和文种四项内容，如《××商场 2014 年 1 月份销售情况分析》；专题分析报告的标题，一般是揭示分析报告的主要内容与范围，如《产品库存积压的原因何在》；部门分析报告的标题，一定要标明部门，如《××市建工系统企业 2014 年主要经济指标的分析》。

（二）正文

经济活动分析报告的正文一般包括前言、主体和结尾三部分。

1. 前言

前言部分往往针对分析的问题，或简要介绍被分析对象经济活动的基本情况，如评价产销形势、计划指标及指标完成情况；或交代分析的目的、起因；或指出存在的问题等。前言应开门见山、直截了当。

2. 主体

这部分集中反映经济活动的分析过程及其结果，是报告的核心部分，主要阐释经济活动“怎么样”“为什么这样”及“应该怎么办”的问题。其体现在结构上即表现为“基本情况—原因分析—对策建议”这三个相互关联的层次。

（1）基本情况。一般采用对比、分解、综合的方法，运用大量数据说明经济指标的完成和变化情况及其存在的问题，展示经济活动的基本情况。有时还可列出表格并叙述说明。

（2）原因分析。如果是全面分析报告，则要对各项重要的经济指标逐项进行分析；如果是专题分析报告，则要对该专题的内容和要点展开分析；如果是部门分析报告，则要抓住几个主要经济指标或一两个重点问题进行分析。

（3）对策建议。这部分应以主体部分为基础，抓住要害，有针对性地提出切实可行的建议或措施，观点要鲜明，切忌模棱两可，意见要中肯，措施要有的放矢。

3. 结尾

大多数经济活动分析报告在写完对策建议后自然作结，不再有单独结尾，行文上显得干净利落。有些经济活动分析报告则有独立的结尾，或者总结回顾以照应前言，或者预测前景以展望未来，或者补充说明使内容更加全面。不管哪种写法，都要简短精粹，切合需要。

（三）落款

落款即署名和日期，通常在正文右下方写明撰写报告的单位名称或个人姓名，并标注完整的年月日。如标题已标示单位或个人姓名，则只写日期即可。

五、经济活动分析报告的写作要求

（一）情况要清楚

写作分析报告，要以经济数据作为主要的分析依据，还要根据经济数据“顺藤摸瓜”，深入实践调查研究，把指标数据的分析和掌握具体情况紧密联系起来，相互印证和补充，才能去粗取精，去伪存真，使分析的结果既能正确说明问题，又能有效解决问题。

（二）表现要多样

经济活动分析报告虽然是使用文字语言描述，使用数字语言表述经济现象数量变化过程及变化规律，不仅要用文字说明数字，还要应用分析表格列示，集中、直观、有序地显示数据，便于观察对比分析，易看易懂。还可以在必要的位置绘制精美的分析图形，使文字、表格、图形相辅相成，给人以清晰、明了、确切的感觉。

（三）语言要简练

经济活动分析报告是用文字语言进行描述的，它阐明了经济现象变化过程和规律及发展趋势。描述过程的语言要言简意赅，实事求是、恰如其分地表现经济现象的变化过程及结果，以最精练的文字表现出最丰富的意思，以朴实自然的文笔描述出事物的本质特点，做到用语通顺简洁、生动流利、描述准确、观点鲜明。

（四）数字要准确

经济活动分析报告是以经济数据作为分析的主要依据，通过分析掌握经济现象数量变化和错综复杂的数量关系，采用的数据必须准确、客观、具有代表性，才能得出符合客观实际的结论。

例文

××市××船务公司 2019 年一季度经济活动分析报告

××市××船务公司根据 2019 年第一季度实际运营情况，进行了详细的数据统计。现进行分析总结如下。

一、各项经济指标运行情况分析

（一）责任成本指标

第一季度累计责任成本 1 510 万元，为计划进度（1 550 万元）的 97.42%，实绩比计划节约 40 万元。

（二）安全、货运质量指标

第一季度累计交通事故损失金额 3 万元，为计划进度（32.34 万元）的 9.28%，与去年同期比减少 1 万元；1～3 月无货运质量事故，无货主投诉，货差损赔偿金额为零。

（三）船舶效率指标

第一季度累计完成拖轮船产量 64 185 吨千米/千瓦，为计划进度（60 480 吨千米/千瓦）的 106.13%，超进度 3 705 吨千米/千瓦；与去年同期比，增加 740 吨千米/千瓦，增幅 1.17%。

第一季度累计完成驳船船产量 3 986 吨千米/吨，为计划进度（3 950 吨千米/吨）的 100.91%，超进度 36 吨千米/吨；与去年同期比，增加 35 吨千米/千瓦，增幅 0.89%。

第一季度累计完成驳船营运率 97.78%，为计划进度（96.1%）的 101.75%，超进度 1.75 个百分点；与去年同期比，增幅 1.17%。

（四）燃油消耗指标

第一季度燃油企业单耗实绩 2.94 千克/千吨千米，与计划进度（2.98 千克/千吨千米）比，降低了 0.04 千克/千吨千米；与去年同期比下降了 0.24%，降幅 7.66%。

第一季度累计非生产量用油 345 吨，为计划进度（488 吨）的 70.7%；与去年同期比少消耗 73 吨，降幅 17.46%。

第一季度累计燃料油占总耗量的比例 59.79%，为计划进度（57%）的 104.89%，超进度 4.89 个百分点。

从一季度指标运行情况看，可概括为“三增、三降、一稳定”，即：拖轮船产量增长、燃料油占总耗量的比例增长、驳船营运率增长；责任成本降低、非生产用油降低、企业单耗降低；安全稳定。

二、一季度经济指标监控的主要做法

（1）全面贯彻落实公司“两会”精神，积极筹备我公司“两会”，并在我公司“两会”上分解下达了各单位、船舶年度经济指标，配套制订了 2019 年经济责任制方案，提交“两会”讨论通过，为全年的经济指标运行和经济责任制考核奠定了坚实的基础。

（2）紧密结合企业经济形势，针对今年油价高企、货源不足、运价下滑的严峻形势，公司将责任成本控制放在突出地位，在各项成本指标分解过程中，所有箭头向下，并低于去年同口径水平的 10%。

（3）狠抓主题不松劲。在安全质量连续一年来稳定的情况下，公司把安全工作始终作为工作的主题，常抓不懈，一季度重点抓了“百日安全无事故活动”的巩固提高，以及冬季防滑、防搁浅和防碰撞等工作，确保了一季度安全局面的稳定，促进了其他指标的平稳运行。

（4）结合管船公司安全工作实际，创新制订了领导安全责任制实施方案，将安全管理责任、单船建设、推进 SMS 工作分片包干到公司各位领导上，形成了纵向到底、横向到边的安全管理责任网络。

（5）加强各项指标运行的动态监控与管理，及时发现经济运行中出现的问题，并采取措施加以解决。

三、一季度经济运行中存在的主要问题

（一）成本控制压力没有缓解

（1）随着二季度生产投入的增加，各项安全生产费用和人工成本也将随之上升，加上燃油成本居高不下，运价上涨困难，企业效益压力更大，控本增效将是企业的重要举措，因此，各项成本的控制压力将更加突出。

（2）为了进一步向内挖潜，半年工作会后，上级调整指标的趋势仍然存在。

（3）海损杂支，船舶修理费都有上年下转，并在今年成本中消化，控制压力比较突出。

（二）燃油指标压力将会显现

（1）劣质油一季度掺燃比完成较好，因为 6 000 匹拖轮未上线所致，随着生产投入增加，该项指标的控制压力就会显现。

（2）非生产用油指标控制较好，是因为一季度港作船的减少所致。

（3）单耗水平取决于货源的组织水平，如果货源不对流，空队现象以及小运转增加，对单耗产生直接影响，控制难度相当大。

（三）安全隐患犹存

我公司船舶均为老旧船，设备隐患较多，加上航道秩序混乱，不安全、不可控因素越来越多，对船舶航行安全构成很重的压力。

（四）部分船舶水电费出现异常

3 月有 4 艘船舶水电费出现异常，严重超进度，为了查清水电费超进度的原因，责成经监处、计财处认真调查，并做出处理。今后财务对船舶的水电费进账要登记明细，方便考核、查询和对账。

四、下一步工作

（1）认清形势，转变观念，保持清醒头脑。目前，我们面临三大压力：一是公司效益指标欠进度；二是成本压力日益突出；三是维修费不足，对船舶设备养护造成空前压力。我公司要加强科学管理，做好半年工作会指标调整的准备。

（2）强化责任意识。各指标处室负责人是本部门指标的第一责任人，要求各部门紧盯目标，加强责任，严密监控，实施目标管理。

（3）经监处要加大运行质量监控。加强指标动态监控，月度严格考核。对指标出现异常情况的部门、单位，要督办分析，并要求指标管理部门写出书面分析材料，报分管领导和公司领导，及时处理解决。

××市××船务公司

2019 年 4 月

第四节 可行性研究报告

知识要点

- 可行性研究报告是从事一种经济活动（投资）之前，当事人双方对从经济、技术、生产、供销到社会环境、法律等各种因素进行具体调查、研究、分析，确定项目是否可行，为决策者和主管机关审批提供的上报文件
- 可行性研究报告具有科学性、详备性和程序性等特点
- 可行性研究报告通常由标题、正文、附件和落款组成
- 写作可行性研究报告时，要做到调查客观公正，内容深度达标，保证时效性

一、可行性研究报告的概念

可行性研究报告是从事一种经济活动（投资）之前，当事人双方对从经济、技术、生产、供销到社会环境、法律等各种因素进行具体调查、研究、分析，确定有利和不利的因素、项目是否可行，估计成功率大小、经济效益和社会效果程度，为决策者和主管机关审批提供的上报文件。在投资管理中，可行性研究是指对拟建项目有关的自然、社会、经济和技术等进行调研、分析比较以及预测建成后的社会经济效益。

二、可行性研究报告的特点

可行性研究报告具有以下三个方面的特点。

（一）科学性

可行性研究报告的科学性，首先体现在可行性研究的过程中，即整个过程的每一步力求客观全面；其次体现在分析中，即用正确的理论和依据相关政策来研究问题；最后体现在对可行性研究报告的审批过程中，这种审批过程对科学的决策起到了重要的保证作用。

（二）详备性

一般来说，关于一个项目的报告，应从它的自主创新、环境条件、市场前景、资金状况、原材料供应、技术工艺、生产规模和员工素质等诸多方面，进行必要性、适应性、可靠性和先进性等多角度的研究，将每一种数据展现出来，进行比较、甄别、权衡、评价。

（三）程序性

为保证决策的科学正确，一定要有可行性研究这个过程，最后的获批也一定要经过相关的法定程序。在写作上，有些需要加上封面，按照不同的内容性质而分章分节地逐一说明。

三、可行性研究报告的种类

根据用途的不同，可行性研究报告可分为以下五类。

（1）用于企业融资、对外招商合作的可行性研究报告。此类研究报告通常要求市场分析准确、投资方案合理，并提供竞争分析、营销计划、管理方案和技术研发等实际运作方案。

（2）用于国家发展和改革委员会（简称发改委）立项的可行性研究报告。此类报告是根据《中华人民共和国行政许可法》和《中华人民共和国国务院令》编写的，是大型基础设施项目立项的基础文件，发改委根据可行性研究报告进行核准、备案或批复，决定某个项目是否实施。

（3）用于银行贷款的可行性研究报告。商业银行在进行风险评估时，需要项目方出具详细的可行性研究报告，对于国家开发银行等国内银行，该报告由甲级资质单位出具，通常不需要再组织专家评审，部分银行的贷款可行性研究报告不需要资质，但要求融资方案合理、分析正确、信息全面。另外，在申请国家的相关政策支持资金、工商注册时往往也需要编写可行性研究报告，该文件类似用于银行贷款的可行性研究报告。

（4）用于进口设备免税用的可行性研究报告。如果同时满足进口设备所生产的产品符合国家产业目录中的鼓励条目，且进口设备在国家不予免税进口商品目录之外这两个条件，就可以去国家有关主管部门申请对进口设备进行免税，按要求提交进口设备免税用的可行性研究报告。

（5）用于境外投资项目核准的可行性研究报告。企业在实施走出去战略，对国外矿产资源和其他产业投资时，需要编写可行性研究报告报给国家发改委或省发改委，需要申请中国进出口银行境外投资重点项目信贷支持时，也需要提交可行性研究报告。

在上述五种可行性研究报告中，用于国家发改委立项的可行性研究报告、用于银行贷款的可行性研究报告、用于进口设备免税用的可行性研究报告准入门槛最高，需要编写单位拥有工程咨询资质，该资质由国家发改委颁发，分为甲级、乙级、丙级三个等级，其中甲级资质最高，全国具备工程咨询甲级资质的单位有几十家。

四、可行性研究报告的结构与写法

可行性研究报告通常由标题、正文、附件和落款组成。

（一）标题

可行性研究报告的标题通常有两种写法：一是由事由和文种组成，如《关于兴建××电子仪器厂的可行性研究报告》；二是由编写单位、项目名称和文种组成，如《××省交通银行关于新建××市××区居民点的可行性研究报告》。

（二）正文

可行性研究报告的正文一般包括前言、主体和结尾三部分。

1. 前言

这部分主要写明项目名称、项目主办单位及负责人、可行性研究工作实施单位、可行性研究项目的技术负责人、经济负责人及相关参与人员。另外还要说明可行性研究的总体情况、项目提出的背景和依据以及实施项目的意义等。

2. 主体

这部分主要针对项目的可行性展开研究分析，要求以系统分析为主要方法，以经济效益为核心，围绕影响项目的各种因素，运用大量的事实论证项目是否可行。各类投资项目可行性研究的内容及侧重点因行业特点而差异很大，一般应包括以下内容。

（1）投资的必要性。在投资必要性的论证上，一是要做好投资环境的分析，对构成投资环境的各种要素进行全面的分析论证；二是要做好市场研究，包括市场供求预测、竞争力分析、价格分析、市场定位及营销策略论证。

（2）技术的可行性。这主要从项目实施的技术角度，合理设计技术方案，并进行比选和评价。对于工业项目，可行性研究的技术论证应达到能够比较明确地提出设备清单的深度；对于各种非工业项目，技术方案的论证也应达到目前工程方案初步设计的深度，以便与国际惯例接轨。

（3）财务的可行性。这主要从项目及投资者的角度，设计合理财务方案，从企业理财的角度进行资本预算，评价项目的财务盈利能力，进行投资决策，并从融资主体（企业）的角度评价股东投资收益、现金流量计划及债务清偿能力。

（4）组织可行性。制订合理的项目实施进度计划、设计合理的组织机构、选择经验丰富的管理人员、建立良好的协作关系和制订合适的培训计划等，保证项目顺利执行。

（5）经济可行性。这主要从资源配置的角度衡量项目的价值，评价项目在实现区域经济发展目标、有效配置经济资源、增加供应、创造就业、改善环境和提高人民生活等方面的效益。

（6）社会可行性。这主要分析项目对社会，包括政治体制、方针政策、经济结构、法律道德、宗教民族、妇女儿童及社会稳定性等的影响。

（7）风险因素及对策。这主要对项目的市场风险、技术风险、财务风险、组织风险、法律风险、经济及社会风险等风险因素进行评价，制定规避风险的对策，为项目全过程的风险管理提供依据。

3. 结尾

这部分内容是根据所陈述事实和研究分析，确定投资少、成本低、利润高、综合效益好的项目方案，是向主管方或投资方最终的汇报结果。

（三）附件

某些具体数据或原始资料可以作为主体的附件，如统计图表、设计图表和专项说明材料等。

（四）落款

落款包括项目可行性研究方、负责人及相关人员的签字盖章和时间。

五、可行性研究报告的写作要求

（一）必须基于客观公正的立场进行调查研究，做好基础资料的收集工作

对于收集的基础资料，要按照客观实际情况进行论证评价，从客观数据出发，如实地反映客观经济规律，通过科学分析，得出项目是否可行的结论。

（二）内容深度必须达到国家规定的标准

可行性研究报告的写作要合乎国家标准，基本内容要完整。一要做到先论证，后决策；二要处理好项目建议书、可行性研究、评估这三个阶段的关系；三要将调查研究贯彻始终；四要多方案比较，择优选取。

（三）要保证设计单位的工作周期

为保证可行性研究的工作质量，应给咨询设计单位足够的工作周期，防止因各种原因导致的不负责任或草率行事。

例文

××省绿色食品“151”发展计划项目可行性报告

一、项目名称及负责单位

项目名称：××省绿色食品“151”发展计划项目

负责单位：浙江省××局

二、项目背景

当前，随着农业发展进入新的阶段，农产品的质量安全工作已经提上各级政府重要议事日程。省党代会明确提出要建设生态更优化、山川更秀美、环境更安全、经济更发达的“绿色浙江”的宏伟的目标。发展绿色食品产业是进一步贯彻落实省党代会精神的具体行动，是打造绿色农业和农产品质量安全工作的重要组成部分，并起着积极的示范带动作用。对于提高我省农产品在国际—国内两个市场的竞争力、帮助广大农民增收、促进农业增效、推进我省传统农业向现代农业的转变具有十分重要的意义。

（以下略）

三、项目建设的意义

（一）发展绿色食品是贯彻落实省党代会精神的具体行动。（以下略）

（二）食品是发展效益农业、增加农业收入的有效手段。（以下略）

（三）发展绿色食品是保护生态环境、实现农业可持续发展的需要。（以下略）

四、项目主要内容

××省绿色食品“151”发展计划，即建设一个中心（××省绿色食品展示交易中心），制定五项规程（五项绿色食品的地方性生产操作规程），制定一个规划（××省绿色食品区域发展规划）。

（一）建设绿色食品展示交易中心（以下略）

（二）制定五项绿色食品的地方性生产操作规程（以下略）

（三）制定绿色食品区域发展规划（以下略）

五、项目资金预算

该项目资金预算××××万元。（以下略）

六、项目预期效益

××省绿色食品“151”发展计划的实施，必将推动我省的绿色食品产业加快发展，成为打造“绿色浙江农业”、实现可持续发展战略的重要载体。通过项目计划实施，预计在“十三五”期间，可建成100个以上绿色食品生产基地，创建10余个绿色食品示范县，引导和示范我省绿色食品产业的快速发展。到“十三五”期末，可有200个以上产品获得绿色食品标志，全省优质名牌农产品基本达到绿色食品要求，绿色食品实物总量达到50万吨，销售收入20亿元，利润3亿元，出口创汇5 000万美元。同时，实施绿色食品“151”发展计划，在促进农业结构战略性调整、农民增收、农业增效方面，以及对于保护生态环境、满足人们对食物的更高要求、提高农产品质量安全、增强农产品竞争力等方面都具有重要的现实意义和战略意义，具有良好的经济效益、社会效益和生态效益。

七、结论

××省绿色食品“151”发展计划项目，符合国家政策要求和行业总体规划，属于国家政策优先支持的领域和范围，也是我省绿色食品事业发展的迫切需要。实施绿色食品“151”发展计划，是认真落实省党代会精神的具体行动，是打造绿色农业和农产品安全工作的重要组成部分。发展绿色食品符合农产品发展方向，是引导和促进农业结构战略性调整的一项有效措施，是积极应对入世挑战的重要工作。项目目标明确，方案切实可行。

相关链接

链接1

项目可行性研究报告与项目申请报告的区别

项目可行性研究报告与项目申请报告是两个不同性质的文种，其区别主要体现在以下五点。

一、目的不同

项目可行性研究报告的目的是论证企业投资项目的可行性，回答企业所关心的各类问题。项目申请报告是在企业认为项目可行的情况下，回答政府所关注的涉及公共利益的有关问题，目的是为了获得政府投资管理部门的行政许可。

二、角度不同

项目可行性研究报告侧重于从企业内部角度进行技术经济论证。项目申请报告从公共利益代言人政府的角度，侧重于从宏观性、外部性进行经济、社会、资源、环境等综合论证。

三、内容不同

项目可行性研究报告主要对市场预测、厂址选择、工程技术方案、设备选型、投资估算、财务分析、企业投资风险进行分析，以及对是否符合国家有关政策法规要求等进行研究论证。项目申请报告是对维护国家经济和安全、合理开发利用资源、保护生态环境、优化重大项目布局、保障公共利益、防止垄断等方面进行论证。

四、时序不同

在进行项目投资决策之前，企业应先从自身角度进行详细的可行性研究。项目获得企业内部决策机构董事会同意后，则在此基础上编写项目申请报告，申请政府部门的行政许可。

五、法律效力不同

可行性研究报告用于企业内部的投资决策，对企业内部股东及董事会负责，遵循企业内部管理规定及法人治理结构的约束。项目申请报告的编写和报送具有政府行政的强制约束，是企业必须履行的社会义务，受国家有关法律法规的制约。

链接2

开展可行性研究的基本思路及方法

一、宏观经济环境信息分析

（1）基于PEST分析模型，从政治法律环境、经济环境、社会文化环境和技术环境四个方面分析行业的发展环境，帮助企业了解行业发展环境现状及发展趋势。

（2）行业主要上下游产业的供给与需求情况、主要原材料的价格变化及影响因素。

（3）行业的竞争格局、竞争趋势；与国外企业在技术研发方面的差距；跨国公司在中国市场的投资布局。

二、微观市场环境分析

行业当前的市场容量、市场规模、发展速度和竞争状况；主要企业规模、财务状况、技术研发、营销状况、投资与并购情况、产品种类及市场占有情况等；消费者及下游产业对产品的购买需求规模、议价能力和需求特征等；行业产品进出口市场现状与前景；产品销售状况、需求状况、价格变化、技术研发状况、产品主要的销售渠道变化影响等；主要企业的重点分布区域、客户聚集区域、产业集群、产业地区投资迁移变化。

三、行业发展关键因素和发展预测

分析影响行业发展的主要敏感因素及影响力；预测行业未来五年的发展趋势；该行业的进入机会及投资风险；为企业制定行业市场战略、预估行业风险提供参考方法。

可行性研究的方法是指融合工程、技术、经济、管理、财务和法律等专业知识和分析方法，加以运用，并在实践中不断总结和创新而形成的方法体系。主要数据资料来源有查询往年资料、发放问卷、集体商讨、数据共享、比较研究和专业人士把关等。

可行性研究的方法体系包括：①哲学方法。哲学方法是关于认识世界、改造世界、探索实现主观世界与客观世界相一致的最基础方法。②逻辑方法。逻辑方法是用概念、判断、推理和假说等逻辑思维形式，对事物进行归纳、演绎、综合。③专业方法。专业方法是各门学科中常用的研究方法。研究的专业方法具有综合性、专业性、创新性的特点。

问题讨论

1. 分析讨论四种报告的异同之处和写作侧重点。
2. 结合专业知识讨论市场调查报告在财务专业学生创业实践中的作用。
3. 结合“英国脱离欧盟”事件，讨论经济活动分析的作用。

写作实践

1. 结合当地经济社会发展现状和特点，开展市场调查，并撰写经济活动分析报告。
2. 就某一件大学生喜欢的日常用品开展市场预测。
3. 针对所在学校某一新办专业进行可行性研究报告分析。
4. 请根据最近三年当地的社会经济发展现状，简要分析本专业毕业生的就业前景。

参考文献

[1] 毛燕敏，李永宏. 应用文写作[M]. 北京：高等教育出版社，2012.
[2] 何建民，刘珍杰. 应用写作[M]. 2 版. 北京：中国电力出版社，2011.
[3] 邱宣煌. 财经应用文写作[M]. 大连：东北财经大学出版社，2011.
[4] 张小乐. 实用商务文书写作[M]. 北京：北京首都经济贸易大学出版社，2017.
[5] 杨文丰. 财经写作[M]. 北京：中国人民大学出版社，2014.
[6] 郝全梅. 秘书应用写作[M]. 上海：华东师范大学出版社，2013.
[7] 常靖. 常用文书写作技巧研究[M]. 北京：中国商业出版社，2014.
[8] 李笑. 广告文案一本通[M]. 北京：经济管理出版社，2014.
[9] 冯英健. 网络营销基础与实践[M]. 5 版. 北京：清华大学出版社，2016.
[10] 孙秀秋. 应用写作[M]. 4 版. 北京：中国人民大学出版社，2014.
[11] 傅宏宇. 财经应用文写作[M]. 2 版. 北京：北京大学出版社，2013.
[12] 刘金同，张寿贤. 应用文写作教程[M]. 3 版. 北京：清华大学出版社，2014.
[13] 中共中央办公厅，国务院办公厅. 党政机关公文处理工作条例[Z]. 2013-02-22.
[14] 国家质量监督检验检疫总局，中国国家标准化管理委员会. 党政机关公文格式[Z]. 2012-06-29.